U0104196

出土文獻譯注研析叢刊

出土文獻文字與語法研讀論文集

第一輯

陳廖安 楊如雪 黃麗娟 主編

許雯怡 劉純妤 陳智琛 趙雄健 編輯

目次

序文

本書三位編輯者均任教於國立臺灣師範大學國文學系，在系上教授文字學、訓詁學、語法學，有感於出土文獻的研究日趨重要，在二０一０年組成出土文獻研究小組，開始向國立臺灣師範大學教學發展中心申請「補助教學精進創新與專業社群計畫」，成立「出土文獻文字與語法研讀會」，在二０一０至二０一二連續二年的計畫案補助下，針對出土的戰國兩漢簡帛文獻進行研讀，總計舉辦研讀會十五次，研讀篇章二十篇。並在研讀會計畫案結束之後，公開對學者及研究生徵募出土文獻或文字語法方面的研究篇章。每篇論文均經兩位專業領域學者審查通過，再由作者修稿之後集結成書。

本書是師大國文系的出土文獻研究小組在接受師大教學發展中心補助「教學精進創新與專業社群計畫」後的研究成果，收錄十一篇論文，內容包含出土文獻、文字與語法兩大領域的討論。全書涵括近年新出簡帛材料與焦點文字議題的討論：太極思維與國學研究、《清華二‧繫年》與《左傳》的對勘、《睡虎地秦簡日書甲種‧詰》表憑藉的介詞「以」析論、《清華一‧保訓》的校釋、古文字中的「醋」與「羹」、《銀雀山漢簡‧官一》鉤沉、《上博七‧楚居》中的季連段落校釋、《郭店‧成之聞之》引《書》的真義、楚文字中的「沇」字形體辨析、《上博簡》中的通假校證、日本漢字與台灣漢字的形體差異，析論深刻，說解詳盡。期望在出土文獻的的研究領域中或可提供芻蕘，俾益攻錯。

非常感謝編輯過程中幫忙審查稿件的諸位審稿教授們在時間和心力方面的付出，你們的專業審查意見不僅讓作者們獲益甚多，也提昇了論文集的研究價值。本書的責任編輯有四位：許雯怡、劉純妤、陳智琛、趙雄健，許雯怡與劉純妤負責論文徵募與資格審核，文書編輯與審閱校對則由陳智琛與趙雄健擔任，他們的努力與仔細是論文集得以成功出版的關鍵，在此一併致謝。

陳廖安
2013.07.20

太極思維與國學研究

陳廖安 *

提要

從太極圖之整體觀，考量宇宙全息統一規律，太極立體思維的發揮，可以全方位、多面向的思考問題。太極思維是總體把握的思維，從事博大精深的國學研究，如能全方位的掌握中華學術體系，瞭解圖書文物的功能，充分體現太極思維的精神，運用多重證據的觀念以治學，對中華文化之傳統與創新，將有莫大之助益。

關鍵字：太極思維、國學、圖書、文物、二重證據、多重證據

* 作者現為國立臺灣師範大學國文學系教授。

一　引言[1]

《說文解字》開宗明義云：「惟初太極，道立於一，造分天地，化成萬物。」[2]就宇宙生成的思維模式而言，所謂「道」與「太極」之概念，同實而異名，殊稱而同旨，都是指萬理之原，萬德之端，萬化之始，是先民探索宇宙奧秘、生命科學的心靈軌跡。由太極概念衍生的太極圖式，將中華民族的思想、哲學、文化、宗教、科學融攝於一個徽號中，形成中國文化特質的總表徵。

太極圖「☯」，形象簡潔，對稱完美，富有動感，素有「天下第一圖」之美譽。其中蘊含「一陰一陽之謂道」的原理，兼具「有太極含陰陽，陰陽含八卦之妙」。我國固有本土化的道教，以太極圖「☯」為徽號，顯示由道而建立的體用觀，是猶佛教之「卍」字符、基督教、天主教之「十」字符，特別具有宗教文化的象徵意義。道教是以「道」為最高信仰的宗教，道兼體用，體用不二，明體以達用，由用而顯體，如《析疑指迷論》所謂「虛寂為體，覺照為用。體用兩全，洞合道原」[3]，為真切的見道之言。

太極圖負陰抱陽，沖氣為和，總括天人之精妙，合天地萬物之理而一之，可謂「道兼體用，體用不二」哲理的形象化，不惟表示道是「超越的」，道是「內在的」，同時也表示道既是「超越的」，又是「內在的」，其象徵的意義，正是「體用一源，顯微無間」的真諦，深具啟發與前瞻的時代意義。

---

1 本文對「太極」徽號之論述，節錄自拙撰：〈道教太極圖的體用觀〉，見《道教教義與現代社會國際學術研討會論文集》（上海市：上海古籍出版社，2003 年 8 月），頁 151-168。

2〔漢〕許慎撰、〔清〕段玉裁注：《說文解字》（臺北市：黎明文化事業公司，1986 年 12 月），頁 1。

3〔元〕牛道淳：《析疑指迷論》（臺北市：新文豐出版公司，1985 年 12 月），見《正統道藏》第八冊，頁 53。

二　太極思維的義涵

就太極圖「☯」之體用觀而言，以太極為體，陰陽為用，陰陽和合即為太極，正顯示其體用一如的義涵。余嘗就太極圖「☯」的啟示，論述十大要點如下：[4]

（一）大道圓融：太極圖是一個整體，○圓相象徵大全，大道圓融，一即一切，一切即一，啟示我們思考問題必須全方位、多面向，處理問題才能圓融周全。

（二）有無相生：太極圖分為兩部分，其中陰陽兩儀黑白對立，而一統於○圓圈中，象徵天下事物對立統一的道理，啟示我們凡對待者，必然相反相成之理。

（三）得失兩忘：太極圖黑白之色塊，黑多則白少，黑少則白多，象徵得失、成敗，禍福、榮辱等，乃一體之兩面，啟示我們泰然安處順逆之道。

（四）秉要執本：太極圖陰陽黑白兩分，白中黑點表示陽中有陰，黑中白點表示陰中有陽，啟示我們把握樞機，洞澈箇中三昧，能知一而萬事畢。

（五）和光同塵：太極圖分為兩部分，其中陰陽交際之處，可分又不可分，象徵道妙惚恍、道隱無名，啟示我們尊道貴德，明哲保身之哲理。

（六）守柔守中：太極圖外層大圓圈、中間反 S 形都是曲線，象徵柔韌、曲折、彈性調整，啟示我們運用太極立體思維，曲線進行，發揮以柔克剛的功能。

（七）天道循環：太極圖陰陽兩端，往復循環，顯示原因就是結果，結果也是原因，因果互為表裏，啟示我們天道承負，禍福無門，惟人自

[4] 參見拙撰：〈道教太極圖的體用觀〉，頁 151-168。

召的道理。

（八）慎始防微：太極圖中，黑陰起於陽盛之際，白陽起於陰盛之處，由初生隱微細弱，進而坐大其勢，終至尾大不掉，啟示我們應具憂患意識，居安思危。

（九）唯變所適：太極圖陰陽互動，動極生靜，靜極生動，象徵流行、運動、變化，啟示我們因時制宜、因地制宜、因人制宜，守經達變之方針。

（十）自我超越：太極圖之全體大用，總括天人合一之妙，體現易道廣大悉備，啟示我們慎獨存誠，向上提昇，超然物外，契合真理大道。

太極圖「☯」以簡潔、對稱、旋轉之圖象，表達複雜、深奧、玄秘之智慧，引而申之，觸類而長之，可以推驗於天地萬物人倫日用之間，體現其海納淵藏、博大精深之內涵。從太極圖之整體觀，考量宇宙全息統一規律，太極立體思維的發揮，可以全方位、多面向的思考問題，進而曉悟人生窮通變化的道理，所謂「海闊隨魚躍，天空任鳥飛」,「脫卻浮漚，通身是海」，道體無相，應物現形，道法自然，體用無異，從太極思維以明體達用，庶幾可盡其義蘊。

中華太極文化，源遠流長，闡釋太極義蘊者，代有其人，繁有其篇，其中不乏精闢之論著，而後代學者踵事增華，立論加密，其說頗有可觀。[5]近年來，考古文物日漸出土，科學技術日益昌明，有關太極圖式源起之討論，頗有運用新資料、新觀點、新方法、新原理、新思維，推陳出新，以跳脫傳統窠臼之說。其敏於求古者，論述太極圖式之源頭，乃遠溯先民之圖騰崇拜，以為太極圖式係從原始圖案、紋飾演化而來。其精於創新者，

5 參見楊成寅：《太極哲學》（上海市：學林出版社，2003 年 12 月），向開明：《太極文化與東亞舞蹈文化》（北京市：民族出版社，2006 年 8 月），王大有、王雙有：《太極辯證法・圖說太極宇宙》（北京市：中國時代經濟出版社，2007 年 5 月），劉遠東:《太極密碼》（北京市：團結出版社，2008 年 5 月），楊成寅：《成中英太極創化論》（杭州市：浙江大學出版社，2012 年 2 月）。

則運用現代科學思想與原理，致力於太極圖式之現代「破譯」，各種「破譯」的結果，紛至沓來，新義迭見，隨著科學文明的日新月益，將使太極圖式頻添更多的神秘。[6]

此外，又有結合太極圖式的本質意義，由現代混沌學「分形」概念對應原理，加以綜合分析，引出宇宙全息統一學說，而提出宇宙大統一定律。全息論提出宇宙潛顯律，以為宇宙是一個統一整體，處於永恆的循環之中，宇宙循環子系統是宇宙構造模式的縮影，無限是在有限的產生與消亡中得以永恆的。系統的全部信息，不會因系統的解體而消亡，信息是固有的，只是潛顯而已。信息都在從潛在轉向顯現，或從顯現轉向潛在。在潛信息上，子系統包含著系統的全部信息，系統包含著宇宙的全部信息；在顯信息上，子系統是系統的縮影，系統是宇宙的縮影。中華太極文化，陰陽消息理論，正是潛顯的生動體現。[7]

宇宙全息統一學說，揭示出許多定律全息的相關性，藉以解釋現代其他學科難以解釋的許多自然現象和問題，為人類認識世界開拓了一條新的途徑。太極全息規律，結合各種不同層次的信息反饋，再經科學的綜合分析後，認為「太極八卦圖就是宇宙統一模式圖、也是宇宙統一方程式」[8]，從而提出以下的說法：[9]

（1） 哲學家看太極圖：德國黑格爾（1770-1831）創造正反合辯證邏輯定律，自傳中承認是得自《易經》的啟發。

（2） 數學家看太極圖：德國萊布尼茲（1646-1716）看到陰陽太極圖，觸發靈感，發表《談二進制算術》論文，促成劃時代的電子計算機的問世。

---

[6] 參見拙撰：〈道教太極圖的體用觀〉，頁 156-157。

[7] 參見楊樹帆：《周易符號思維模型論》（成都市：四川人民出版社，1998 年 4 月），頁 57 引劉長允：《周易與宇宙信息統一論》。凌志軒：《易經趣觀》（香港：亞太國際出版社，1998 年 11 月），頁 158。

[8] 凌志軒：《易經趣觀》，頁 180。

[9] 參見凌志軒：《易經趣觀》，頁 183-209。

（3） 物理學家看太極圖：量子力學的創始人尼爾斯・玻爾（1885-1962），選擇太極圖作為他的爵士徽章。

（4） 化學家看太極圖：物質的化合還原定律以致原子彈的裂變原理，與《易經》太極圖顯示的規律吻合。

（5） 生物學家看太極圖：從生物遺傳密碼為六十四聯想到六十四卦，並以四象代表四種碱基，提出太極圖就是全部生物界的遺傳密碼。

（6） 中醫學家看太極圖：人體自身是宇宙大系統中的一個小天地、陰陽消長的周期變異、實現陰陽交變和合的動態平衡。

（7） 建築風水師看太極圖：太極圖陰陽遞變規律與人間生態平衡原理。

（8） 美術書畫家看太極圖：以形顯神，賦神於形，形神兼備為書畫美術的最高境界。

（9） 文學家看太極圖：體現氣勢情感的陽剛與陰柔、體現心境情態的陽剛與陰柔。

（10）命理學家看太極圖：天人合一觀、混沌學說中的分形概念、人的生命曲線。

太極圖式之內涵，豐美而多旨，太極圖式之義蘊，頗耐人尋繹。太極圖式所蘊含的陰陽消息，對現代科學與人文的啟示，可說是多方面的。

「太極思維」是立體思維，考慮問題是全方位的、多面向的。楊成寅（1926-）《太極哲學》以為「中國傳統主流思維，特別是中國傳統主流哲學的思維方式，可以用『太極思維』來概括」，進而詮解其義蘊云：

> 「太極思維」以「太極觀念」為基礎。所謂「太極觀念」，就是視宇宙萬物的任何一個事物為一「太極」。「太極觀念」在《陰陽魚太極圖》中具有鮮明的表現。「太極觀念」認為宇宙萬物的本體、結構和相互關係以及變易發展的動力、機制皆為「一分為二」與「合二為一」或「一分為多」與「合多為一」的統一動態整體。因此以「太極觀念」

為基礎的「太極思維」是講陰陽(一多)辨證關係的「整體分合思維」。「太極思維」的這種具有辨證性的整體分合動態統一思維模式，在漢語語法結構體系中，在中國傳統醫學理論體系中，在中國古代文藝美學的理論及其語言表述方式中，特別是在中國傳統哲學的理論思維中，都有充分和鮮明的體現。「太極思維」實際上也是一種富有中國特色的「系統思維」、「立體思維」。「太極思維」是開放的，不拒絕任何有利於認識世界的思維模式。包含太極陰陽和諧辨證法的「五行思維」模式，是「二分法」與「多分法」相融合的產物，集思維的辨證性、整體性、立體性、分合對立統一性於一身，最具「太極思維」的特色，應當予以更加完善化而發揚廣大。[10]

太極是一種解讀方法，從太極觀念建立一套思維模型，必須要有一定的理論解讀方式，才能延伸人的思維，認識客觀的大千世界。太極思維是總體把握的思維，從內容到形式都必須圓融周全的把握，從事國學研究，如能充分發揮太極思維，對中華文化之傳統與創新，將有莫大之助益。

三　中華學術的體系

國學是中國學術的省稱，原與「西學」相對為言，其名稱約始於清代末葉。當道、咸、同、光之際，西方挾其船堅礮利，叩關互市，翻譯西書乃形成風尚，由是概稱此類新傳入之學術為「西學」或「新學」，而稱固有的本土學術為「舊學」、「古學」或「中學」。西學大量傳入以後，中國固有學術逐漸式微，於是章太炎（1869-1936）等發行《國粹學報》，成立「國學講習會」，劉師培（1884-1919）著《國學發微》，組織「國學保有會」，以發

[10] 楊成寅：《太極哲學》，頁 294-295。

揚中國學術為宗旨。於是「國學」的名稱，沿用到現代。胡適（1891-1962）《國學季刊・宣言》云：「『國學』在我們的心眼裏，只是『國故學』的縮寫。中國的一切過去的文化歷史，都是我們的『國故』，研究這一切過去的歷史文化的學問，就是『國故學』，省稱為『國學』。」[11]文中總括明末到今三百年的成績為：一、整理古書，二、發現古書，三、發現古物。且提出三個方向：第一、用歷史的眼光來擴大國學研究的範圍；第二、用系統的整理來部勒國學研究的資料；第三、用比較的研究來幫助國學的材料的整理與解釋。

國學的分類，始自西漢劉氏父子。劉向（西元前 77-前 6 年）《別錄》是後代解題提要之祖，劉歆（約前 50-後 23）《七略》為分類編目之宗，班固（32-92）《漢書・藝文志》示史家目錄之準則。東晉王儉（452-489）《七志》、梁阮孝緒（479-536）《七錄》等，皆踵繼《七略》分類法。西晉荀勗（?-289）《中經新簿》始用甲、乙、丙、丁四部綜理群書，東晉李充將乙、丙兩部互易，至《隋書・經籍志》開始以經、史、子、集部次群書，歷代史志如《舊唐書・經籍志》、《新唐書・藝文志》、《宋史・藝文志》、《明史・藝文志》等沿用勿替，其間私家書目雖略有更易，要不出經、史、子、集之範圍，至清乾隆敕纂《四庫全書》，四部分類法定於一尊。

四部分類法偏重形式，而未注意及實質，清戴震（1724-1777）、姚鼐（1731-1815）、曾國藩（1811-1872）等分為考據之學、義理之學、詞章之學。[12]曾國藩《日記》又益以經濟之學，云：

> 有義理之學，有詞章之學、有經濟之學，有考據之學。義理之學，

---

11 胡適：《國學季刊・宣言》，見《胡適文存》（臺北市：遠東圖書公司，1953 年 2 月），第二集，卷一，頁 7。

12 〔清〕曾國藩：〈聖哲畫像記〉：「姚姬傳氏言學問之途有三：曰義理，曰詞章，曰考據。戴東原氏亦以為言。」見《曾文正公集》（臺北市：世界書局，1985 年 5 月），冊一，頁 119-124。

> 即《宋史》所謂道學也，在孔門為德行之科。詞章之學，在孔門為言語之科。經濟之學，在孔門為政事之科。考據之學，即今世所謂漢學也，在孔門為文學之科。此四者，闕一不可。[13]

同光之際，南海朱次琦（1807-1882），學者稱九江先生，講學於禮山草堂，對《論語．述而篇》「志於道、據於德、依於仁，游於藝」章，發揮其學術分類法，易曾氏「經濟之學」為「經世之學」，打破經、史、子、集四部界限，稱為新四分法：

（一）考據學：文字、目錄、校讎、辨偽、考證。

（二）義理學：經學、子學、理學、哲學、玄學、佛學等。

（三）經世學：史地、政書、兵、農、醫學、博物、曆算、藝術等。

（四）詞章學：文章、詩學、詞曲、小說等。

其後九江弟子南海康有為（1858-1927），設教於廣州長興學舍，本其師傳之新四分法，於考據則有格致學，於義理則有泰西哲學，於經世則有萬國政治學，於詞章則有外國語言文字學，在戊戌變法維新以前，具有時代精神。[14]高明〈中華學術體系〉一文曾根據朱氏新四分法，製成「中華學術體系表」[15]，綱舉目張，精義畢見，隨文附錄於後，以見中華學術體系之大要。

[13] 〔清〕曾國藩：《曾國藩全集》（臺北市：大俊圖書有限公司，1982 年 5 月），頁 359。

[14] 參見程發軔：《國學概論》（臺北市：正中書局，1968 年 9 月），上冊，頁 9-10。

[15] 高明：《高明文集》（臺北市：黎明文化事業公司，1978 年 3 月），上冊，頁 63-80。

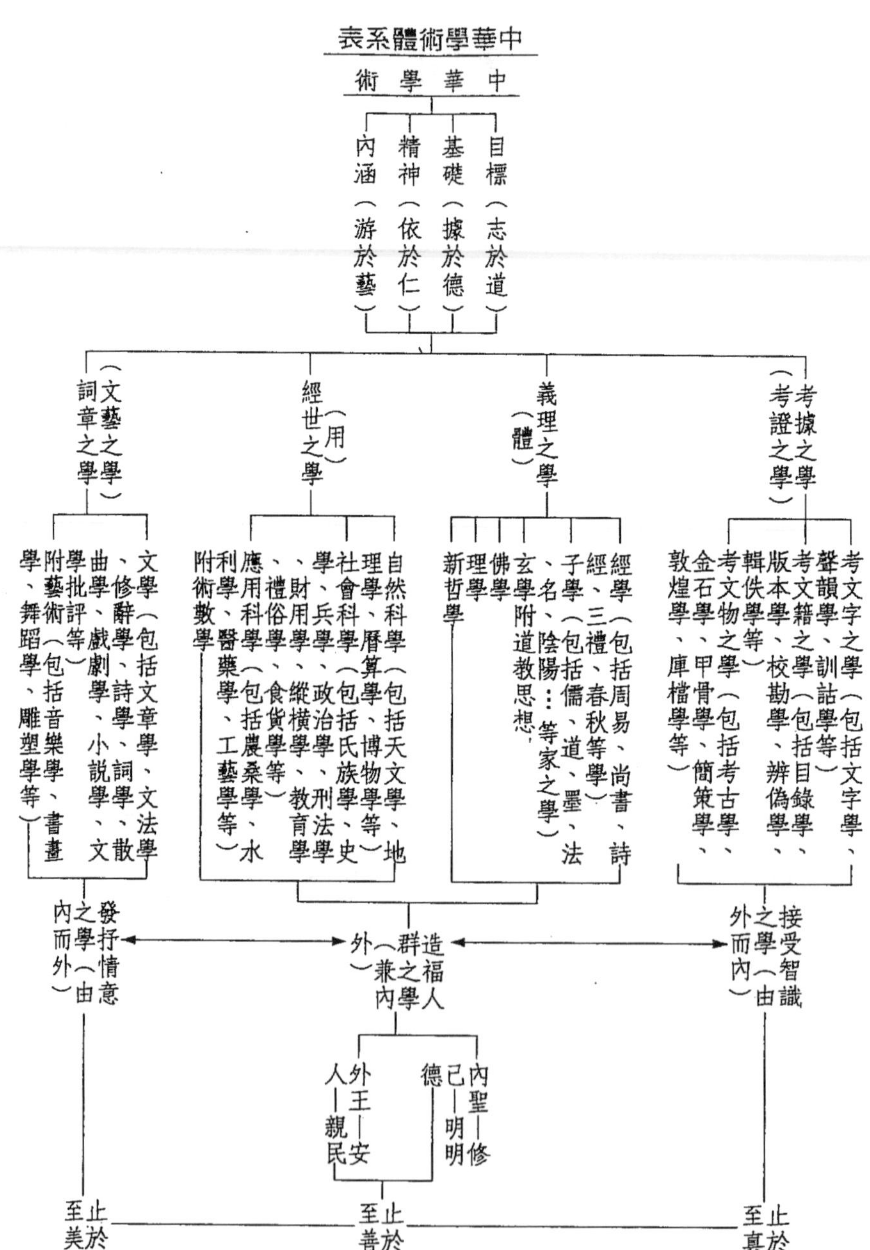
中華學術體系表
中華學術
目標（志於道）
基礎（據於德）
精神（依於仁）
內涵（游於藝）
考據之學（考證之學）
義理之學（體）
經世之學（用）
詞章之學（文藝之學）
考文字之學（包括文字學、聲韻學、訓詁學等）
考文籍之學（包括目錄學、版本學、校勘學、辨偽學、輯佚學等）
考文物之學（包括考古學、金石學、甲骨學、簡策學、敦煌學、庫檔學等）
經學（包括周易、尚書、詩經、三禮、春秋等學）
子學（包括儒、道、墨、法、名、陰陽…等家之學）
玄學附道教思想
佛學
理學
新哲學
自然科學（包括天文學、地理學、曆算學、博物學等）
社會科學（包括氏族學、史學、政治學、刑法學、兵學、財用學、縱橫學、教育學、禮俗學、食貨學等）
應用科學（包括農桑學、水利學、醫藥學、工藝學等）
附術數學
文學（包括文章學、文法學、修辭學、詩學、詞學、散曲學、戲劇學、小說學、文學批評等）
附藝術（包括音樂學、書畫學、舞蹈學、雕塑學等）
發抒情意之學（由內而外）
造福人群之學（兼內外）
接受智識之學（由外而內）
內聖—修己—明明德
外王—安人—親民
止於美
止於善
止於真

中華傳統文化，海納淵藏，博大精深，由「中華學術體系表」所示，可知「志於道」為目標，「據於德」為基礎，「依於仁」為精神，「游於藝」為內涵。國學的範疇分為四大類，所謂「考據之學」是治學的工具，考辨事物的本真，包括：考文字之學、考文籍之學、考文物之學；「義理之學」是成德的根本，修己明道的徑道，包括：經學、子學、玄學、道教學、佛學、理學等；「經世之學」是致用的方術，立人安人的要略，包括：自然科學、社會科學、應用科學、術數學等；「詞章之學」是情感的發抒，游藝求美的表現，包括：文學、藝術等。[16]由此可見中華學術體系，體大思精，有體有用，內外兼顧，具系統思維之理則，是國學研究的重要方針。

四　圖書文物的蒐求

國學研究，必須善於運用資料與方法，從太極圖之整體觀，發揮太極立體思維，可以「全方位」、「多面向」的蒐集資料、思考問題。圖書館是「知識的搖籃、學術的銀行」，設備完善，搜羅周全，利用方便，服務良善的圖書館，是研究學問者最為企盼的。經史學家顧頡剛（1893-1980）早年曾為廣東中山大學圖書館擬撰《購求中國圖書計劃書》[17]，詳列需要蒐集資料的各個方面，並指出其作用以說明重要性，促使大家對史料文獻的注意和保存。玆迻錄其購求圖書之類型，以見其視野之恢宏：

（一）經史子集及叢書。

（二）檔案：凡詔令、實錄、國書、奏章、告示、會典、方略、則例、報銷冊、統計表、貨物出口入口表冊及一切中央政府和地方政府之公

[16] 參見杜松柏：《國學治學方法》（臺北市：洙泗出版社，1980 年 4 月），頁 17-18。

[17] 顧頡剛：〈購求中國圖書計劃書〉（1927 年完稿），曾印入《中山大學圖書館叢書》。《文獻叢刊》第 8 輯 1981 年 6 月重印。

文、公報均屬此類。

（三）地方志：凡一統志、省志、府州志、縣志、鄉鎮志、山水志、寺廟書院志、地圖、地方調查表等。

（四）家族志：凡家譜、族規、家訓、祖先圖、世德記、氏族考等。

（五）社會事件之記載：凡報紙、雜志、報告、傳單、章程、紀念冊、人名錄、某一件事之專記等。

（六）個人生活之記載：凡日記、筆記、手札、訃聞、哀啟、壽文、輓詩、傳文、節孝錄等。

（七）賬簿：凡商店之取貨簿、營業簿、貨價單、工廠之物料簿、工資簿、田主之收租簿、完糧簿、公共機關之徵信錄、家庭和個人的伙食簿、雜用簿以及婚喪喜慶的用費簿、禮物簿等。

（八）中國漢族以外各民族之文籍：凡滿、蒙、回、苗、僮等民族之書籍、經卷、公文、金石文字拓本及記載其語言歷史之書等。

（九）基督教出版之書籍及譯本：凡各新舊基督教會出版書籍，如各種方言之新舊約、宗教學書、歷史書、科學書、定期刊物、報告等。

（十）宗教及迷信書：凡佛書、道書、善書、神道志、神像、符咒、卜筮書、星相書、堪輿書等。

（十一）民間文學書：凡小說、故事、戲本、彈詞、鼓詞、攤簧、雜曲、歌謠、寶卷、詼諧文等。

（十二）舊藝術書：凡醫書、樂譜、棋譜、法帖、畫譜、圖案、遊戲書等。

（十三）教育書：凡舊氏兒童讀本、科舉用書、歷年新式教科書、各學校講義、課藝、試卷、報單、文憑等。

（十四）古存簡譜：凡商代甲骨、周秦漢竹木簡、漢魏以下石經、六朝以下寫本書、宋元及明初刻本書等。

（十五）著述稿本：凡未刊之著述稿，已刊著述之原稿、改稿、印刷樣本等。

（十六）實物的圖象：凡有記載性的圖書、照片、金石拓本、留聲片、影戲片、幻燈片及模型等。

圖書館學專家杜定友（1898-1967）對顧氏《購求中國圖書計劃書》，推崇備至，並作〈書後〉長文，略云：

> 我拜讀了顧先生的《購求中國圖書計劃書》之後，心中十二分的佩服。他這《計劃書》的篇幅，雖是很短；但是含義甚深，計畫周密。所要說的，都說過了，我對於他的計劃，不敢贊一辭。他擬的十六大類，已經把所有的材料，包括殆盡，更不容有所添減。我只是以圖書館學的眼光，來讀這篇文章，覺得它非常的有價值，有意義，值得我們圖書館學的人注意。顧先生雖不是專門研究圖書館學原理，但是他所說的，沒有一句不合於圖書館學原理，沒有一事不合於圖書館的範圍。而且不尚空論，把實際的計劃和各類書籍購求之必要，詳述無遺，尤令人欽佩！[18]

顧頡剛《購求中國圖書計劃書》所列，除了一般常見之經、史、子、集、叢書之外，尤其注意正統以外圖書資料的蒐求，諸如檔案、地方志、家族志、社會事件之記載、個人生活之記載、賬簿、中國漢族以外各民族之文籍、基督教出版之書籍及譯本、宗教及迷信書、民間文學書、舊藝術書、教育書、古存簡譜、著述稿本、實物的圖象等，凡與國學暨民族文化有關之史料文獻，無論古今雅俗、新舊圖書文物，均在《計劃書》蒐羅購求之中，其思慮之周詳，規劃之完備，觀念之創新突破，殆與太極思維「全方位」、「多面向」之考量，義脈內注有符應者。

[18] 見顧廷龍：〈介紹顧頡剛先生購求中國圖書計劃書〉引，《顧廷龍文集》（上海市：上海科學技術文獻出版社，2002 年 7 月），頁 614。

五　二重證據與治學

太極思維是具有辨證性的整體分合、動態統一思維模式。太極渾沌，其中有陽有陰，陰陽為宇宙本體之象，「其本性和特徵，用一個『和』字便可包括。所謂和，也叫『參和』，首先意謂著陰陽從不單獨呈現，總是彼此和合存在」[19]，陰陽和合存在，即宇宙本體之太極。「一分為二」與「合二為一」，或「一分為多」與「合多為一」，譬猶治學研究，必待理證相資，如荀子所說「持之有故、言之成理」，理由充分，證據明確可信，所得結論才能成立，使人確信不疑。

治學之資料，除傳世文獻之圖書紙本外，尚有圖書以外的史料文物，包括出土文獻「有文字記載」和「沒有文字記載」的史料文物。王國維（1877-1927）任清華學校國學研究院導師時，曾於《古史新證》中提出二重證據法：

> 吾輩生於今日，幸於紙上之材料外，更得地下之新材料。由此種材料，我輩固得據以補正紙上之材料，亦得證明古書之某部分全為實錄，即百家不雅馴之言，亦不無表示一面之事實。此二重證據法，惟在今日始得為之。雖古書之未得證明者，不能加以否定，而其已得證明者，不能不加以肯定，可斷言也。[20]

王國維主張以「紙上材料」與「地下材料」互證，是為二重證據，原其立論之宗旨，蓋以地下之新材料補正或證明紙上材料之可信，二者理證相資，

[19] 龐樸：〈陰陽：道器之間〉，《道家文化研究》第五輯（上海市：上海古籍出版社，1994年11月），頁18。

[20] 王國維：《古史新證-王國維最後的講義》（北京市：清華大學出版社，1994年12月），頁2-3。

相輔相成，所得結論確然可信。此種文物資料運用於治學，實不自今日始，王國維〈最近二三十年中中國發現之學問〉，嘗云：

> 古來新學問起，大都由於新發現。有孔子壁中書出，而後有漢以來古文家之學；有趙宋古器出，而後有宋以來古器物、古文字之學；惟晉時汲冢竹簡出土以後，即繼以永嘉之亂，故其效果不甚著。然同時杜元凱注《左傳》，稍後郭璞注《山海經》，已用其說，而《紀年》所記禹、益、伊尹事，至今成為歷史上之問題，然則中國紙上之學問，賴於地下之學問者，固不自今日始矣。[21]

可見以地下文物資料，用之於治學，是自古已然，於今為烈。[22]至所謂地下之材料者，王國維析之為四：

> 自漢以來，中國學問上之最大發現有三：一為孔壁中書，二為汲冢書，三則今之殷虛甲骨文字，敦煌塞上及西域各處之漢晉木簡，敦煌千佛洞之六朝及唐人寫本書卷，內閣大庫之元明以來書籍檔冊。此四者之一，已足當孔壁汲冢所出，而各地發現之金石書籍，於學術大有關係者，尚不與焉。故今日之時代，可謂之發見時代，自來未有能比者也。[23]

此處所謂今之四大發現，係指：其一、殷虛甲骨文字，即「甲骨學」；其二、敦煌塞上及西域各地之簡牘，即「簡策學」；其三、敦煌千佛洞之六朝唐人

---

[21] 王國維：《海寧王靜安先生遺書》（臺北市：台灣商務印書館，1976 年 7 月），第四冊，頁 1875-1876。

[22] 參見汪啟明：《考據學論稿》（成都市：四川出版集團巴蜀書社，2010 年 6 月），第五章「二重證據法不始於王國維論」，頁 576-644。

[23] 王國維：《海寧王靜安先生遺書》第四冊，頁 1876。

所書卷軸，即「敦煌學」；其四、內閣大庫之書籍檔案，即「庫檔學」。四者之外，王氏又舉中國境內之古外族遺文，以其早經存在於地面之上，惟世所罕知，故不以闌入新發現之中。陳寅恪（1890-1969）〈《王靜安先生遺書》序〉論王氏治學之特色與貢獻云：

> 先生之學博矣！精矣！幾若無涯岸之可望，轍跡之可尋，然詳繹遺書，其學術內容及治學方法，殆可舉三目以概括之者。
>
> 一曰：取地下之實物與紙上之遺文，互相釋證，凡屬於考古學及上古史之作，如〈殷卜辭中所見先公先王考〉及〈鬼方昆吾玁狁考〉等是也。
>
> 二曰：取異族之故書與吾國之舊籍，互相補正，凡屬於遼金元史事及邊疆地理之作，如〈萌古考〉及〈元朝秘史之主因亦兒堅考〉等是也。
>
> 三曰：取外來之觀念與固有之材料，互相參證，凡屬於文藝批評及小說戲曲之作，如〈紅樓夢評論〉及〈宋元戲曲考〉等是也。
>
> 此三類之著作，其學術性質，固有異同，所用方法，亦不盡符會；要皆足以轉移一時之風氣，而示來者以軌則，吾國他日文史考據之學，範圍縱廣，途徑縱多，恐亦無以遠出三類之外，此先生之遺書所以為吾國近代學術界最重要之產物也。[24]

陳寅恪撮舉王氏遺書三目，謂其取地下之實物與紙上之遺文互相釋證，取異族之故書與吾國之舊籍互相補正，取外來之觀念與固有之材料互相參證。上述三類無論學術內容及治學方法，皆迥異其趣，而王氏卻能融貫冶鑄，涵三為一，可見其治學之全方位、多面向，頗符「太極立體思維」之運用。

自王國維提出「二重證據法」之後，在學術界曾產生極為深遠的影響。

[24] 陳寅恪：《陳寅恪先生全集》（臺北市：里仁書局，1979 年 12 月），頁 1435-1436。

茲引述數則，以概其餘：

（一）張舜徽（1911-1992）〈考古學者王國維在研究工作中所具備的條件方法和態度〉，云：

王氏根據地下發現的甲骨和銅器，來上證古史，取得了巨大的成功，從此在古史研究工作上，彊調了「二重證據」的重要。……他在替商承祚所作《殷虛文字類編》的序言時，又指出：「古文字古器物之學，與經史之學相表裏。惟能達觀二者之際，不居舊以就新，亦不絀新以從舊，然後能得古人之真，而其言乃可信於後世。」這都充分彊調了「二重證據」不可偏廢的道理。……（王國維）注意到古代遺留的實物，衹佔我們祖先活動成績的一小部分，而古代實物的被遺留，和那些遺留下來的實物已被發現的，又佔實物中的極小量，我們自然不能守此極小量之實物，為考古的唯一依據。所以王氏在《古史新證》裏又彊調說：「古書之已得證明者，雖不能不加以肯定；而其未得證明者，故不能加以否定。」這倒是全面看問題的，合乎科學的態度，也就是他重視紙上材料的另一原因。[25]

（二）李學勤（1933-）〈文物與文獻〉，云：

以文物印證文獻，早已取得相當豐碩的成果。大家都推崇王國維在古史研究上的功績，他的一項最重要的工作，便是通過研究殷墟甲骨，證明《史記・殷本紀》基本可信。由於甲骨研究和殷墟發掘，商代的存在成為不爭之事實，談這一點，今天或許有人感覺奇怪，可是在疑古思潮的年代，古史成為朦朧的空白，商代的確立實在是

[25] 張舜徽：《訒庵學術講論集》（長沙市：岳麓書社，1992年5月），頁381-382。

重建古史的奠基石。近年新發現的周原甲骨文，又證實《史記・周本紀》所載商周關係也頗可信，周君確是商朝的諸侯之一，作過西伯。至於《夏本紀》看來總也有被證明的機會。[26]

（三）裘錫圭(1935-)〈談談地下材料在先秦秦漢古籍整理工作中的作用〉，云：

本世紀二十年代，王國維提倡在古史研究中應用「二重證據法」，即以「地下之新材料」檢驗補充「紙上之材料」(見《古史新證》)。其精神對古籍整理工作同樣是適用的。我們在整理那些年代久遠的傳世古籍的時候，應該盡量利用各種地下材料，其中包括考古發現的各種古籍抄本、其他各種古代文字資料以及文字之外的各種有關考古資料。對於先秦秦漢古籍的整理來說，這一點尤其重要。[27]

王國維運用二重證據法，以甲骨卜辭證明《史記・殷本紀》世系之可靠，也指出其中部分錯誤；其講授或研究《尚書》、《詩經》時，經常援用甲骨卜辭、銅器銘文等出土文物以資佐證。王氏以後，「地下新材料」不斷出土，如長沙馬王堆、臨沂銀雀山、雙古堆、郭店楚墓……各地出土之戰國、秦、漢簡帛，以及各地新出諸古物，其內容之珍貴與數量之豐富，堪與歷史上著名之孔壁、汲冢的發現媲美。由於受到王國維立說之影響，益以各地陸續發現之新材料，用二重證據法研究古書的人逐漸增多。甚至推陳出新，別立名目，而有「三重證據法」和「四重證據法」之說。

---

[26] 李學勤：《失落的文明》(上海市：上海文藝出版社，1997 年 12 月)，頁 161。

[27] 裘錫圭：《古代文史研究新探》(南京市：江蘇古籍出版社，1992 年 6 月)，頁 45。

六　多重證據之省思

近年來學界先後提出「三重證據法」，以補足王國維「二重證據」之說者，頗不乏人。所謂「三重證據法」云云，言人人殊，未成定論。據知見所及，目前約有四種說法：

（一）孫作雲（1912-1978）《中國古代圖騰研究》以「書本、古物、古俗」為「三層證明法」。其說如下：

> 古史的研究，不但取材於書本，而且要取材於古物，所謂兩層證明法實在是治史的不二法門。我的意思，應該在古物之外，再加一個古俗，用古代的風俗來幫助文獻和考古之不足；這個方法可以叫做三層證明法。[28]

（二）楊向奎（1910-2000）〈《宗周社會與禮樂文明》序言〉以「文獻、考古、民族學」為歷史考據學的「三重證」。其說如下：

> 涉及的問題不少，而有關的古史材料卻不多，越往上溯，材料越少、越難，越難運用。文獻不足則取決於考古材料，再不足則取決於民族學方面的研究。過去，研究中國古代史講雙重證據，即文獻與考古相結合。鑒於中國各民族間社會發展之不平衡，民族學的材料，更可以補文獻、考古之不足，所以古史研究中的三重證代替了過去的雙重證。[29]

[28] 孫作雲：《中國古代神話傳說研究》，《孫作雲文集》（開封市：河南大學出版社，2003年9月），第3卷。

[29] 楊向奎：《宗周社會與禮樂文明》（北京市：人民出版社，1992年5月），序言頁1。又

（三）饒宗頤（1917-）〈談「十干」與「立主」----殷因夏禮的一、二例證〉，以「田野考古、文獻記載、甲骨文」為「三重證據法」。其說如下：

> 我想借此機會說一說有關研究夏文化的材料和文化的問題。現在大家都把注意力集中在田野考古中探索夏文化的遺存，這無疑是十分重要的，夏文化的研究能否出現決定性的突破，有賴於這方面的努力。但是就夏文化的整體而言，地下遺存畢竟有它本身的侷限性，而且遺存也不一定有文字標誌足以表明文化的內涵，所以，我們還得把考古遺存同傳世文獻結合起來進行考察和研究。儘管古籍中關於夏代的材料不多，但是許多零星的記載，卻往往透露著夏代社會的消息，有待我們進一步去發掘。值得特別提出的是甲骨文，在甲骨文中有許多關於商代先公先王的記載，在時間上應該屬於夏代的範疇，可看作是商人對於夏代情況的實錄，比起一般傳世文獻來要可靠和重要得多，我們必須而且可以從甲骨文中揭示夏代文化某些內容，這是探索夏文化的一項有意義的工作。總之，我認為探索夏文化必須將田野考古、文獻記載和甲骨文的研究三個方面結合起來，即用「三重證據法」（比王國維的「二重證據法」多了一重甲骨文）進行研究，互相抉發和證明。[30]

沈建華〈三重證據法的抉發和證明——〈饒宗頤新出土文獻論證〉導引〉謂饒宗頤以「二重證據」為基礎，將考古材料又區分為「沒有文字的考古資料」及「有文字的考古資料」兩部分，再加上史書材料，即成所謂「三重

見楊向奎：〈歷史考據學的三重證〉，《中國社會科學院研究生院學報》，1994 年第 5 期。

[30] 饒宗頤：《饒宗頤史學論著選》（上海市：上海古籍出版社，1993 年 11 月），頁 21-22。又見《饒宗頤二十世紀學術文集》（臺北市：新文豐出版公司，2003 年 1 月），（一）頁 12-18。

證據」。[31]

（四）葉舒憲（1954-）《詩經的文化闡釋・自序》提出「人類學三重證據法與考據學的更新」，云：

> 二重證據法的廣泛應用一方面為古史研究打開了新局面，另一方面也給沿續千年的考據方法帶來新的生機，人們不再固守非六經正史不足徵的自我封閉式治學思路，開始自覺地尋找文獻之外的材料、視角和途徑。除了直接來自地下的甲金文材料之外，還沒有足以使考據學刮目相看的材料和旁證途徑呢？……假如把王氏的《觀堂集林》同郭沫若的《甲骨文字研究》稍加對照，從「二重」到「三重」的軌跡也就一目了然了。……可以說從「二重證據」到「三重證據」的演進在某種程度上正是考據學、甲骨學同人類學相溝通、相結合的結果。[32]

文中指出郭沫若已在嘗試某種跨文化的人類學研究思路，此即「考據學、甲骨學、人類學」的「三重證據法」。關於三重證據法的討論，可參看葉氏《兩種旅行的足跡下篇 / 三重證據法閱讀筆記》。[33]隨後，葉氏於《原型與跨文化闡釋・自序》又提出「三重證據法」，「指的是在紙上的文獻材料和地下挖掘出的考古材料以外，利用跨文化的民族學與民俗學材料作為參照性的旁證，來闡釋本土的文學和文化現象的研究方法」。[34]

在嘗試「三重證據法」的研究實踐十餘年之後，葉舒憲自謂其涉獵到

[31] 沈建華：〈三重證據法的抉發和證明----〈饒宗頤新出土文獻論證〉導引〉，（北京）《中國文物報》2005 年 10 月 12 日。

[32] 葉舒憲：《詩經的文化闡釋・中國詩歌的發生研究》（武漢市：湖北人民出版社，1994 年 6 月）頁 3-4。

[33] 葉舒憲：《兩種旅行的足跡》（上海市：上海文藝出版社，2000 年 1 月），頁 210。

[34] 葉舒憲：《原型與跨文化研究》（廣州市：暨南大學出版社，2002 年 9 月），頁 51-52。

中國考古學方面的新材料，以及博物館及收藏界大量上古文物，注意到「實物」和「圖像」對於求證當時的信仰和神話觀念所特有的敘事及暗示作用，於是再度提出「四重證據法」的理念，以更新「三重證據」的說法。[35]2005年，葉舒憲在四川大學的學術講座中，將考古實物及其圖像命名為「第四重證據」。[36]葉氏所提「四重證據」，即於王國維二重證據法之外，加上多種民族之民俗資料，以及古代實物與圖像，共計四種。為闡發其「四重證據法」的理念，於是發表系列作品：

（1）〈第四重證據：比較圖像學的視覺說服力---以貓頭鷹象徵的跨文化解讀為例〉，《文學評論》2006 年第 5 期。

（2）《二里頭銅牌飾與夏代神話研究---再論「第四重證據」》，《民族藝術》2008 年第 4 期「神話與圖像」。

（3）〈鯀禹啟化熊神話通解----四重證據的立體釋古方法〉，臺灣中興大學《文學與神話特刊——第七屆通俗文學與雅正文學國際學術研討會論文集》，2008 年。

（4）《軒轅和有熊---兼論人類學的中國話語及四重證據闡釋》，《廣西民族大學學報》2008 年第 5 期。

（5）〈《容成氏》夏禹建鼓神話通釋---五論「四重證據法」的知識考古範式〉，《民族藝術》2009 年 1 期「神話與圖像」。

（6）〈玄鳥原型的圖像學探源——六論「四重證據法」的知識考古範式〉，《民族藝術》，2009 年第 3 期。

（7）〈國學考據學的證據法研究及展望---從一重證據法到四重證據法〉，《證據科學》2009 年第 17 卷（第 4 期）。

[35] 葉舒憲：〈國學考據學的證據法研究及展望----從一重證據法到四重證據法〉，《證據科學》第 17 卷第 4 期（2009 年），頁 400。

[36] 見葉舒憲：《熊圖騰・自序》（上海市：上海畫報出版社，2007 年 7 月），頁 2。又 2007 年 9 月 12 日在吉林大學學術演講〈四重證據的立體釋古方法---《熊圖騰》與文化尋根〉，見《華夏文化論壇》。

（8）〈四重證據：知識的整合與立體釋古〉，《江蘇行政學院學報》2010 年第 6 期（總第 54 期）「人文科學與多重證據法（筆談）」。

（9）〈文學人類學的中國化過程與四重證據法——學術史的回顧及展望〉，《社會科學戰線》2010 年第 6 期。

（10）〈探尋中國文化的大傳統---四重證據法與人文創新〉，《社會科學家》2011 年第 11 期（總第 175 期）。

（11）〈珥蛇與珥玉：玉耳飾起源的神話背景---四重證據法的玉文化發生研究〉，《百色學院學報》第 25 卷第 1 期（2012 年 1 月）。

（12）〈四重證據法重建中國非物質文化遺產體系---以玉文化和龍文化的大傳統研究為例〉，《貴州社會科學》2012 年第 4 期（總第 268 期）。

（13）〈黃帝名號的神話歷史編碼---四重證據法再釋「軒轅」與「有熊」〉，《百色學院學報》25 卷第 3 期（2012 年 5 月）。

（14）〈紅山文化玉蛇耳墜與《山海經》珥蛇神話---四重證據求證天人合一神話「大傳統」〉，《西南民族大學學報》（人文社會科學版） 2012 年第 12 期「文學人類學」。

葉舒憲在〈鯀禹啟化熊的神話通釋---四重證據的立體釋古方法〉一文中，較有系統界定「四重證據法」的概念，云：

> 一重證據指傳世文獻。……二重證據指地下出土的文字材料，包括王國維 當年研究的甲骨文、金文和後來出土的大批竹簡帛書。……三重證據指民俗學、民族學所提供的相關參照材料，包括口傳的神話傳說，活態的民俗禮儀，祭祀象徵等。四重證據則專指考古發掘出的或者傳世的遠古實物及圖像。[37]

[37] 葉舒憲：〈鯀禹啟化熊神話通解——四重證據的立體釋古方法〉，見《文學與神話特刊——第七屆通俗文學與雅正文學國際學術研討會》（臺中市：中興大學，2008 年 11 月），頁 33-53。

葉氏〈國學考據學的證據法研究及展望---從一重證據法到四重證據法〉摘要云：

> 文學人類學和歷史人類學作為現代以來的人文研究新範式。在方法論上與國學考據學相對接，經歷了從 20 世紀初期的二重證據說，到 90 年代的三重證據說，人類學視野與方法的介入給國學帶來的格局變化；再到 21 世紀初的四重證據說，描述跨學科潮流影響之下的文化整合認知範式出現及其意義，側重在古史研究方面，梳理出從信古、疑古、釋古到立體釋古的四階段發展演變軌跡。對立體釋古範式的現階段應用實踐及其前景，結合人類學中新興的物質文化研究和新史學發展潮流，作出學術評估與展望。[38]

文中論述人類學對傳統的國學方法之開拓與更新，最後以證據法學的人證物證劃分、人類學或符號學關於文化文本敘事的五類劃分，對四重證據的各自作用給予重新編排和圖表對應的詮釋，作為附表：

[38] 葉舒憲：〈國學考據學的證據法研究及展望---從一重證據法到四重證據法〉，《證據科學》2009 年第 17 卷（第 4 期）。

表一　考據學與證據法學的功能對照表

考據學方法分類	證據法學分類	文化-符號學的敘事分類
一重證據	書證（間接）	文字敘事
二重證據	書證（直接）	文字敘事
三重證據	證言或旁證	口傳敘事　儀式敘事
四重證據	物證或圖像證	物的敘事　圖像敘事

表二、文化文本五重敘事與四重證據對照表

文化-符號學的敘事分類	考據學方法分類	證據法學分類
文字敘事	（一重證據，二重證據）	人證之書證
口傳敘事	（三重證據）	人證之書證
圖像敘事	（四重證據）	物證
物的敘事	（四重證據）	物證
儀式（禮樂）敘事	（三、四重證據）	人證+物證

案王國維所謂「二重證據法」，係以「地下新材料」印證「紙上之材料」。于大成（1934-2001）〈二重證據〉稍易王氏之言，為新的二重證據：「宋以下之刻本鈔本書，不問為新出，為舊有，書本材料也，一也；金石、甲骨、竹帛、書畫、六朝唐人鈔本書，以及一切有資考訂之材料，古物材料也，二也。」[39]至於所謂「三重證據法」，由上述可知：或謂「書本、古物、古俗」，或謂「文獻、考古、民族學」，或謂「田野考古、文獻記載、甲骨文

[39] 于大成：《理選樓論學集》（臺北市：臺灣學生書局，1979 年 6 月），頁 507。

的研究」，或謂「沒有文字的考古資料、有文字的考古資料、史書材料」，或謂「考據學、甲骨學、人類學」，或謂「紙上的文獻材料、地下挖掘出的考古材料、跨文化的民族學與民俗學材料」等，各家認知不同，說法有所差異，以致諸說紛陳，莫衷一是。由「三重證據」再推衍為「四重證據」，其說謂：一重證據指傳世文獻，二重證據指新出土的文字、文獻，三重證據指多民族的民間口傳和實踐的神話、儀式、禮俗等等，四重證據指考古發掘的或傳世的實物和圖像。林科吉〈圖像：歷史記憶與文化表徵---論圖像作為第四重證據的效用〉謂：

> 將三、四重證據法正式提出並給予理論闡釋的是葉舒憲先生。作為新一代學人的代表，因為不滿國內學術研究現狀而努力尋求方法上的突破，在人類學/三重證據法與考據學的更新等論著中，他從學術史的角度充分論述了三重證據法對國學研究的現代轉型的意義。[40]

楊驪〈重估大傳統：四重證據法的方法論價值〉，云：

> 在筆者看來，第四重證據可以合稱為「物象」的證據，第三重證據的口承文學則可以稱為「語言」的證據，第一、二重證據可以稱為「文字」的證據，這四重證據結合在一起，就構成了「物象－語言－文字」這個整體性的人類生活世界。[41]

若依「三重證據」、「四重證據」之理念類推之，舉凡研究所涉及之領域，如神話學、民俗學、宗教學、藝術學、語言學、社會學、歷史學、考古學、

[40] 林科吉：〈圖像：歷史記憶與文化表徵----論圖像作為第四重證據的效用〉，《求索》2009年第9期。

[41] 楊驪：〈重估大傳統：四重證據法的方法論價值〉，（成都）《百色學院學報》第25卷第4期（2012年7月）。

人類學……各依研究領域而增損之，則所謂「五重證據法」、「六重證據法」乃至「十重證據法」，將隨學門領域之析分，而層出無已。為因應各學門領域之需求，減少界定之困擾，何妨統名之為「多重證據法」，以概括其餘？從事國學研究，以太極立體思維，衡量多重證據法，「一分為多」與「合多為一」，實在值得玩味省思。

七　結語

從太極概念衍生的太極圖式，蘊含陰陽消息、分合對立而統一的哲理，運用宇宙全息統一規律，發揮太極立體思維，以從事國學研究，將有助於「全方位」、「多面向」的掌握中華學術體系，對於傳世文獻、出土文物之蒐集與運用，更有增進「二重證據法」治學研究之成果。于大成〈二重證據〉一文，曾舉證論述二重證據以治學之效用，歸結為十二項：一曰證古史之可信，二曰正載籍之訛謬，三曰斠傳本之誤文，四曰補舊史之闕漏，五曰辨傳聞之誣枉，六曰辨作品之真偽，七曰考古書之時代，八曰覈篇卷之異同，九曰考古書之形式，十曰得故書之真解，十一曰輯故書之佚文，十二曰明文字之源流。[42]藉此條列，可瞭解「二重證據法」與國學研究之關係。

圖書文獻可以證古文物，古文物也可以證圖書文獻。試舉近代國學名家為例，如楊樹達（1885-1956）研治小學多年，抗日戰爭時避難湘西，始著手考釋金文，所著《積微居金文說》，妙義紛呈，創獲獨多。于省吾（1896-1984）提倡「新證」之學，著有《澤螺居詩經新證》、《澤螺居楚辭新證》，《雙劍誃尚書新證》等書，即以甲骨、金文以證經籍文獻。陳直（1901-1980）著有《史記新證》、《漢書新證》、《兩漢經濟史料論叢》、《三

[42] 于大成：《理選樓論學集》，頁 501-561。

輔黃圖校證》等多種，均以秦漢文物與史籍互相印證。推其本源，取古文物以治文史之學，古文物材料不過為之證據，其功力和方法均從圖書文獻中得來。

近代之「世界學者」[43]陳垣（1880-1971），學識淵博，研究領域廣泛，畢生從事史學考證，對歷史文獻學之建基工作，貢獻相當大。其宗教史、元史、中西交通史等方面，均有創造性之業績。由於長期搜集宗教資料，對火祆教、摩尼教、基督教、回教、佛教等，在中國流傳及其盛衰之經過，均有專著論述，而對於最具本土化之道教，亦曾大規模搜集《道藏》中碑記及各家金石志、地方志、文集、藝風堂等所藏拓片，自漢至明有關道教一千餘通之碑文，編纂以成《道家金石略》一百卷，為中國道教史研究開闢極其豐富之資源。陳垣撰成《南宋初河北新道教考》一書，其所憑借之史料文獻，即以《道家金石略》為主要依據，誠如援庵自謂「只患選擇不精，考訂不審，組織不密，不虞史料闕乏也」[44]。書中述全真、大道、太一三教在金元時事，文外重旨，別寓深意，朱師轍（1878-1969）跋云「足以補舊史之闕疑，開新編之捌制」，允為知言之論。[45]

「師大大師」魯實先（1913-1977）教授，早歲以《史記會注考證駁議》成名，其中於校勘、訓詁、以及經子與《史記》之互異，乾嘉諸老考訂之是非，頗多是正。而尤於〈扁鵲倉公傳〉之醫學，春秋之日食，以及賈誼（前 200-前 168）所議改之曆術，闡發尤精。楊樹達、顧頡剛、郭沫若（1892--1978）、錢基博（1887-1957）、曾運乾（1884-1945）等俱有題詞序跋，咸以為立論之精發蒙千載。楊樹達贊譽其「聞見甚博，且通曆法，未易才也」，並於序中特加表彰，以為「超越前儒，古今獨步」。魯實先撰有《殷曆譜糾譑》、《曆術卮言甲集》、《劉歆三統曆譜證舛》等，推補積年，考訂法數，

43 張榮芳：《近代之世界學者---陳垣》（廣州市：廣東人民出版社，2005 年 7 月）。
44 陳垣：《南宋初河北新道教考》（臺北市：新文豐出版公司，1977 年 7 月），頁 11。
45 參見拙撰：〈陳垣道教研究的成果與檢討〉，《道教文化》第 5 卷第 8 期，頁 56-59。

訂誤糾謬，要皆獨樹一幟，發前人之所未發 [46]，語其曆術之精博，當世無出其右，而受推尊「為當代歷算學者之權威」。[47]魯實先又精研文字之學，融會《說文》、甲骨文、金文及經義，著《殷栔新詮》，解字證辭，特多創闢，悉掃窠臼。又撰《說文正補》、《轉注釋義》、《假借遡原》、《文字析義》等書，創通義類，主張「四體六法」，昌明六書皆造字之法，正補《說文》釋形、釋義之誤，實度越清儒戴、段「四體二用」之說。總之，魯實先「成名於史學，長於經學，精於小學」，終其身盡瘁於斯，撰作勤劬，成就多方，而卓举特出者，厥推《史記》、曆術、文字學、古文字學、經學等，率皆覃思入微，而又徵引詳博，獨抒胸臆，理明證確，創獲殊多，迥異於凡庸祖述之見。[48]

由此觀之，國學研究必須具有「全方位」、「多面向」的立體思維，才能掌握全體大用，向上提昇，承前脩之墜緒，啟先進之慧命，進而亟思開創新局，振導來兹。陳寅恪說：「一時代之學術，必有其新材料與新問題。取用此材料，以研求問題，則為此時代學術之新潮流。」[49]季羨林（1911-2009）也說：「從世界各國學術發展的歷史來看，進行學術探討，決不能固步自封，抱殘守闕，而是必須隨時應用新觀點，使用新材料，提出新問題，摸索新方法。衹有這樣，學術研究這一條長河才能流動不息，永遠奔流向前。」[50]其言甚是。我於太極思維與國學研究，革故鼎新，倡言運用新資料、新觀點、新方法、新原理、新思維，亦作如是觀。

---

46 〈曆法、文字學大師魯實先教授訪問錄〉一文，載魯先生之言曰：「在我個人方面：由長科會印的《劉歆三統曆譜證舛》一書，稍為得意。由東海大學印的《曆術卮言甲集》有三篇文章考定曆法的，〈東魏李業興九宮行棊歷積年考〉，〈宋乾興曆積年日法考〉，〈宋寶祐四年會天曆考〉都是發前人所未發。」見《魯實先先生逝世百日紀念哀思錄》，頁50。

47 民國 33 年 3 月 4 日國立禮樂館致魯先生函，載陳廖安、蔣秋華主編：《魯實先先生珍藏書札》（臺北市：中央研究院中國文哲研究所籌備處，1999 年 4 月），頁 6。

48 參見拙撰：〈「師大・大師」魯實先先生的學術貢獻〉，《國立臺灣師範大學創校暨國文學系創系六十週年紀念漢學回顧與前瞻國際學術研討會論文集》（臺北市：國立臺灣師範大學，2006 年 4 月）頁 433-462。

49 陳寅恪：《敦煌劫餘錄・序》，《陳寅恪先生全集》（臺北市：里仁書局，1979 年 12 月），頁 1377。

50 見季羨林：《饒宗頤史學論著選・序》（上海：上海古籍出版社，1993 年 11 月），頁 6。

參考書目

一　古籍

〔漢〕許慎撰、〔清〕段玉裁注：《說文解字》（臺北市：黎明文化事業公司，1986年12月）

〔元〕牛道淳：《析疑指迷論》，《正統道藏》第八冊（臺北市：新文豐出版公司，1985年12月）

〔清〕曾國藩：《曾文正公集》（臺北市：世界書局，1985年5月）

二　今人論著

于大成：《理選樓論學集》（臺北市：臺灣學生書局，1979年6月）

王大有、王雙有：《太極辯證法・圖說太極宇宙》（北京市：中國時代經濟出版社，2007年5月）

王國維：《古史新證-王國維最後的講義》（北京市：清華大學出版社，1994年12月）

王國維：《海寧王靜安先生遺書》（臺北市：台灣商務印書館，1976年7月）

向開明：《太極文化與東亞舞蹈文化》（北京市：民族出版社，2006年8月）

李學勤：《失落的文明》（上海市：上海文藝出版社，1997年12月）

杜松柏：《國學治學方法》（臺北市：洙泗出版社，1980年4月）

汪啟明：《考據學論稿》（成都市：四川出版集團巴蜀書社，2010年6月）

沈建華：〈三重證據法的抉發和證明----〈饒宗頤新出土文獻論證〉導引〉，（北京）《中國文物報》（2005年10月12日）

林科吉：〈圖像：歷史記憶與文化表徵----論圖像作為第四重證據的效用〉，《求索》2009年第9期

胡　適：《胡適文存》（臺北市：遠東圖書公司，1953年2月）

凌志軒：《易經趣觀》（香港：亞太國際出版社，1998 年 11 月）
孫作雲：《孫作雲文集》（開封市：河南大學出版社，2003 年 9 月）
高　明：《高明文集》（臺北市：黎明文化事業公司，1978 年 3 月）
張舜徽：《訒庵學術講論集》（長沙市：岳麓書社，1992 年 5 月）
張榮芳：《近代之世界學者---陳垣》（廣州市：廣東人民出版社，2005 年 7 月）
陳　垣：《南宋初河北新道教考》（臺北市：新文豐出版公司，1977 年 7 月）
陳寅恪：《陳寅恪先生全集》（臺北市：里仁書局，1979 年 12 月）
陳廖安、蔣秋華主編：《魯實先先生珍藏書札》（臺北市：中央研究院中國文哲研究所籌備處，1999 年 4 月）
陳廖安：〈「師大．大師」魯實先先生的學術貢獻〉，《國立臺灣師範大學創校暨國文學系創系六十週年紀念漢學回顧與前瞻國際學術研討會論文集》（臺北市：國立臺灣師範大學，2006 年 4 月）
陳廖安：〈陳垣道教研究的成果與檢討〉，《道教文化》第 5 卷第 8 期
陳廖安：〈道教太極圖的體用觀〉，《道教教義與現代社會國際學術研討會論文集》（上海：上海古籍出版社，2003 年 8 月）
程發軔：《國學概論》（臺北：正中書局，1968 年 9 月）
楊向奎：〈歷史考據學的三重證〉，《中國社會科學院研究生院學報》1994 年第 5 期
楊向奎：《宗周社會與禮樂文明》（北京市：人民出版社，1992 年 5 月）
楊成寅：《太極哲學》（上海市：學林出版社，2003 年 12 月）
楊成寅：《成中英太極創化論》（杭州市：浙江大學出版社，2012 年 2 月）
楊樹帆：《周易符號思維模型論》（成都市：四川人民出版社，1998 年 4 月）
楊驪：〈重估大傳統：四重證據法的方法論價值〉，（成都）《百色學院學報》第 25 卷第 4 期（2012 年 7 月）
葉舒憲：〈鯀禹啟化熊神話通解——四重證據的立體釋古方法〉，《文學與神

話特刊——第七屆通俗文學與雅正文學國際學術研討會》（臺中市：中興大學，2008 年 11 月）

葉舒憲：《詩經的文化闡釋》（武漢市：湖北人民出版社，1994 年 6 月）

裘錫圭：《古代文史研究新探》（南京市：江蘇古籍出版社，1992 年 6 月）

劉遠東：《太極密碼》（北京市：團結出版社，2008 年 5 月）

龐樸：〈陰陽：道器之間〉，《道家文化研究》第 5 輯（上海市：上海古籍出版社，1994 年 11 月）

饒宗頤：《饒宗頤二十世紀學術文集》（臺北市：新文豐出版公司，2003 年 1 月）

饒宗頤：《饒宗頤史學論著選》（上海市：上海古籍出版社，1993 年 11 月）

顧廷龍：《顧廷龍文集》（上海市：上海科學技術文獻出版社，2002 年 7 月）

顧頡剛：〈購求中國圖書計劃書〉，《文獻叢刊》第 8 輯

讀《繫年》第十一章札記三則

蘇建洲 *

摘要

本文對《清華二・繫年》第十一章提出札記三則：一，討論簡 56-57「乃行穆王思（使）毆（驅）褱（孟）者（諸）之麋」一句的標點與釋讀，認為「行穆王」即是「使穆王行」，可以理解為「引導穆王」的意思。或是將「行」同義換讀為「道」，解為「引導」的意思。二，《左傳》文公十年記載宋昭公因為違命，導致文無畏鞭打宋昭公的車仗。今由本章記載，可知宋昭公違命的內容是「暮駕」，可以補充傳世文獻之不足，彌足珍貴。三，認為簡 59-60「以女子與兵車百䡞（乘）」中「女子」實為「女、子」，指男女奴隸。

關鍵詞：清華簡、繫年、字詞考釋

---

* 現任國立彰化師範大學國文學系教授。本研究為 101 年度國科會專題研究計畫「《清華大學藏戰國竹簡（貳）》研究」（NSC101-2410-H-018 -015）部分成果，接受國科會專案計畫補助，特此致謝。

一　前言

《繫年》竹書是清華大學藏戰國竹簡的第貳冊，[1]簡文所記載的史事自西周時代迄戰國時期，是研究先秦史不可多得的珍貴材料。筆者在行政院國家科學委員會的資助下撰有《《清華大學藏戰國竹簡（貳）·繫年》集解》[2]一書，今就第十一章揀選札記三則如下，請學者專家指正。

第十一章共五支簡，釋文如下：

> 楚穆王立八〈九〉年，王會者（諸）侯于歼（厥）[illegible]（貉），牆（將）以伐宋=（宋。宋）右帀（師）芋（華）孫兀（元）〈華孫御事〉欲袋（勞）楚帀（師），乃行【五六】穆王，思（使）毆（驅）䵹（孟）者（諸）之麋，壂（徙）之徒莤。宋公為右（左）芋（盂），奠（鄭）白（伯）為右芋（盂），繙（申）公弔（叔）侯〈孫（申）白（伯）亡（無）愄（畏）〉智（知）之，宋【五七】公之車萲（暮）䡈（駕），用䐗（抶）宋公之馭（御）。穆王即殜（世），臧（莊）王即立（位），㕜（史－使）孫（申）白（伯）亡（無）愄（畏）𠴁（聘）于齊，叚（假）迲（路）【五八】於宋=（宋，宋）人是古（故）殺孫（申）白（伯）亡（無）愄（畏），䞦（奪）亓（其）玉帛。臧（莊）王衒（率）𠂤（師）回（圍）宋九月，宋人玄（焉）為成，以女、子【五九】與兵車百䡅（乘），以芋（華）孫兀（元）為𧶠（質）[illegible]。【六〇】

大意是說：魯文公十年，楚穆王九年，鄭伯與陳侯在息地會見楚王，到了冬天，就和蔡侯一起領兵駐紮在厥貉，準備攻打宋國。華孫御事為避

1　李學勤主編：《清華大學藏戰國竹簡（貳）》（上海市：中西書局，2011年12月）

2　蘇建洲、吳雯雯、賴怡璇合著：《《清華大學藏戰國竹簡（貳）·繫年》集解》（台北市：萬卷樓圖書公司，待刊）

免宋國百姓受到連累，於是主動迎接莊王，慰勞楚軍，且引導莊王在孟諸打獵。此時宋公的車隊因為違反早晨裝著取火工具出發的命令（「命夙駕載燧」），到晚上才出發，申伯無畏基於職責，所謂「當官而行」（文公十年），因此鞭打了宋公的車伕，此舉得罪了宋公，埋下日後被殺的導火線。魯宣公十四年，楚莊王十九年，莊王派遣申伯無畏到齊國聘問，無畏向宋國請求借路，因為孟諸之役的緣故，宋人利用此機會殺了無畏。此舉引來了莊王的報仇，從宣公十四年九月到隔年五年整整九個月的時間包圍了宋國，導致宋國「城中食盡，易子而食，析骨而炊」（《史記・楚世家》），只好求成投降，媾和的條件是以男女奴隸與兵車百乘為禮，並以華孫元為人質。

本章內容並不難懂，不過整理者的意見有可以補充或訂正之處，如下：

二　「乃行穆王思（使）毆（驅）㽙（孟）者（諸）之麋」釋讀

簡 56-57「宋右帀（師）芋（華）孫兀（元）〈華孫御事〉欲裳（勞）楚帀（師），乃行【五六】穆王，思（使）毆（驅）㽙（孟）者（諸）之麋，壂（徙）之徒啬。」整理者已指出：「右師華孫元」對勘《左傳》文公十年「宋華御事……逆楚子，勞且聽命」，簡文華元應為華御事之譌。[3]其說可從。本章訛誤之處不只一處，如「楚穆王立八年」，實為「九年」。[4]「繡（申）公弔（叔）侯智（知）之」，實為「孫（申）白（伯）亡（無）愄（畏）智（知）之」。我們要討論的是「乃行穆王思（使）毆（驅）㽙（孟）者（諸）之麋」一句的釋讀。整理者在「乃行」後標逗點說：「乃行，意為方行，見裴學海《古書虛字集釋》第四七八頁（中華書局，1982 年）。」（頁 161，注 5）

謹案：整理者在「乃行」後標逗點，同時對「乃行」的解釋也不明確，

---

[3] 李學勤主編：《清華大學藏戰國竹簡（貳）》（上海市：中西書局，2011 年 12 月），頁 161，注 4。

[4] 孫飛燕：〈試談《繫年》中厥貉之會與晉吳伐楚的紀年〉，復旦網，2012 年 3 月 21 日。

恐有問題。《左傳》文公十年「宋華御事曰：『楚欲弱我也，先為之弱乎？何必使誘我？我實不能，民何罪？』乃逆楚子，勞且聽命。遂道以田孟諸。宋公為右盂，鄭伯為左盂。」比對之下，可知簡文當讀為「乃行穆王，思（使）毆（驅）槑（孟）者（諸）之麋」，「行」相當於《左傳》的「道」，皆為「引導」的意思。《孟子・離婁下》：「禹之行水也，行其所無事也。」「行水」即「使水流通」。[5]宋呂大臨〈擬招〉：「秉離明以為燭兮，御巽風以行車。」「行車」，驅車，使車前進。同理，「行穆王」即是「使穆王行」，可以理解為「引導穆王」的意思。

還有一種可能，我們知道《郭店》楚簡中常見「衍」字作「道」字用，甲骨文、《石鼓文・霝雨》篇「隹舟以衍」的「衍」則是作「行」用，李學勤先生以為二者來源不同。[6]但是《郭店・性自命出》的「道」字共22見，除簡22、55（2見）、56、57寫作「道」外，其餘皆寫作「衍」。「衍」字對應《上博一・性情論》都寫作「道」，故劉釗先生以為：「『衍』乃『行』字異體，同義換讀為『道』字。」[7]廖名春先生有相似的意見。[8]《繫年》此處正好是「行」對應今本的「道」，則簡文的「行」或可讀為「道」，解為「引導」的意思，「乃行（道）穆王，思（使）毆（驅）槑（孟）者（諸）之麋，壐（徙）之徒啬。」是說華孫御事就引導楚王（田獵），使他驅趕孟諸的麋鹿，遷徙到徒啬。

關於「徒啬」，袁金平先生認為：《包山》150「（某某里人）貣徒啬之王金不賽。徒啬之客苛昍內之。」包山簡「徒啬」二字過去多有誤釋，或以為地名、人名、官府名等。今結合清華簡《繫年》來看，將二處「徒啬」視作地名顯然最為合理。所謂「徒林」即先秦古籍習見的「楚之雲夢」。《爾雅・釋地》記有「十藪」，即「……宋有孟諸，楚有雲夢……」。由簡文及

5 「行水」的例證蒙郭永秉先生提供，謹致謝忱。
6 李學勤：〈說郭店簡「道」字〉，《簡帛研究》第三輯。
7 劉釗：《郭店楚簡校釋》，頁8。
8 參看彭裕商：《郭店楚簡老子集釋》（成都市：巴蜀書社，2011年），頁85。

《左傳》僖公二十八年所述「孟諸之麋」來看，孟諸其時亦為可供田獵的苑囿，當水草豐茂，宜於麋鹿生息。而「楚之雲夢」在先秦古籍中也經常是春秋、戰國時期楚王的遊獵區域。據《繫年》簡文，楚穆王田于宋藪孟諸，鹿遷往當是其本國的徒林，此所遷之地應是與孟諸性質近似的澤藪，宜於麋鹿生養。典籍中習見蓄養麋鹿的楚藪是著名的「雲夢」。孫詒讓《周禮正義，職方氏》「正南曰荊州……其澤藪曰雲瞢」下云：「《禹貢》之『雲土』即《楚語》之『雲連徒州』，《漢地理志》江夏郡又有雲杜縣，土徒杜並聲近字通。」段、孫氏此論發人深省，有助於我們理清「雲夢」與「雲土夢」、「雲連徒洲」及「徒林」諸名之間的關係。我們認為，此數名當皆為一藪之異稱，其差異是由時、空以及語言因素造成的。「莔」从艸，㐭(「廩」之初文）聲，不見於傳世字書，目前僅見於楚地出土竹簡，很有可能是楚語中表草澤義的「夢」的本字。从古音看，「夢」屬明母蒸部，「廩」、「林」為來紐侵部，二者音近。「雲夢」原義指春秋早期的䢵（鄖）國之夢，簡稱為雲（䢵、鄖）夢。「雲」（䢵、鄖）很可能是對「土夢」（徒林）的一種區域上的限定說明，雲夢鄰近䢵國故地。根據我們的理解，姑將「雲夢」諸名的演變軌跡略示如下：徒莔（林）－雲土夢－雲夢。[9]

謹案：「莔」作，「㐭」旁又見於簡 123「㝉（廩）丘」作，釋為「莔」毫無可疑。楚文字「㐭」、「爾」之辨參見拙著：《楚文字論集》頁 142-144。由簡文來看，「徒莔」的性質「盟（孟）者（諸）」相似，袁金平先生以為「徒莔」即「雲夢」尚難肯定。袁先生聯繫二者的關鍵是《書．禹貢》「雲土夢」，袁氏解釋為「雲（䢵）國的土（徒）夢（莔）」。但是「雲土夢」是否就是「雲夢」，其實是很有爭議的，參看劉起釪：《尚書校釋譯論》第二冊頁 658-662。即便「雲土夢」真是後來的雲夢澤，但其稱名格式皆為「雲某」，這也跟「徒莔（雲）」不同。袁先生認為「徒莔」的稱名早於〈禹貢〉篇的「雲土夢」，但是這麼早的稱名卻記載在春秋時期楚穆王，

[9] 袁金平：〈清華簡《繫年》「徒林」考〉，《楚簡楚文化與先秦歷史文化國際學術研討會論文集》（武漢市：武漢大學歷史系編，2011 年 10 月），頁 61-66。

之前的傳世及出土文獻從未見過，這也不合常理。且認為「蔷」很有可能是楚語中表草澤義的「夢」的本字，似也推衍太過。此字亦見於《九店》56.53「……必肉飤（食）以飤（食）。篙（廪）尻（居）西北，不吉」、《包山》150「貣徒蔷（藁）之王金不賽」、《新蔡》甲一：12「☐【衛篁】為君貞：將逾取蔷，還返尚毋有咎。」這些文例無一可以解為草澤義的「夢」。[10] 更重要的是，「乃行【五六】穆王思（使）毆（驅）盟（孟）者（諸）之麋，壐（徙）之徒蔷。宋公為右（左）芋（盂），奠（鄭）白（伯）為右芋（盂）」，是說引導楚穆王在宋地的苑囿「盂諸」田獵，將盂諸的麋鹿趕到徒蔷，此處的「徒蔷」仍然有可能在宋地，未必一定是楚地。《包山》150的「徒蔷」與《繫年》的「徒蔷」自然也未必是一地。總之，我們認為「徒蔷」就是一處苑囿，其確定地點待考。

三　補充《左傳》記載

第十一章簡 57-58「宋【五七】公之車募（暮）鴽（駕），用搋（抶）宋公之馭（御）」。

謹案：宋公，指宋昭公（前619年—前611年）。文公十年記載子朱與文之無畏下令「夙駕載燧」，即下令早晨在車上裝載取火工具出發。但是宋昭公卻暮駕，此即《左傳》所云「宋公違命」的內容，《繫年》的記載可以補充傳世文獻之不足，彌足珍貴。

[10] 參看拙著：《《上博楚竹書》文字及相關問題研究》（臺北市：萬卷樓圖書公司，2008年1月），頁180-183。

四 「以女、子與兵車百奪（乘）」釋讀

簡 59-60「臧（莊）王衒（率）𠂤（師）回（圍）宋九月，宋人女（焉）為成，以女、子【五九】與兵車百奪（乘），以芋（華）孫兀（元）為敎（質）。【六〇】」。整理者說：女子，疑當乙為「子女」。《左傳》僖公二十三年：「子女玉帛，則君有之。」《國語．晉語四》同。（頁 161，注 17）

謹案：《左傳》僖公二十三年：「子女玉帛，則君有之。」楊伯峻先生認為應該斷句為「子、女、玉、帛」，「子、女」是指男女奴隸，如同西周師寰簋：「毆俘士、女、羊、牛」。[11]相似內容亦見於《國語．晉語四》：「楚子問于公子曰：『子若克復晉國，何以報我？』公子再拜，稽首，對曰：『子女玉帛，則君有之。』」韋昭《注》：「子女，美女也。」上引楊伯峻已指出：「韋注〈晉語四〉以子女為一，云『子女，美女也』，不可信。」俞志慧先生也說：

> 釋「子女」為美女，於古未聞。「子女」一詞，除今天所使用的「兒子與女兒」這一常用義外，還有男和女之意，如《禮記．樂記》「及優侏儒，糅雜子女，不知父子」鄭玄注：「言舞者如獮猴戲也，亂男女之尊卑。」《說苑．理政》：「衣裘之不美，車馬之不飾，子女之不潔，寡人（鄭簡公）之醜也」；《逸周書．小明武》：「無食六畜，無聚子女」，其中之「子女」義與此同。又有少女之意，如《漢書．武帝紀》「朕飾子女，以配單于」。雖說美女與「少女」義有交集，但以「子女」為美女，畢竟外延過窄。故本條子女一詞既可釋作男女，亦可釋作少女，但不可釋作「美女」。[12]

[11] 楊伯峻：《春秋左傳注》（台北市：洪葉文化事業有限公司，1993 年 5 月），頁 409。

[12] 俞志慧：《《國語》韋昭注辨正》（北京市：中華書局，2009 年 12 月），頁 145。

「子女」即「士女」，確實可指一般的男女，如秦子簋「溫龔穆〔穆〕，秉德（？）受命屯魯，義其士女」，李學勤先生認為「『士女』見《詩·甫田》等，指民眾男女。『儀其士女』，意云為民眾所尊重效法。」[13]又庚壺 12-15 行「殺其鬬者，俘其士女」，李家浩先生指出：「『士女』指一般的男女。」[14]而「奴隸」的來源本是「一般的男女」，所以上述二說並不矛盾。于省吾先生根據師寰簋：「徒馭毆（驅）俘，士女羊牛」，指出《詩·大雅·既醉》：「君子萬年，景命有僕。其僕維何？釐爾女士」的「女士」是指男女奴隸。于先生還說：凡《詩經》中以士與女對稱者，都係指青壯年男女言之。由此以推，則師寰簋的「士女」，係指青壯年男女言之甚明。因為俘虜青壯年男女，才能使之充當奴隸，這與此詩「釐爾女士」以為奴隸之義完全相符。[15]其說甚是。《上博四·曹沫之陣》17-18「母（毋）炁（愛）貨資、子女，以事【17】其便嬖，所以佢（距）內」，此處也是「貨資、子女」並列，「子女」同樣應理解為男女或是奴隸。有研究者以為「子女」是指美女，不可從。回頭來看《繫年》「宋人女（焉）為成，以女子與兵車百䡅（乘）」，此處的「女、子」顯然就是〈既醉〉「釐爾女、士」的「女、士」，指男女奴隸而言，不能解釋為女人。整理者認為「女子，疑當乙為『子女』」，是沒有必要的。此外，第二十二章簡 120「齊與越成，以建陽、郘陵之田，且男女服」，是說齊國與越國議和，條件是建陽、郘陵的田地以及男女奴隸。「男女服」也可以說明簡 59 的「女子」當讀為「女、子」，指男女奴隸。簡文意思是說：宋國與楚國媾和的條件，是用男女奴隸與兵車百乘，並以華孫元為人質。

---

13 李學勤：〈論秦子簋及其意義〉，《故宮博物院院刊》2005 年 6 期，頁 23。
14 李家浩：〈庚壺銘文及其年代〉，《古文字研究》19 輯（北京市：中華書局，1992 年 8 月），頁 94。
15 于省吾：《澤螺居詩經新證》（北京市：中華書局，1982 年 11 月），頁 221-222。

五　結語

以上第一、三則就字詞考釋談了一點意見，在古史研究的重要性除了第二則所說外，又如簡 58 記楚國「文無畏」(即「文之無畏」) 為「孫（申）白（伯）亡（無）愄（畏)」，這條資料很明確地讓我們知道以往認為他是楚文王的後裔是不對的，實際上應該是申國的後裔到楚國當官。[16]總之，《繫年》每一章的內容都很精采，對我們研讀古史很有啟發，值得我們駐足仔細研讀。

2012 年 12 月寫完

[16] 詳拙文：〈由新出楚簡重新檢討楚國歷史地理中的幾個問題〉。

參考書目

一　近人論著專書

于省吾：《澤螺居詩經新證》（北京市：中華書局，1982 年 11 月）

李學勤主編：《清華大學藏戰國竹簡（貳）》（上海市：中西書局，2011 年 12 月）

俞志慧：《《國語》韋昭注辨正》（北京市：中華書局，2009 年 12 月）

彭裕商：《郭店楚簡老子集釋》（成都市：巴蜀書社，2011 年）

楊伯峻：《春秋左傳注》（台北市：洪葉文化事業有限公司，1993 年 5 月）

蘇建洲、吳雯雯、賴怡璇合著：《《清華大學藏戰國竹簡（貳）・繫年》集解》（台北市：萬卷樓圖書公司，待刊）

蘇建洲：《《上博楚竹書》文字及相關問題研究》（台北市：萬卷樓圖書公司，2008 年 1 月）

二　近人論著單篇論文

李家浩：〈庚壺銘文及其年代〉，《古文字研究》19 輯（北京市：中華書局，1992 年 8 月）

李學勤：〈說郭店簡「道」字〉，《簡帛研究》第三輯（南寧市：廣西教育出版社，1998 年）

李學勤：〈論秦子簋及其意義〉，《故宮博物院院刊》2005 年 6 期

孫飛燕：〈試談《繫年》中厥貉之會與晉吳伐楚的紀年〉，復旦網，2012 年 3 月 21 日

袁金平：〈清華簡《繫年》「徒林」考〉，《楚簡楚文化與先秦歷史文化國際學術研討會論文集》，（武漢市：武漢大學歷史系編，2011 年 10 月）

蘇建洲：〈《清華二・繫年》中的「申」及相關問題討論〉，待刊稿。

《睡虎地秦簡日書甲種・詰》表憑藉的介詞「以」析論

楊如雪 *

摘要

本論文以《睡虎地秦簡日書甲種・詰》為語料，探討其中表示憑藉的介詞「以」的用法與出現的語境，得到以下的結論：一、憑藉介詞「以」所引介的介詞賓語，主要是具體的工具和材料，極少數是表示抽象的方式或方法。二、「以」字憑藉介賓詞組出現在中心語前與出現在中心語後的比例是 35：17。三、出現在中心語前的「以」字憑藉介賓詞組，中心語主要是述賓詞組或結構；而出現在中心語後的，則較多是不帶賓語的單音節動詞述語。四、若從憑藉介賓詞組與中心語的語序來看，憑藉介賓詞組前置於中心語在漢語史的發展上是一種趨勢；而《日書・詰》「以」字憑藉介賓詞組後置於中心語的次數比例，高於成書時間在前的《左傳》，這或許存有地域性差異等因素，還有待進一步的研究。

關鍵字：睡簡日書 《日書・詰》 憑藉介賓詞組 介詞「以」 語序

* 作者現為國立台灣師範大學副教授。

一　前言

1975年12月在湖北雲夢睡虎地11號秦墓中，出土竹簡1155片，另有殘片80片，這是第一次發現的秦簡。這批竹簡經整理、拼復後，簡的內容計有《編年紀》、《語書》、《秦律十八種》、《效律》、《秦律雜抄》、《法律答問》、《封診式》、《為吏之道》、《日書》甲種、《日書》乙種共十種，其內容之豐富，為研究當時的歷史文化提供了前所未見的寶貴資料[1]。

不過簡數合起來占這批竹簡三分之一的《日書》甲種和《日書》乙種在1978年出版的《睡虎地秦墓竹簡》（以下簡稱《睡簡》）平裝本中，並未收錄[2]；到1990年出版的《睡虎地秦墓竹簡》精裝本才將十種簡牘資料全部收齊[3]。

《日書》是選擇時日吉凶的書籍，是記載流行於戰國、秦、漢時期社會中、下階層的一種生活手冊；主要用於推擇時日，卜斷吉凶，從而達到趨吉避忌、得福免災的目的。《日書》的內容涵蓋或反映當時人們的生產活動，幾乎涉及日常生活的所有領域，可說是反映秦國及秦代社會生活的一面鏡子[4]。從其中的記載可以發現巫覡活動、數術之學在秦代及其前後相近的歷史時期曾經十分活躍，這類活動對當時的社會有十分廣泛的影響[5]。因此，目前對於《睡簡・日書》的研究，很多都傾向或集中在當時的巫術文化方面[6]，並且對於它在社會、歷史文化方面的價值多所肯定。

1 睡虎地秦墓竹簡整理小組編：《睡虎地秦墓竹簡》（北京市：文物出版社，2001年），頁1；王子今：《睡虎地秦墓竹簡《日書》甲種疏證》（武漢市：湖北教育出版社，2003年），頁1。

2 《日書》共有竹簡423枚，約一萬八千餘字。

3 王子今：《睡虎地秦墓竹簡《日書》甲種疏證》，頁1。

4 吳小強：《秦簡日書集釋》（長沙市：岳麓書社，2000年），頁14。

5 王子今：《睡虎地秦墓竹簡《日書》甲種疏證》，頁1-2。

6 王偉〈睡虎地秦簡論著目錄〉，（http://www.bsm.org.cn/show_article.php?id=1185），2009年。

《睡簡・日書》甲種（以下僅稱《日書》）字數多，內容豐富，且多有標題，例如：秦除、稷辰、葬日、歲、星、室忌等。其中《詰》[7]章專門敘述鬼、怪、神、妖害人的各種表現和人如何防治、驅除鬼神的不同方法，不僅內容豐富，而且行為生動，是《日書》之中最富生氣的篇章[8]。當時之人，在防治、驅除鬼神時會使用具體的除邪器物，像植物、泥土，或加工製成的某類物品等，以驅趕作祟的鬼神。吳小強曾說：《詰》章內容具有兩個顯著特點，一是鬼神性格、行為人格化，鬼神生活世俗化；二是人有能力、有辦法制止鬼神害人的行為，其中所介紹的打鬼方法，因時、因地、因事而宜，打鬼武器多樣。他並歸納出當時人們常用的打鬼武器六類：樹木野草類、五穀中藥類、家畜糞便類、土石沙灰類、兵器水火類以及其他簡易方法[9]。

《日書》甲種《詰》章在敘述這些制止鬼神害人、打鬼方法時，主要利用「以」字介賓詞組來表示[10]，例如：

1. 天火燔人宮，不可御，以白沙救之，則止矣。（四一背參）[11]
2. 人生子未能行而死，恆然，是不辜鬼處之。以庚日日始出時，濆門以灰，卒，有祭，十日收祭，裹以白茅，貍（埋）野，則毋央（殃）矣。（五二、五三背貳）[12]

---

7 或稱《詰咎》。

8 吳小強：《秦簡日書集釋》，頁 146。

9 同前註，頁 146-148。

10 介賓詞組是介詞與介詞賓語組成的詞組，又稱介賓短語或介賓結構。

11 引錄簡文釋文主要出自文物出版社 1990 年版《睡虎地秦墓竹簡》，簡文末之中文數字代表簡號，並以「正」、「背」註明正面或背面；大寫的中文數字代表同一支簡上的不同欄次。簡文中異體字、假借字隨文注出，外加（ ）號；簡文原有的錯字，在釋文中以＜ ＞號隨注正字；原簡殘缺字而補足者以【 】代表；不能補足的殘缺字用□表示。殘缺字數較多而不能估計的，以■代表，原簡中已削去的廢字用○表示。

12 在介賓詞組中，在字之上以「。」標示介詞，以「˙・」標示介詞賓語。

例 1 敘述以白沙作為救火的工具，可以止天火。例 2 有兩組介賓詞組，先敘述驅除不辜鬼的方法要先用灰抹門，祭祀鬼神；接著說等十日結束祭祀，用白茅裹上祭品，埋到野外，可以無災殃[13]。

這兩例中有三組介賓詞組，分別把主語賴以完成句中動詞述語的動作、行為的方法、工具、依據等表示出來，這種「以」字介賓詞組，相當於王力在《漢語語法史》中所說的「工具狀語」。王力在談到詞序的發展時曾提及：

> 所謂工具狀語，這裡指「以」字結構，即介詞「以」字及其賓語。在上古時代，工具狀語放在動詞前面或後面都可以。[14]。

王力的工具狀語範圍涵蓋相當廣泛，「以」字結構或詞組，除了引進主語賴以完成動詞述語動作、行為的工具、方式或依據以外，「以」字結構或詞組也可以是引進與述語動詞的動作、行為有關的人物，或是與「為」連用，構成「以……為」式。例如：

3. 以二干戈，虎賁百人，逆子釗於南門之外。(《尚書・顧命》)[15]
4. 天將以夫子為木鐸。(《論語・八佾》)[16]

---

[13] 以下簡文若出現譯文主要依據吳小強（2000）之譯文，若有參考其他學者說法者，會另加注明。

[14] 王力：《漢語語法史》（北京市：商務印書館，1989 年），頁 211。另外，魯國堯在〈《孟子》"以羊易之"、"易之以羊"兩種結構類型的對比研究〉一文中，對《孟子》的「以」字介賓詞組的語序、語境，作了詳細的討論，對於「以」字憑藉介賓詞組的討論見《先秦漢語研究》（濟南市：山東教育出版社，1992 年），頁 274-282。

[15] 〔魏〕王弼、韓康伯注，〔唐〕孔穎達正義：《尚書正義》，（臺北：藝文印書館，1981 年），頁 277 上。本例引進的是與動詞述語的動作、行為有關的事物與人物，相當於口語的「帶著」。

[16] 〔魏〕何晏集解，〔宋〕邢昺疏：《論語注疏》，（臺北市：藝文印書館，1981 年），頁 31 上。本例是早期的處置式，相當於「處置作」。

例 3、例 4 王力都歸為工具狀語[17]，例 3「以」字引進的是與述語動詞的動作、行為有關的人物，譯為口語時，可以相當於「帶著」；至於例 4「以……為」式的「以」譯為口語時相當於「把」，我們認為可歸為早期廣義的處置式。

王力另將帶有「以」表示原因的介賓詞組、表示時間的介賓詞組都視為工具狀語的活用，像下面例 5 前、後例表示原因，例 6 表示時間，都屬於工具狀語的活用：

5. 君子不以言舉人，不以人廢言。(《論語・衛靈公》)[18]
6. 其弟以千畝之戰生，命之曰成師。(《左傳・桓公二年》)[19]

例 5 的「以言」、「以人」表示的是主語進行動詞述語動作、行為的原因；例 6「以千畝之戰」表示的是動詞述語發生的時間。

所以王力的工具狀語或「以」字結構，其實已包含了大多數的「以」字的介賓詞組。為了讓「以」字詞組或結構有更精細的分工，我們不把例 3 至例 6 這些「以」字詞組歸為憑藉的介賓詞組，我們只把「以」字引進的是純粹的工具或標準等，亦即主語賴以完成句中動詞述語的動作、行為的方法、工具、依據等成分的介賓詞組，視為表示憑藉的介賓詞組。

傳世文獻中，表示憑藉的介賓詞組可以出現於中心語（即動詞述語或述賓詞組）之前，也可以出現在中心語之後：

7. （齊）姜與子犯謀，醉而遣之。醒，(公子）以戈逐子犯。(《左

17 王力：《漢語語法史》，(北京市：商務印書館，1989 年），頁 211-212。

18 〔魏〕何晏集解，〔宋〕邢昺疏：《論語注疏》，(臺北市：藝文印書館，1981 年），頁 140 上。

19 〔晉〕杜預注，〔唐〕孔穎達疏：《春秋左傳正義》，(臺北市：藝文印書館，1981 年），頁 96 下。

傳・僖公二十三年》)[20]

8. 許子以釜甑爨，以鐵耕乎？(《孟子・滕文公上》)[21]

9. 殺人以梃與刃，有以異乎？(《孟子・梁惠王上》)[22]

10. 夫堯既已黥我以仁義，而劓我以是非矣。(《莊子・大宗師》)[23]

例 7、例 8 憑藉介賓詞組出現在中心語前，例 9、例 10 則出現在中心語後。

二　從動詞「以」到憑藉介詞「以」

說文：「㠯(□)，用也。」[24]，「以」本是動詞，文獻中「以」的本義的用例雖不多，但還是可以找到一些例子：

1. 以眾——弜以。(《新獲卜辭寫本》220)

2. 弜以小乙。(《殷墟文字甲編》644)[25]

3. 江有汜，之子歸，不我以。不我以，其後也悔。(《詩・召南・江有汜》)[26]

4. 明入地中，明夷。內文明而外柔順，以蒙大難，文王以之。(《周易・明夷彖辭》)[27]

---

[20] 同前註，頁 251 下。

[21] 〔漢〕趙岐注，〔宋〕孫奭疏：《孟子正義》，(臺北市：藝文印書館，1981 年)，頁 97 下。

[22] 同前註，頁 13 下。

[23] 黃師錦鋐：《新譯莊子讀本》，(臺北市：三民書局，1981 年)，頁 111。

[24] 〔漢〕許慎著，〔清〕段玉裁注：《說文解字注》十四下，(臺北市：藝文印書館，1970 年)，頁 753。

[25] 以上 2 例轉引自姜寶昌：〈卜辭虛詞試析〉頁 36。

[26] 〔漢〕毛亨傳，鄭玄箋，〔唐〕孔穎達疏：《毛詩正義》(臺北市：藝文印書館，1981 年)，頁 65 上。

[27] 〔魏〕王弼注，〔唐〕孔穎達正義：《周易正義》(臺北市：藝文印書館，1981 年)，頁

5. 我辭禮矣，彼則以之。(《左傳・襄公十年》)[28]

例 1、例 2 是動詞「以」在甲骨文中的用例，例 1 為對貞，肯定句在前帶賓語，否定句在後賓語省略；例 2「以」與其後之名詞組成述賓詞組（或稱「動賓詞組」)，前面的「弜」對它作否定修飾[29]；例 3 因為是否定句，而且賓語為代詞，所以賓語前置。上引 5 例的「以」都是「用」、「使用」或「利用」的意思[30]。

憑藉介詞「以」，主要從前述的動詞意義語法化來的，可以引進述語動作、行為憑藉的工具、手段、方式、方法，依據的標準、條件，是王力「工具狀語」裡純粹引進工具的一類；這個用法的介詞「以」，跟動詞意義最為相關[31]：

6. 亞旁以羌，其御用。(《殷墟文字甲編》2464)[32]
7. 子路從而後，遇丈人，以杖荷蓧。(《論語・微子》)[33]
8. 夫子溫、良、恭、儉、讓以得之。(《論語・學而》)[34]
9. 為政以德，譬如北辰，居其所而眾星拱之。(《論語・為政》)[35]

---

88 上、下。

28 〔晉〕杜預注，〔唐〕孔穎達疏：《春秋左傳正義》，頁 540 上。

29 朱歧祥：《殷墟卜辭句法論稿》，(臺北市：臺灣學生書局，1990 年)，頁 128：「卜辭中"勿""弜"二字乃同字異構。……否定詞"弜"……其後多接動詞。」

30 「以」另有「認為」、「任命」之義的動詞用法，例如：

以吾一日長乎爾，毋吾以也！(《論語・先進》)

天下之無道也久矣，天將以夫子為木鐸。(《論語・八佾》)

因為與「用」字之義無涉，故此略而不論。

31 段德森：《實用古漢語虛詞》，(太原市：山西教育出版社，1992)，頁 211：「『以』同表示具體事物的名詞、名詞性詞組組合，用在動詞前邊作狀語，也可用在動詞後邊作補語，這是由動詞直接演變來的，多少帶有動詞性。」

32 轉引自自姜寶昌：〈卜辭虛詞試析〉頁 35。

33 〔魏〕何晏集解，〔宋〕邢昺疏：《論語注疏》，頁 166 上。

34 同前註，頁 7 下。

35 同前註，頁 16 上。

10. 臣聞之，大上以德撫民，其次親親，以相及也。(《左傳・僖公二十四年》) [36]

11. 初，鬻拳強諫楚子。楚子弗從。臨之以兵，懼而從之。(《左傳・莊公十九年》) [37]

12. 孺悲欲見孔子，孔子辭以疾。(《論語・陽貨》) [38]

這些例子裡的「以」引進的是述語動作、行為憑藉的工具、手段、方式、方法，或依據的標準、條件等。例 6、例 9、例 11、例 12 介賓詞組後置；其餘皆前置於中心語。其中例 8 的介詞賓語前置於介詞。

我們檢視《日書・詰》的「以」字，未發現「以」字本義的動詞用法。但其中「以」的用法多樣，而且帶有介詞「以」的用例很多，憑藉介詞的用法頗具特色。因此，本文擬以《日書・詰》為語料，考察其中憑藉介詞「以」的用法，希望能簡單歸納出秦及其前後時期，在秦地憑藉介詞「以」字用法的特色。

三 《日書・詰》的憑藉介詞「以」

《日書・詰》的「以」表示憑藉的用例共 51 例，另有 1 例介詞「以」承前文省略，只見憑藉介詞賓語，我們將此例也歸為憑藉的介賓詞組，因此表示憑藉的介賓詞組共計 52 例。

「以」字憑藉介賓詞組中，介詞賓語主要表示工具或材料；在句中的語序，憑藉介賓詞組以出現於中心語前為大宗，計有 35 例；17 例後置於中心語。

---

[36] 〔晉〕杜預注，〔唐〕孔穎達疏：《春秋左傳正義》，頁 255 上。

[37] 同前註，頁 160 上。

[38] 〔魏〕何晏集解，〔宋〕邢昺疏：《論語注疏》，頁 157 下。

（一）位於中心語前的「以」字憑藉介賓詞組

位於中心語前的35例憑藉介賓詞組中，介詞賓語省略的有2例，其餘的介賓詞組都很完整，介詞賓語都屬具體事物。工具類有27例，材料類有8例，其中各有1例省略介詞賓語。介詞賓語是工具的，我們在前言中所引的第1例即是：

1. 天火燔人宮，不可御，以白沙救之，則止矣。（四一背參）

此外，像：

2. 大袜（魅）恆入人室，不可止，以桃更（梗）毄（擊）之，則止矣。（二七背參）
3. 人毋故一室人皆疫，或死或病，丈夫女子隋（墮）須（鬚）羸髮黃目，是寀寀（是是寀）人生為鬼，以沙人一升挃其舂臼，以黍肉食寀人，則止矣。（四三、四四、四五、四六背壹）
4. 人毋故而鬼祠（伺）其宮，不可去。是祖□遊，以犬矢投之，不來矣。（四九背貳）
5. 鬼恆召人出宮，是是遽鬼毋（無）所居，罔譃（呼）其召，以白石投之，則止矣。（二八背參）
6. 鬼嬰兒恆為人號曰：「鼠（予）我食。」是哀乳之鬼。其骨有在外者，以黃土濆之，則已矣。（二九、三○背參）
7. 鬼恆羸（裸）入人宮，是幼殤死不葬，以灰濆之，則不來矣。（五○背貳）
8. 鬼恆從男女，見它人而去，是神蟲僞為人，以良劍刺其頸，則不來矣。（三四、三五背貳）
9. 一室人皆夙（縮）筋，是會蟲居其室西臂（壁），取西南隅，去

地五尺，以鐵椎椯（段）之，必中蟲首，屈（掘）而去之。弗去，不出三年，一室皆夙（縮）筋。（三九、四〇、四一背貳）

10. 人毋（無）故而鬼有鼠（予），是天鬼，以水沃之，則已矣。（三二背參）

11. 有眾虫襲入人室，是野火偽為虫，以人火應之，則已矣。（三五背參）

12. 凡鬼恆執匱以入人室，日：「氣（餼）我食」云，是是餓鬼，以屨投之，則止矣。（六二、六三背貳）

上引各例皆為表示憑藉工具的介賓詞組，例 1 至例 12 表示的都是人以某種工具對付鬼、怪、神、妖；所使用的工具，依吳小強（2000）的歸類：例 2 的「桃梗」是樹木野草類，例 3「沙人（砂仁）」、「黍」是五穀中藥類，例 4 的「犬矢」是家畜糞便類，例 1 的「白沙」、例 5「白石」、例 6「黃土」、例 7「灰」屬土石沙灰類，例 8「良劍」、例 9「鐵椎」、例 10「水」、例 11「人火」是兵器水火類，例 12 的「屨」則屬於其他的簡易方法。至於中心語，則為述賓詞組。其中，介賓詞組所在的句子，例 7、例 10、例 12 為四言之句，其餘各例字數不定。

位於中心語前，介詞「以」引進的屬於材料的，有 8 例，茲引錄於後：

13. 人毋故鬼攻之不已，是是刺鬼。以桃為弓，牡棘為矢，羽之雞羽，見而射之，則已矣。（二七、二八背壹）

14. 人毋故而鬼惑之，是（攸羊）鬼，善戲人。以桑心為丈（杖），鬼來而轂之，畏死矣。（三二、三三背壹）

15. 鬼恆逆人，入人宮，是遊鬼，以廣灌為鶩以燔之，則不來矣。（五一背貳）[39]

[39] 整理小組：《睡虎地秦墓竹簡》頁 218：「廣灌，疑為植物名。以廣灌為鶩，用廣灌紮為

16. 犬恆夜入人室，執丈夫，戲女子，不可得也，是神狗偽為鬼。以桑皮為□□之，焊（炮）而食之，則止矣。（四七、四八、四九背壹）
17. 大神，其所不可咼也，善害人，以犬矢為完（丸），操以咼之，見其神以投之，不害人矣。（二七、二八背貳）
18. 人毋故鬼昔（藉）其宮，是是丘鬼。取故丘之土，以為偽人犬，置牆上，五步一人一犬，睘（環）其宮，鬼來陽（揚）灰毄箕以喿（譟）之，則止。（二九、三○、三一背壹）
19. 女子不狂痴，歌以生（清）商，是陽鬼樂從之，以北鄉□之辨二七，燔，以灰□食食之，鬼去。（四七、四八背貳）[40]

位於中心語前，介詞賓語屬於材料的憑藉介賓詞組，明確的可以看出是「以……為」的形式的，自例 13（前後兩例）至例 18，共 7 例，其中例 13 之後例省略介詞，例 18 省略介詞賓語。這裡的「以……為」，表示的是「用某種材料作成某物」的語意，明顯有別於前引《論語・八佾》：「天將以夫子為木鐸。」「把……當作……」的用法。「以」字介賓詞組所憑藉的材料多為樹木野草類，像例 13 的 2 例、例 14、例 15、例 16，其中例 16 雖有缺文，但依文例，所缺的兩字，前一字在「為」之後應是「桑皮」所作成之物，後一字應是動詞；例 17 為家畜糞便類；例 18 省略的憑藉材料是承前的「故丘之土」，例 19「以」字詞組那一句話有缺文，不過仍以「灰」為材料，因此這 2 例屬土石沙灰類。此類介賓詞組所在的句子，除例 12 前後兩例為四言以外，其餘各例字數也較為參差。

鳶形。」

40 整理小組：《睡虎地秦墓竹簡》頁 218：「『食』字上一字左側從糸。」王子今：《睡虎地秦墓竹簡《日書》甲種疏證》頁 407 認為：「根據劉樂賢“‘食’字上一字左側從‘糸’”的發現，可以推想其字可能是“縩”，則其句為“以灰縩食食之，鬼去”，就是說，以其燔後之灰雜合於食物中，令其食用，則鬼可離去。」

憑藉介賓詞組位於中心語前，所憑藉者為材料的例子可能因為較少，所以顯示出來憑藉材料在類別上不像工具類那麼多樣。

（二）憑藉介賓詞組位於中心語後

位於中心語後的 17 例「以」字憑藉介賓詞組中，介詞賓語是工具的有 16 例，有 1 例憑藉的是方式。

先看屬於工具的介詞賓語：

20. 寒風入人室，獨也，它人莫為，洒以沙，則已矣。（五八背壹）
21. 殺蟲豸，斷而能屬者，濆以灰，則不屬矣。（六二背壹）
22. 人生子未能行而死，恆然，是不辜鬼處之。以庚日日始出時濆門以灰，卒，有祭，十日收祭，裹以白茅，貍（埋）野，則毋（無）央（殃）矣。（五二、五三背貳）
23. 人恆亡赤子，是水亡傷（殤）取之，乃為灰室而牢之，縣（懸）以葅，則得矣；刊之以葅，則死矣；享（烹）而食之，不害矣。（六五、六六背貳）
24. 鬼恆胃（謂）人：「鼠（予）我而女。」不可辭。是上神下取妻，擊以葦，則死矣。弗御（禦），五來，女子死矣。（三九、四○背參）
25. 鬼恆從人女，與居，曰：「上帝子下遊。」欲去，自浴以犬矢，擊以葦，則死矣。（三八背參）
26. 鬼恆夜鼓人門，以歌若哭，人見之，是凶鬼，鳶（弋）以芻矢，則不來矣。（二九、三○背貳）
27. 票（飄）風入人宮室而有取焉，乃投以屨，得其所，取盎之中道；若弗得，乃棄其屨於中道，則亡恙矣。不出壹歲，家必有

恙。（五七、五八、五九背參）

28. 甲乙有疾，父母為祟，得之於肉，從東方來，裹以桼（漆）器。（六八正貳）

29. 一室井血而星（腥）臭，地蟲鬭（鬥）于下，血上屚（漏），以沙墊之，更為井，食之以噴，飲以爽（霜）路（露），三日乃能人矣。若不，三月食之若傅之，而非人也，必枯骨也。旦而最（撮）之，苞（包）以白茅，果以賁而遠去之，則止矣。（五三、五四、五五、五六背參）

30. 野獸若六畜逢人而言，是票（飄）風之氣，毄以桃丈（杖），繹（釋）（屨）而投之，則已矣。（五二、五三背壹）

上引各例使用來對付鬼、怪、神、妖的工具中，依吳小強（2000）的歸類：屬土石沙灰類的工具有例 20、例 21 與例 22 前例。屬樹木野草類的工具是例 22 後例「白茅」、例 23 有 2 例、例 24 以及例 25 後例、例 26。屬於家畜糞便的工具像例 25 前例。例 27「投以屨」、例 28「裹以桼（漆）器」使用的應是身邊或家中容易得到的器物，屬於簡易方法。例 29 前例「食之以噴」，整理小組認為：「噴」疑讀為「饙」，並引《詩・泂酌》之疏引《說文》，「饙」乃一蒸米也[41]。如此，則「食之以噴」當歸五穀中藥類；中例「飲以爽（霜）路（露）」，於吳小強之分類無所屬，只好歸為其他；後例「苞（包）以白茅」的「白茅」為樹木野草類。例 30「毄以桃丈（杖）」的「桃杖」材料雖是樹木，但本身即是一種驅邪或驅除疫疾的東西，可說是一種比較專業的工具。至於中心語，除例 23 後例、例 29 前例以外，主要是單音節動詞擔任述語，或在述語前出現副詞性狀語，像例 25 前例、例 27。而介賓詞組所在的句子，例 22 兩例、例 26、例 27、例 28、例 29 三例、例 30 都是整齊的四言。

[41] 睡虎地秦墓竹簡整理小組編：《睡虎地秦墓竹簡》，頁 219。

31. 女子不狂痴，歌以生（清）商，是陽鬼樂從之，以北鄉□之辨二七，燔，以灰□食食之，鬼去。（四七、四八背貳）

例 31「歌以生（清）商」的介賓詞組「以生（清）商」說明唱歌的方式，因此憑藉介賓詞組表示的是一種方式。本例的「以」字詞組，不是說明對付鬼、怪、神、妖的方法，而是說明女子被鬼附身的表現[42]。本例中心語亦為單音節動詞述語，以四言為句。

四　結論

從前面的分析，可以看出《日書・詰》的憑藉介詞「以」在引介的介詞賓語方面，主要是工具和材料，極少數表示方式或方法。工具和材料是具體的事物，而方式或方法相對的就較抽象。它們出現在句中的語序，可在中心語（含動詞述語和述賓詞組）前，也可在中心語後，其出現的次數簡單表列於下：

[42] 吳小強：《秦簡日書集釋》，頁 142 翻譯為：「女孩子不瘋不傻，忽然用不熟悉的商音（哀思之音）唱歌。」

《日書・詰》「以」憑藉介賓詞組的語序與介詞賓語的種類

語序＼介詞賓語種類	工具	材料	方式	合計	百分比
憑藉介賓詞組在中心語前	27	8	0	35	67.3
憑藉介賓詞組在中心語後	16	0	1	17	32.7
合計	43	8	1	52	100

何樂士對《左傳》的介詞「以」進行過研究，其中表示憑藉的介賓詞組出現在中心語前、後的用例比是 273：109[43]，其百分比為 71.5：28.5。另外何樂士對《左傳》所有的「以」字詞組出現在中心語前、後作了統計，用例比是 649：221，百分比為 74.6：25.4[44]。

在《左傳》之後的語料，何樂士也曾對《史記》的「以」字介賓詞組進行研究，但未對其用法作細部分類，她以《史記》第八冊（卷八一至卷一零一）為例，統計出出現在中心前、後的用例比是 576：37[45]，其百分比為 94：6。

何樂士的研究，以所有的「以」字詞組出現在中心語前、後的比例來看，《左傳》介詞「以」出現在中心語前後的用例比約是 3：1，《史記》第八冊則接近 16：1；可見「以」字介賓詞組在句中語序前移的現象在漢代已是一種趨勢。現代漢語中，表示憑藉的介賓詞組的語序，更少有出現在中

43 何樂士：《左傳虛詞研究》，（北京市：商務印書館，1989 年），頁 135-139。何樂士對於《左傳》的「以」字作了全面的考察、統計，共出現 1506 次，其用法可以表示帶領的對象，表示施動者與之共同活動的對象，表示運用人、工具或方法，表示給與的人或物，表示告知或訓示的內容，表示動作行為依據的條件，表示動作行為的原因，表示攜帶之物，表示動作行為的時間等各小類。本文「以」字表示憑藉的介賓詞組，相當於「以」字的用法屬於「表示運用的人、工具或方法」與「表示動作行為依據的條件」兩小類。

44 見何樂士：《左傳虛詞研究》頁 140。

45 何樂士：〈《史記》語法特點研究〉，《兩漢漢語研究》（濟南市：山東教育出版社，1985 年），頁 253。

心語後的了。

《左傳》成書約在西元前 403 至西元前 389 年之間[46]，《日書》大約是在西元前 278 至 246 年這三十餘年的時間裡形成內容並編寫成書的[47]。時間比《左傳》的成書時間晚了很多，但是《日書・詰》「以」字憑藉介賓詞組出現在中心語前、後的百分比是 67.3：32.7，約為 2：1，後置於中心語的用例比例不只多於在其後的《史記》，也多於在其前的《左傳》。因此，從「以」字憑藉介賓詞組出現的語序而言，《日書・詰》顯示出的，是與部分傳世文獻相較相對的早期形式。

若從所在的地域來看，《日書・詰》「以」字憑藉介賓詞組的使用現象，主要代表的是秦地的語言使用狀況，《左傳》代表的是齊魯地區，這兩者之間，理應也有地域差異的反映。詳細的情形，還有待進一步的研究、探討。

另外，如果檢視帶有「以」字憑藉介賓詞組的句子的中心語，《日書・詰》中，「以」字憑藉介賓詞組出現在中心語前的，中心語主要是述賓詞組；而出現在中心語後的，則較多是不帶賓語的單音節動詞述語。從我們前面引的一些例子，還可以看到中心語後帶「以」字憑藉介賓詞組的語句，形式整齊的趨勢高於中心語前帶「以」字憑藉介賓詞組的句子[48]。

尤其在《日書・詰》中，介詞「以」除了表示憑藉之外，還有擔任其他介詞的用法，因此，若想較全面的探討秦及其前後時期秦地介詞「以」的語法特點，應再對「以」的其他用法作進一步的考察；另外也還可針對《睡簡・日書》或《睡簡》其他篇章的虛詞進行研究，這樣也許可以更全面的看出當時、當地的語法現象，為漢語語法歷史發展的研究，鋪砌更堅實的基礎。

[46] 楊伯峻：《春秋左傳注》，（臺北市：漢京文化事業有限公司，1987 年），頁 43。

[47] 吳小強：《秦簡日書集釋》，頁 13；劉樂賢：《睡虎地秦簡日書研究》，（臺北市：文津出版社，1994 年），頁 406-408。

[48] 這裡主要指四言的形式。

徵引文獻

（一）古籍

〔漢〕毛亨傳，鄭玄箋，〔唐〕孔穎達等正義，《毛詩正義》，《江西南昌府學本》，臺北市：藝文印書館，1981。

〔漢〕孔安國傳，〔唐〕孔穎達正義：《尚書正義》，《江西南昌府學本》，臺北市：藝文印書館，1981。

〔漢〕趙岐注，〔宋〕孫奭疏：《孟子正義》，《江西南昌府學本》，臺北市：藝文印書館，1981。

〔魏〕王弼、韓康伯注，〔唐〕孔穎達正義：《周易正義》，《江西南昌府學本》，臺北市：藝文印書館，1981。

〔魏〕何晏注，〔宋〕邢昺疏：《論語注疏》，《江西南昌府學本》，臺北市：藝文印書館，1981。

〔晉〕杜預注，〔唐〕孔穎達疏：《春秋左傳正義》，《江西南昌府學本》，臺北市：藝文印書館，1981。

〔清〕段玉裁注：《說文解字注》，《經韻樓藏版》，臺北市：藝文印書館，1970。

（二）近人論著

專書

王力：《漢語語法史》，北京市：新華書店，1989 年。

王子今：《睡虎地秦墓竹簡《日書》甲種疏證》，武漢市：湖北教育出版社，2003 年。

朱歧祥：《殷墟卜辭句法論稿》，臺北市：臺灣學生書局，1990 年。

吳小強：《秦簡日書集釋》，長沙市：岳麓書社，2000 年。

何樂士：《左傳虛詞研究》，北京市：商務印書館，1989 年。

周守晉：《出土戰國文獻語法研究》，北京市：北京大學出版社，2005 年。

段德森：《實用古漢語虛詞》，太原市：山西教育出版社，1992 年。

許世瑛：《中國文法講話》，臺北市：臺灣開明書店，1979 年。

楊伯峻：《春秋左傳注》，臺北市：漢京文化事業有限公司，1987 年。

楊伯峻、何樂士：《古漢語語法及其發展》，北京市：語文出版社，1992 年。

睡虎地秦墓竹簡整理小組編：《睡虎地秦墓竹簡》，北京市：文物出版社，2001 年。

劉樂賢：《睡虎地秦簡日書研究》，臺北市：文津出版社，1994 年。

單篇論文

王偉：〈睡虎地秦簡論著目錄〉，（http://www.bsm.org.cn/show_article.php?id=1185），2009 年。

何樂士：〈《史記》語法特點研究〉，《兩漢漢語研究》，濟南市：山東教育出版社，1985 年。

姜寶昌：〈卜辭虛詞試析〉，《先秦漢語研究》，濟南市：山東教育出版社，1992 年。

曹廣順、遇笑容：〈中古譯經中的處置式〉，《中國語文》，2000 年第 6 期。

劉建儀：〈《論語》“以”字用法的考察〉，《徐州師範學院學報》（社會科學版），1987 年第 1 期。

魯國堯：〈《孟子》“以羊易之”、“易之以羊”兩種結構類型的對比研究〉，《先秦漢語研究》，濟南市：山東教育出版社，1992 年。

清華大學藏戰國竹書《保訓》校釋

林志鵬 *

摘要

清華大學所藏戰國竹書《保訓》共十一枚簡，上下簡端平齊，設編繩兩道，簡長 28.5 釐米，每簡書 22-24 字不等 [1]。據李學勤先生介紹，二零零八年底已對無字殘簡作AMS碳十四測定，經樹輪校正的結果是公元前 305±30 年 [2]。簡文內容所記為周文王臨終遺訓 [3]，是一篇珍貴的逸書，其具體的成書年代仍有待考證 [4]。竹書公布後，學者對於簡文反覆研討，已疏通許多疑滯，今在整理者及時賢的研究基礎上校釋簡文，並試作語譯，望方家不吝指正。

關鍵字：保訓、周文王、清華簡、戰國竹書

---

* 作者為復旦大學歷史系副研究員。本文的寫作得到復旦大學「人文基金学術交流計劃」的資助。

1 清華大學出土文獻研究與保護中心：《清華大學藏戰國竹簡〈保訓〉釋文》（以下凡引此文，簡稱「整理者」），《文物》2009 年第 6 期，第 73 頁。按，整理者未交待編繩情況，但從公布的圖版中仍可見到編繩的痕跡及契口。

2 李學勤：《論清華簡〈保訓〉的幾個問題》，《文物》2009 年第 6 期，第 76 頁。

3 參考李學勤前揭文第 77 頁的討論。

4 關於簡文的性質及成書時代，參考拙文：《清華大學藏竹書〈保訓〉成書時代蠡測》（待刊稿）。

一　釋文[5]

惟王五十年，不瘵（豫）[6]，王念日之多鬲（歷），恐述（墜）保訓[7]。戊子，自演（洵）水（1）。己丑，昧【簡1】〔爽，至于〕□，〔太子發〕□□□。〔王〕[8]若曰：「發，朕〈朕〉[9]疾壷（疷）甚（2），恐不汝及【簡2】訓。昔前人傳保[10]，必受之以詷（誦）[11]。今朕〈朕〉疾允病，恐弗念（諗）終（3），汝以書【簡3】受之。欽才，勿淫[12]！昔舜舊（久）作小人[13]，親耕于鬲（歷）茅[14]，恐，救（求）中自詣（稽）[15]，厥志【簡4】不諱（違）于庶萬眚（姓）之多欲[16]，厥又施于上下遠埶（邇）[17]，迺易立（位）埶（勢），詣（稽）測【簡5】陰陽之物（4），咸順不逆[18]。舜既得中言（焉）[19]，

[5] 釋文採寬式，常見通假字已破讀。凡釋文中涉及文字校讀處，將改釋之字括注於後，假借字以（ ）表示，訛誤字以〈 〉表示。缺文以□表示（一格代表一字），依上下文義擬補之缺文則外加〔 〕標誌。竹簡編號置於各簡簡文後，以【】表示，下節待釋之字詞則依序以（1）、（2）、（3）……表示。釋文中凡采用時賢考釋意見者，於註腳說明。

[6] 整理者釋為「瘳」，此從孟蓬生說改釋。李零先生讀為「愈」，亦可通。說見孟蓬生：〈〈保訓〉釋文商補〉，復旦大學出土文獻與古文字研究中心網站，2009年6月23日；李零：〈讀清華簡〈保訓〉釋文〉，《中國文物報》2009年8月21日第7版。

[7] 「鬲」讀為「歷」、「述」讀為「述」，從整理者說。「保訓」，整理者讀為「寶訓」，李零先生認為不必破讀，即《康誥》「若保赤子」、《洛誥》「誕保文武受民」之「保」。後世文獻有「保訓」一詞，指對東宮太子的教訓。此從後說。

[8] 以上缺文擬補參考李零先生前揭文，詳細討論見下節。

[9] 「朕」為「朕」之誤，從整理者說。

[10] 簡文「人」，整理者視為缺文，此從李零先生前揭文釋。

[11] 整理者將「詷」讀為「童」或「誦」，李零先生指出：此字與下文「書」字相對，似乎指當面宣讀的遺訓，宜讀為「誦」。按，此從整理者後說。《論語・子路》「誦《詩》三百」，皇侃疏：「口讀曰誦。」

[12] 簡文兩「淫」字，整理者均隸定為「涇」，讀為「輕」，此從李零先生前揭文改釋。

[13] 「舊」讀為「久」，從李零先生前揭文釋。

[14] 李零先生指出：「歷茅」，可能為「歷丘之茅」之縮語。

[15] 「救」讀為「求」、「詣」讀為「稽」，從整理者說。

[16] 此處之斷句參考李零先生前揭文及沈培：〈清華簡〈保訓〉釋讀一則〉，復旦大學出土文獻與古文字研究中心網站，2009年7月15日。

[17] 「埶」讀為「邇」，從整理者說。

[18] 整理者釋為「咸順不諎（擾）」，李零先生指出，簡文右半從「屰」，當讀為「逆」，此從之。

不易實變名[20]，身茲備（服）惟【簡6】允[21]，翼翼不懈，用作三降之德(5)。帝堯嘉之，用受厥緒。嗚呼！朕（祗）之【簡7】哉(6)！昔微叚（假）中于河[22]，以復有易，有易伓（服）厥辠[23]，微亡害，迺追（歸）中于河[24]。【簡8】微寺（志）弗忘[25]，傳貽子孫，至于成康（唐）[26]，朕（祗）備（服）不懈，用受大命。嗚呼！發，敬哉！【簡9】朕〈朕〉聞茲不舊（久）[27]，命未有所次（延）[28](7)。今汝朕（祗）備（服）毋懈，其有所逌（由）矣[29]。不【簡10】及爾身受大命。敬哉，勿淫！日不足，惟宿不羕（永）[30]。」【簡11】

---

[19] 「言」讀為「焉」，從周鳳五先生說，惟此處疑屬上讀。周說見〈北京清華大學戰國竹書〈保訓〉新探〉（台北市：台灣大學中文系孔德成先生學術與薪傳研討會，2009年10月28日）。

[20] 按，即《管子．心術上》所謂「言不得過實，實不得延（衍）名。姑（號）形〈物〉以形，以形務（侔）名。督言正名，故曰聖人。」參考拙著：《宋鈃學派遺著考論》（台北市，萬卷樓圖書公司，2009年5月），頁229-232。

[21] 「備」讀為「服」，「茲」訓為虛詞，從李零先生前揭文說。

[22] 「叚」讀為「假」，從整理者說。李零先生指出，簡文此字從石從刀，即「碬」之本字。

[23] 「伓」，從整理者讀為「服」。

[24] 「追」讀為「歸」，從整理者說。

[25] 簡文「寺」原從又，之聲，整理者逕釋為「志」，沈培前揭文指出，此字當釋「寺」，讀為「持」。此從沈說隸定，但仍從整理者讀「志」。

[26] 簡文「康」，整理者視為「唐」之誤字。李零先生及孟蓬生指出，「唐」或「湯」書作「康」乃聲音通假，並非形近致誤。徐、楚、吳、越一帶出土的煮水器叫「湯鼎」，淅川下寺春秋楚墓M3出土過這種鼎，自名「盪鼎」。李說見〈讀清華簡〈保訓〉釋文〉；孟說見〈〈保訓〉釋文商補〉，復旦大學出土文獻與古文字研究中心網站，2009年6月23日。

[27] 「舊」讀為「久」，從整理者說。

[28] 此從整理者釋為「延」，並從周鳳五先生前揭文訓為取得。詳見下文討論。

[29] 「逌」讀為「由」，從整理者說。由，用也。

[30] 「羕」，整理者讀為「詳」，此從李零先生及高嵩松說改釋。李先生指出：「不足」是太短，「不永」是不長，「日不足，惟宿不永」是珍惜時光，恨日子過得太快，是勉人勤奮的話。李說見〈讀清華簡〈保訓〉釋文〉；高說見〈允執厥中　有恃無恐——清華簡《保訓》篇的「中」是指「中道」嗎？〉，《東方早報》，2009年7月26日。

二　部份字詞考釋

1. 簡 1「自演（洵）水」

《保訓》篇首敘述周文王病重，「恐墜保訓」，其後說：「戊子，自演₌。己丑，昧……。」下即接文王訓辭。整理者在「昧」下補「爽」字，並將「演₌」釋為「潰」，讀為「靧」（即「沬」），並引《書・顧命》「甲子，王乃洮頮水」為說[31]。廖名春先生從整理者之釋，但讀為「饋」[32]。李零先生指出，簡文下有合文符，當釋為「演水」，並據上下文義，將簡 2 上段的部份缺文補上，與簡 1 連讀為「戊子，自演水。己丑，昧〔爽，至于〕□。〔武王〕□□□□。〔王〕若曰……。」對於此段文義，李先生解釋云：「戊子日，文王病甚，第二天，武王從外地趕回，從演水到達某地，却沒來得及見最後一面。」[33] 鵬按，李零先生說是。古文字「貴」下部一般從「貝」，整理者或認為簡文省「貝」，所以釋為「潰」，讀作洗面的「沬」，但此字右旁所從為「寅」無疑，當釋作「演」，其字下有兩短橫作為合文符，所以可以釋為「演水」，作為地名。考慮到簡文於文王僅稱「王」，則稱武王可能作「太子發」，所以前節釋文將李先生所擬補之「武王」二字替換為「太子發」。《史記・周本紀》載盟津之會時「武王自稱太子發，言奉文王以伐，不敢自專。」[34] 亦可作為敘事時之他稱，如《逸周書・文儆》：「維文王告夢，懼後祀之無保。庚辰，詔太子發曰：……。」同書《文傳》：「文王受命九年，時維暮春，在鄗，召太子發曰：『嗚呼！我身老矣。吾語汝我所保與我所守，傳之子孫。』」[35] 值得注意的是，這兩篇文獻都是文王因恐後嗣無「保」，故作訓以貽武王，其作旨及「保」之用法均與竹

---

[31] 見〈清華大學藏戰國竹簡〈保訓〉釋文〉，《文物》2009 年第 6 期，第 73 頁。

[32] 廖名春：〈〈清華大學藏戰國竹簡保訓釋文〉初讀〉，清華大學簡帛研究網，2009 年 6 月 17 日。

[33] 李零：〈讀清華簡〈保訓〉釋文〉，《中國文物報》2009 年 8 月 21 日第 7 版。

[34] 司馬遷：《史記》（北京市：中華書局，1982 年 11 月），冊 1，第 120 頁。

[35] 參考黃懷信等：《逸周書彙校集注》（上海市：上海古籍出版社），頁 231-232、236-237。按，後者所引依盧文弨校補。盧說見前揭書，頁 237「彙校」。

書《保訓》相類。

關於簡文的「演水」，李零先生說：「此水相當哪條水，還要研究，大概離岐周之地在兩天以上的路程。」[36] 謹按，「演水」疑即陝南的「洵水」。古音「演」為余母元部[37]（「寅」隸真部），「洵」為心母真部，音近可通。文獻中「瞚」、「眴」且為一字之分化。《說文》：「旬，目搖也。從目，匀省聲。眴，旬或從目、旬。」「瞚，開闔目數搖也。從目，寅聲。」李孝定云：「旬或體眴，乃從目，旬聲，旬乃眴之簡字。此疑與瞚同字，瞚字契文作，從目從矢，矢將及目，目則必開闔數搖，『矢』形譌而為『寅』，遂以為聲耳。」[38]《尚書》「寅」字常訓為敬，其本字前人均說為「夤」（《說文》訓敬惕），但可能也與「恂」（訓為恭遜）有關[39]。

秦代於洵水設關，《史記・樊酈滕灌列傳》載酈商別將「攻旬關，定漢中。」《索隱》：「在漢中旬陽縣，旬水上之關。」[40]《漢書・地理志》漢中郡轄有旬陽縣，班固自注：「北山，旬水所出，南入沔。」[41] 其地位於今陝西東南部的安康市旬陽縣。洵水河谷為由長安穿越秦嶺通往陝南的要道，古有所謂「庫谷道」。楊升南及孫亞冰兩位先生最近撰文指出，殷人進入巴蜀地區，已廣泛地利用穿越秦嶺的通道[42]。

---

36 李零：〈讀清華簡〈保訓〉釋文〉，《中國文物報》2009 年 8 月 21 日第 7 版。

37 本文對於上古音的標示依據郭錫良：《漢字古音手冊》（北京市：北京大學出版社，1986 年 11 月）。

38 李孝定：《讀說文記》（台北市：中央研究院歷史語言研究所，1992 年 1 月），卷 4，頁 99。

39 今本《說文》「恂，信心也」，疑當作「恂，愻也。」蓋後人分讀「愻」為「孫心」二字，而孫、信音近通用，故有此誤。文獻中「恂」多訓為戒慎、恭順，且《說文》「恂」篆前後為「愻，順也」、「寋，實也」、「忱，誠也」，皆以類相從，且以一字為釋，如作「恂，信心也」，不僅失其義，亦與前後文例不類。

40 司馬遷：《史記》，冊 8，頁 2660、2661。

41 班固：《漢書》（北京市：中華書局，1962 年 6 月），冊 6，頁 1596。

42 楊升南：《商人入蜀的道路》、孫亞冰：《商代的道路交通網絡》，俱載宋鎮豪主編：《甲骨文與殷商史》新一輯（北京市：線裝書局，2009 年 8 月）。

簡文記周武王「自洵水」趕回豐鎬奔喪[43]，其所以跋山涉水赴洵，可以從當時的政治情勢作一推測：洵水流域為當時庸人的活動區域[44]，而庸正是周人滅商的盟友，《書・牧誓》記武王於牧野誓師云：「嗟！我友邦冢君，御事、司徒、司馬、司空、亞、旅、師氏、千夫長、百夫長，及庸、蜀、羌、髳、微、盧、彭、濮人。稱爾戈，比爾干，立爾矛，予其誓。」[45]周國在商末可能已與南方庸人積極接觸，故竹書有武王至洵返周的記載。

周武王往來豐鎬、洵水的路線，又可據歷史文獻中對於秦嶺古道的記載稍作推論。據清人毛起鳳《南山谷口考》，由西安至洵水之古道主要有二：一是庫谷道，即由西安向東南行，進入庫谷，穿越秦嶺後，順乾祐水南下進入洵水河谷，一路可抵達洵陽；二是子午道，即由西安往南走，進入子午谷，到葦子坪又改溯豐河河谷而上，穿越秦嶺後即抵洵水[46]。

由於西周的豐、鎬在灃水兩岸，其地在長安城西。嚴明先生認為：武王由洵返豐鎬，可能溯洵河上行，穿越秦嶺，接著沿豐谷北行，出灃峪口，繼續沿豐河北行即可抵豐鎬。如果走水路是順流而下，而陸路也是一馬平川[47]。這個推想路線從地圖上看似乎較為便利，但李之勤先生在校注《南山谷口考》時曾提及：豐水下游河谷狹窄，崖陡石堅，修路不易，通行艱難，所以子午道往北至葦子坪以下不循灃水河道而前進而改走子午谷[48]。

---

43 關于周文王的卒地，《孟子・離婁下》說：「文王生于岐周，卒于畢郢，西夷之人也。」趙歧注：「《書》曰：『太子發上祭於畢，下至於盟津。』畢，文王墓，近於酆鎬也。」（所引《書》非偽古文《尚書・泰誓》）《史記・周本紀》亦記武王觀兵盟津前「上祭於畢」，裴駰《集解》引馬融：「畢，文王墓地名也。」《周本紀》「西伯崩」，張守節《正義》引《括地志》：「周文王墓在雍州萬年縣西南二十八里原上也。」

44 《讀史方輿紀要》卷 56「興安州」下云「春秋時庸國，戰國時屬楚，秦屬漢中郡。」轄境有洵陽縣、旬水、旬關。

45 孔安國傳、孔穎達疏：《尚書正義》（台北：藝文印書館影印文選樓藏本《十三經注疏》，2007 年 8 月）冊 1，頁 158。

46 毛起鳳撰、李之勤校注：《南山谷口考校注》（西安市，三秦出版社，2006 年 1 月），頁 66-67、頁 83-85、頁 169-1733（地圖一至三）。

47 嚴明：〈〈保訓〉第二簡缺文「至於〔豐〕」擬補及武王返豐路線商榷〉，武漢大學簡帛網，2009 年 12 月 31 日。

48 毛起鳳撰、李之勤校注：《南山谷口考校注》，頁 90。

所以武王返回豐鎬還是可能穿越秦嶺走子午道或庫谷道。

2. 簡 2「朕疾𡦳（疷）甚」

簡文「𡦳」，整理者釋為「適」，訓為方。蘇建州先生指出，此字上部所從乃「帝」，當讀為「漬」，訓為「病」，並引《呂氏春秋・貴公》所記齊桓公對管仲言「仲父之病矣，漬甚」為說[49]。鵬按，其說近是，惟簡文及所引《呂覽》文皆當讀為「疷」。「帝」（端母錫部）、「漬」（從母錫部）、「疷」（群母支部），音近可通。疷有病重不治之意。《說文》訓「疷」為「病」，小徐本作「疷，病不翅。」[50] 段玉裁《注》從後者，並云：「翅，同啻。口部『啻』下曰：『語時不啻也。』《倉頡篇》曰：『不啻，多也。』……帝聲、支聲、氏聲同在十六部，故疷以『病不翅』釋之，取疊韻為訓也。《爾雅・釋詁》、《詩・無將大車》、《白華》傳皆云：『疷，病也。』《何人斯》假借祇為疷。」[51] 王筠《說文句讀》：「言病重也，故下文（指《說文》）繼以『疲』（病劣也）、『𤻮』（劇聲也）二字。」[52] 邢昺《爾雅疏》引孫炎：「疷，滯之病也。」[53]

3. 簡 3「恐弗念（諗）終」

簡文「念」，整理者及諸家均如字讀。頗疑「念」當讀為「諗」，訓為告。《詩・小雅・四牡》「是用作歌，將母來諗」，鄭玄箋：「諗，告也。」[54]

---

[49] 蘇建州：〈〈保訓〉字詞考釋二則〉，復旦大學出土文獻與古文字研究中心網站，2009 年 7 月 15 日。

[50] 徐鍇：《說文解字繫傳》（北京市，中華書局影印祁雋藻刻本，1987 年 10 月），頁 154。

[51] 段玉裁：《說文解字注》（許惟賢整理本）（南京市，鳳凰出版社，2007 年 12 月），上冊，頁 616。

[52] 王筠：《說文句讀》（北京市：中國書店影印尊經書局刊本，1983 年 11 月），冊 2，卷 14，頁 24。

[53] 〔晉〕郭璞注、〔宋〕邢昺疏：《爾雅注疏》（台北市：藝文印書館影印文選樓藏本《十三經注疏》），冊 8，頁 22。

[54] 〔漢〕鄭玄箋、〔唐〕孔穎達疏：《毛詩正義》（台北市：藝文印書館影印文選樓藏本《十三經注疏》，冊 2，頁 318。

《左傳》閔公二年「昔辛伯諗周桓公」杜預注：「諗，告也。」[55] 皆以言語告諭之意。簡文所謂「告終」，指前文的「受之以誦」，因文王病重，已不能當面口誦訓辭，所以下文說「汝以書受之」。

4. 簡 5 至簡 6「迺易位勢，稽測陰陽之物」

簡文本作「迺易立埶詣測陰陽之物」。整理者讀為「迺易位邇稽，測陰陽之物」；李零先生讀為「迺易位設稽，測陰陽之物」；廖名春先生讀為「迺易立設稽測，陰陽之物」；陳偉先生讀為「迺賜位設稽，測陰陽之物」[56]。鵬按，疑讀為「迺易位勢，稽測陰陽之物」。「埶」讀為從其得聲之「勢」，「位勢」即「勢位」。簡文的語境有兩種可能的詮釋，一是將「位勢」視為外在自然的方位及形勢，並訓「易」為移、變，如李零先生所說：「用『中』（指圭表）來確定大地的高下遠近，所以變方設位，隨時觀測萬物陰陽的變化，使一切順而不逆。」（但李先生是將「迺易位設稽」作一句讀，「設稽」即設立標準）[57]

「位勢」（或「勢位」）一詞在文獻中多指政治上的權勢，如《史記・魯仲連鄒陽列傳》鄒陽獄中書「今欲使天下寥廓之士，攝於威重之權，主於位勢之貴。」[58]《韓非子・功名》謂明君「得勢位則不進而名成」，又云「聖人德若堯舜，行若伯夷，而位不載於勢，則功不立，名不遂。」[59] 第二種詮釋便是將簡文「位勢」作此解，「易」從陳偉先生說讀為「賜」（字又作「錫」）。「迺賜位勢」為承上啟下之語。前文云「舜久作小人」，在歷

---

55 〔晉〕杜預注、〔唐〕孔穎達疏：《左傳正義》（台北市：藝文印書館影印文選樓藏本《十三經注疏》，冊 6，頁 193。

56 李零：〈讀清華簡〈保訓〉釋文〉；廖名春：〈〈清華大學藏戰國竹簡保訓釋文〉初讀續〉，清華大學簡帛研究網，2009 年 6 月 20 日；陳偉：〈〈保訓〉詞句解讀〉，武漢大學簡帛網，2009 年 7 月 13 日。按，陳先生對「易」有二解，一是訓為治，二則是讀為「賜」，本文所述為後者。

57 見李零先生前揭文「白話語譯」一節。

58 司馬遷：《史記》，冊 8，第 2478 頁。

59 梁啟雄：《韓子淺解》（北京市：中華書局），頁 222、223。按，「位不載於勢」原作「位不載於世」，依梁氏所引太田方說校改。

丘親耕，因其不得其親而恐（疑指《孟子・萬章》所謂「舜往于田，號泣于旻天」），乃反求諸己，自度其志能不違背天下百姓的要求，並將此志施用於上下遠近（即「得志，澤加於民」）。但舜能得志，並非主觀願望所能達到，乃拜帝堯之所賜，簡文「迺賜位勢」蓋省略主語。所賜「位勢」疑指《史記・五帝本紀》所謂「堯乃試舜五典百官」。舜既得位勢，便可「稽測陰陽之物」[60]。簡文「稽測」訓為察度，「物」訓為事物，「陰陽之物」代指萬事萬物（包括君臣、父子兄弟、物我等各種關係）。《孟子・離婁下》說「舜明於庶物，察於人倫」，即所謂「稽測陰陽之物」。簡文所謂陰陽之物「咸順不逆」，可與《書・堯典》「慎徽五典，五典克從；納於百揆，百揆時度；賓於四門，四門穆穆；納於大麓，烈風雷雨弗迷」對讀[61]。舜服此中道「翼翼不懈」，所以最後堯將帝位傳給他（「帝堯嘉之，用受厥緒」）。

以上這兩種說法並不互相排斥。由於竹書是戰國時人追述的文王遺言[62]，而文王訓辭所說的舜及上甲微傳說也並非實錄，所以簡文所謂「中」難以避免地具有歧義性。「中」這個概念在舜、上甲微的傳說時代，如同李零先生所說，是作為聚眾、測量的旗表或圭表（這也是古文字「中」的本義）[63]，但在簡文的語境中，「中」又帶有最高統治者權柄的意味（如上甲微「假中」、「歸中」），並沾染戰國時期以「中」代「心」的色彩[64]（如舜「求中」），而與之密切相關的「位勢」也就因此具有雙重的涵義。

---

60 《荀子・非十二子》謂：「聖人之得埶者，舜、禹是也。」同書《非相》又說：「聖人者，以己度者也。故以人度人，以情度情，以類度類，以說度功，以道觀盡，古今一度也。」所論與簡文相通。

61 《孔叢子・論書》記孔子向宰我解釋「納於大麓，烈風雷雨弗迷」的一段話也可以參考，其說謂「此言人事之應乎天也。堯既得舜，歷試諸難，已而納之於尊顯之官，使大錄萬機之政，是故陰陽清和，五星來備，烈風雷雨各以其應，不有迷錯愆伏，明舜之行和於天也。」

62 參考李零先生：〈讀清華簡〈保訓〉釋文〉及拙文：〈清華大學藏竹書〈保訓〉成書時代蠡測〉（待刊稿）。

63 李零：〈說清華楚簡〈保訓〉篇的「中」字〉，《中國文物報》2009 年 5 月 20 日第 7 版。

64 參考拙著：《宋鈃學派遺著考論》（台北市，萬卷樓圖書公司，2009 年 5 月），頁 393-397。

5. 簡 7「用作三降之德」

簡文「三降之德」，指天、地、人所生之德。「降」猶生也，《離騷》「惟庚寅吾以降」，蔣驥《山帶閣註楚辭》：「降，生也。」[65] 簡文「用」訓為以，「作」訓為興，「用作三降之德」即「以興三降之德」。《大戴禮記・四代》：「子曰：有天德，地德，有人德，此謂三德。三德率行，乃有陰陽，陽曰德，陰曰刑。」上海博物館藏楚竹書《三德》簡 1：「天供時，地供材，民供力，明王無思，是謂三德。」[66] 所謂三降之德指的是天時、地材、民力，三者皆為國政之本。《尸子・仁意》：「堯問於舜曰：『何事？』曰：『事天。』『何任？』曰：『任地。』『何務？』曰：『務人。』」[67] 可為旁證。

6. 簡 7、9、10「𦉥」字

簡文此字作「[illegible]」，整理者隸定為「𦉥」，並指出：「𦉥，三體石經『祇』字古文。《說文》：『敬也。』」鵬按，整理者所引石經古文作「[illegible]」。「祇」字金文早期的寫法作「[illegible]」、「[illegible]」[68]，象兩缶相對之形[69]，此字疑即「敵」或「抵」之表意字。「敵」（定母錫部）、「抵」（端母脂部）、「祇」（章母脂部），音近可通。《說文》：「敵，仇也。」「抵，擠也。」敵、抵二字在古書中常訓為「當」，如《左傳》文公四年「諸侯敵王所愾而獻其功」，杜預注：「敵猶當也。」[70]《管子・小問》「寡人之當抵罪也久矣」，尹知章注：「抵，當也。」[71]《爾雅・釋詁》「敵，當也。」邵晉涵《正義》：「敵者，仇匹相當也。」[72] 乃其本義。

---

[65] 蔣驥：《山帶閣註楚辭》（台北市，長安出版社，1991 年 8 月），頁 33。
[66] 馬承源主編：《上海博物館藏戰國楚竹書（五）》（上海市：上海古籍出版社，2005 年 12 月），頁 288。
[67] 汪繼培輯：《尸子》（上海市，華東師範大學出版社，2009 年 11 月），頁 25。
[68] 見董蓮池編：《新金文編》（北京市，作家出版社，2011 年 10 月），上冊，卷 1，頁 22。
[69] 按，楚地稱缶為「甾」，《說文》：「東楚名缶曰甾，象形。」金文「[illegible]」（祇）正象兩「甾」相對。
[70] 杜預注、孔穎達疏：《左傳正義》，《十三經注疏》冊 6，頁 307。
[71] 黎翔鳳：《管子校注》（北京市，中華書局，2004 年 6 月），中冊，頁 972。
[72] 郭璞注、邢昺疏：《爾雅注疏》，《十三經注疏》冊 8，第 25 頁。

戰國金文此字作「[illegible]」（者沏鐘）、「[illegible]」（中山王壺），下部已訛。簡文作「[illegible]」，寫法相承。郭店楚簡《老子》乙組簡 12「大音祗（希）聲」之「祗」作「[illegible]」，裘錫圭先生已指出：「『聲』上一字疑是作兩『甾』相抵形的『祗』字古文的訛體。今本此字作『希』，祗、希音近。」[73]

7. 簡 10「命未有所次（延）」

整理者將「次」（為「涎」字異體）讀為「延」，訓為及。陳偉先生將「命」字屬上讀，並訓「延」為長。李零先生將「次」讀為從其得聲之「羨」，訓為多出、有餘，認為簡文「命未有所羨」即沒有餘命之意，並引《孫子・九地》「吾士無餘財，非惡貨也；無餘命，非惡壽也」為證。周鳳五先生釋此字為「延」，並指出「延」有「引導」之意，從此義引伸為「引來」、「取得」[74]。謹按，周先生說是。「命未有所次」承前句「朕聞茲不久」而言，「茲」指前文的中道，「命」應理解為天命。「次」即「涎」字異體，《說文》：「羨，貪欲也。」「次，慕欲口液也。」二字為一組同源詞[75]。簡文「次」疑即《康誥》「誕受天命」之「誕」，惟「次」、「誕」二字當如周先生說讀為「延」，訓為取得。此處是說我聞中道不久，還未能取得天命，你能敬行不懈，將有所用。可惜我已病篤，「不及爾身受大命」，故勉勵再三，希望你能實現此一天命。

論者或謂竹書可證明周文王生前已受命稱王，但需要指出的是，簡文稱文王為「王」乃後人追述的口吻，此猶《左傳》記魯十二公皆用死謚於生時，是不足為據的（此點李零先生已指出）[76]。簡文中文王自言「聞茲不久」，但未能取得天命，他期待武王能「受大命」，未嘗言已「受命」，也側面地說明在竹書作者的心目中，文王生前並未受命稱王。

[73] 荊門市博物館：《郭店楚墓竹簡》（北京市，文物出版社，1998 年 5 月），頁 119。
[74] 陳偉：〈〈保訓〉詞句解讀〉；李零：〈讀清華簡〈保訓〉釋文〉；周鳳五：〈北京清華大學戰國竹書〈保訓〉新探〉。
[75] 王力：《同源字典》（北京市，商務印書館，1982 年 10 月），頁 580。
[76] 李零：〈讀清華簡〈保訓〉釋文〉。

三　語譯[77]

文王五十年時，（文王）病重。他擔心日子一天比一天少，如果再不留下遺囑，恐怕就來不及了。

戊子之日，（太子發）從旬水出發。己丑之日，天將亮之時，〔他到達某地。太子發最終未能趕回豐鎬，親聆遺訓〕。

文王留下遺囑說：

「發！我已病入膏肓，恐怕來不及和你交代遺言了。

從前，古人傳訓于後世，都是當面口授，如今我的病情日益沈重，恐怕無法親口將遺訓告訴你，只好以書面傳達，你一定要恭敬謹慎，不可貪圖安逸享受。

從前，舜本來是一介平民，親自耕作於歷丘的草莽之中。他內心（因不得其親而）感到惶恐，乃反求諸己，使自己的想法（「志」）不違背黎民百姓的要求，並（將這種想法）施用於上下遠近（此即儒家所謂「恕」）。（帝舜）於是賜官位（「位勢」）給舜，讓他能夠度測萬事萬物的變化，使一切順而不逆。舜得到了「中」道（即治國之心術），不擅變名實（即循名責實），恭敬謹慎地服行（中道），小心翼翼，毫不懈怠，因而得到「三降之德」（指天時、地材、民力）。帝堯嘉許他，（舜）因而受命繼位。啊，你一定要恭敬謹慎呀！

從前，上甲微曾向河伯借「中」，以報有易氏之仇。有易氏戰敗服罪，而上甲微卻毫無損失（指折損軍隊[78]），於是他把「中」還給河伯。上甲微（知道「中」的重要）謹記不忘，並將「中」傳給子孫，一直傳到了成湯。成湯恭慎地服行，不敢懈怠，所以得到天命。啊，發！你一定要恭敬謹慎呀！

---

[77] 參考李零先生及周鳳五先生前揭文所作語譯，並依本文校釋略加改寫。

[78] 參考周鳳五先生前揭文對「無害」的解釋。

我聽聞中道不久，尚未能取得天命。今後你可要敬行不懈，將會有所用（指實現天命）。（我已病重）不能看到你接受天命的那一天，你一定要恭敬謹慎，不可貪圖安逸享受。白天太短，夜晚也不長，（你要努力呀）！」

參考書目

李零：〈說清華楚簡〈保訓〉篇的「中」字〉，《中國文物報》2009年5月20日第7版。

李零：〈讀清華簡〈保訓〉釋文〉，《中國文物報》2009年8月21日第7版。

李學勤：〈論清華簡〈保訓〉的幾個問題〉，《文物》2009年第6期。

沈培：〈清華簡〈保訓〉釋讀一則〉，復旦大學出土文獻與古文字研究中心網站，2009年7月15日。

周鳳五：〈北京清華大學戰國竹書〈保訓〉新探〉，「孔德成先生學術與薪傳研討會」會議論文，臺灣大學中文系，2009年10月28日。

孟蓬生：〈〈保訓〉釋文商補〉，復旦大學出土文獻與古文字研究中心網站，2009年6月23日。

林志鵬：《宋鈃學派遺著考論》，台北，萬卷樓圖書公司，2009年5月。

清華大學出土文獻研究與保護中心：〈清華大學藏戰國竹簡〈保訓〉釋文〉，《文物》2009年第6期。

陳偉：〈〈保訓〉詞句解讀〉，武漢大學簡帛網，2009年7月13日。

廖名春：〈〈清華大學藏戰國竹簡保訓釋文〉初讀〉，清華大學簡帛研究網，2009年6月17日。

嚴明：〈〈保訓〉第二簡缺文「至於〔豐〕」擬補及武王返豐路線商榷〉，武漢大學簡帛網，2009年12月31日。

蘇建州：〈〈保訓〉字詞考釋二則〉，復旦大學出土文獻與古文字研究中心網站，2009年7月15日。

從「盬盉不覓」到古文字中的醋與羹

黃麗娟 *

摘要

本文針對上博六〈平王與王子木〉原整理者所排簡序的第三簡「盬盉不覓」進行討論，嘗試找出最適合還原簡文真貌的訓詁方式，並進一步研究與此句相關的文字現象，分析古文字中醋、酢、酪三字的讀法，以及金文中幾個曾經被視作「羹」字的正確釋讀。

關鍵字：競坪王、王子木、醋菜不酸、金文羹字

* 現任國立臺灣師範大學國文學系副教授。本研究為 100 年度國科會專題研究計畫「上海博物館藏戰國楚竹書（六）春秋史事篇章研究」（100-2410-H-003-039-）部分成果，接受國科會專案計畫補助，特此致謝。

一　前言

上博六〈平王與王子木〉一文雖則只有五簡，但是作為可以與傳世《說苑・辨物》的末段與出土的阜陽漢簡《春秋事語》第十六篇〈王子木守城父〉可以互相比對的篇章，《上博簡（六）》甫一發表，〈平王與王子木〉便即得到研究者相當程度的關注。不惟在整理者所發表的簡序上有所檢討，簡文的釋意亦頗具歧異。本文針對原整理者的第三簡「⿱酪皿⿱蚤皿不夋」進行分析，依照下列條目次序討論，嘗試找出古文字中「醋」字與「羹」字的正確釋讀方式：（一）金文酢字是乍字繁構，先秦文獻醋、酢皆釋報酒。（二）《禮記》的酪是酢截，《釋名》的酪是乳漿。（三）簡文⿱酪皿字應讀作酪。（四）饔爨、廩爨皆與⿱蚤皿、⿱酪皿無關。（五）⿱蚤皿讀作菜，不讀作羹。（六）菹齏醢醬，皆為冷盤。（七）太羹鉶羹，四時常熱。（八）鉶羹和味，加菜於肉。（九）羹乃肉涪，不調酸味。（十）羞豆之實，始攙酏糝。（十一）鬻糝鬻粥，實皆餗也。（十二）用烹用享，用祀稻粱。（十三）鬲字異構，菜字異構。（十四）煮字異構，以煮以享。

二　⿱酪皿⿱蚤皿不夋讀作酪菜不酸

上博六〈平王與王子木〉第三簡簡文「⿱酪皿⿱蚤皿不夋」，整理者讀作「醢 ⿱蚤皿不爨」，謂盤盌所盛之肉醬不炊。何有祖[1]、陳偉[2]讀「⿱酪皿⿱蚤皿」作「酪菜」，酪是酢截，醋屬；單育辰讀「夋」作「酸」[3]；周鳳五讀作「醢菹不酸」，

1　〈讀上博六札記（二）〉：「酪，原從酪從皿，整理者以爲即醢，指肉醬。按：此字當讀作酪，指醋。《禮記·禮運》：『以亨以炙，以爲醴酪。』 鄭玄注：『酪，酢截。』」何有祖：〈讀上博六札記（二）〉，簡帛網（http://www.bsm.org.cn/show_article.php?id=601），2007年7月9日。

2　陳偉：〈讀上博六條記〉，簡帛網（http://www.bsm.org.cn/show_article.php?id=597），2007年7月9日。

3　〈佔畢隨錄〉：「爨與夋古音相通，故楚系文字常假夋（夋）爲爨。這裏整理者讀爲其

醢是腌肉，菹是醋菜，兩者皆有發酵後之酸味[4]；陳劍讀作「酪羹不酸」，釋「盉」為「鬻」屬，實乃「羹」字。[5]張崇禮謂「酪菜不爨」是熏制法，「甕不蓋」是發酵法，分指兩種不同的釀醋之法。[6]為辨分明，下文即針對上古時期傳世以及出土文獻中曾經釋作「味酸者」的「醢」、「截」、「酢」、「醶」、「酸」、「醶」諸字進行討論。

（一）金文酢字是乍字繁構，先秦文獻醋、酢皆釋報酒

《說文》謂「截（截）」曰「酢漿也。从酉𢦏聲」，謂「酢（酢）」曰「醶也。从酉乍聲」，謂「醶（醶）」亦曰「酢漿也。从酉僉聲」，謂「酸（酸）」曰「酢也，从酉夋聲。關東謂酢曰酸」，謂「醶（醶）」曰「酢也，从酉韱聲」，謂「醋（醋）」曰「客酌主人也。从酉昔聲」。[7]總計《說文》中可以釋作「酢」、「酢漿」者共計「截」、「酢」、「醶」、「酸」、「醶」五字，段玉裁在「酢」字下注曰「酢本截漿之名，引申之凡味酸者皆謂之酢。上文醶酢也，酸酢也，皆用酢引申之義也」。

《說文》「醋」字下段注曰「諸經多以酢為醋，唯《禮經》尚仍其舊，後人醋、酢互易」。《周禮・酒正》言酒正之職需「辨四飲之物：一曰清，二曰醫，三曰漿，四曰酏。」[8]鄭玄注：「漿，今之截漿也」賈公彥疏：「此

借字爨，而非本字㚟（夋），是繞了一個圈子。其實，隸爲㚟（夋）而讀爲酸，文義更爲顯豁。」單育辰：〈佔畢隨錄〉，簡帛網（http://www.bsm.org.cn/show_article.php?id=670），2007年7月27日。

4 周鳳五：〈上博六《莊王既成》、《申公臣靈王》、《平王問鄭壽》、《平王與王子木》新探〉，《第二屆傳統中國研究國際學術討論會論文集》（上海市：上海社會科學院傳統中國研究中心，2007年），頁66。

5 陳劍：〈釋上博竹書和春秋金文的羹字異體〉，復旦大學出土文獻與古文字研究中心（http://www.gwz.fudan.edu.cn/SrcShow.asp?Src_ID=295），2008年1月6日。

6 張崇禮：〈讀平王與王子木札記〉，簡帛研究（http://jianbo.sdu.edu.cn/admin3/2007/zhangchongli007.htm），2007年8月9日。

7 〔漢〕許慎撰，〔清〕段玉裁注：《說文解字注》（台北市：黎明文化事業公司，1991年），頁756、758。

8 《十三經注疏・3周禮》（台北市：藝文印書館，1989年），頁77。

漿亦是酒類，故其字亦從載從酉省，截之言載，米汁相載。漢時名為截漿，故云今之截漿也。」截是釀酒過程中產生的副產品，米汁相載，若今之酒釀。周代稱「漿」，漢代稱「截漿」。

金文「酢」字與「截漿」無關，王子姪鼎銘文「王子姪酢（）飲鼎」，「酢」讀作「作」，是金文「乍」字繁構，加上酉形可能受到下文「飲鼎」二字影響所增。郐王義楚耑銘文「郐王義楚擇余吉金，自酢祭耑，用享于皇天及我文考」，「酢」讀作「作」，亦是「乍」字繁構，耑是酒器，加注酉形殆亦為此。

先秦文獻中常見「酢」、「醋」二字的是《詩經》、《儀禮》、《禮記》。《小雅．瓠葉》：「有兔斯首，燔之炙之。君子有酒，酌言酢之。有兔斯首，燔之炮之。君子有酒，酌言醻之。」若依鄭玄之注，「酢」是報酒，賓既卒爵，洗而酌主人也。「醻」是導飲，主人既卒酢爵，又酌自飲卒爵，復酌進賓，為勸賓飲，故主人自飲以導之。[9]是則「酢」是主人獻酌之後，賓卒爵以報，故曰「報酒」。《儀禮．特牲饋食禮》：「祝酌授尸，尸以醋主人。」鄭玄注：「醋，報也。」又謂「尸親醋，相報之義，古文醋作酢。」又《儀禮．鄉射禮》：「賓升實爵主人之席前，東南面酢主人。」鄭玄注：「酢，報。」[10]是則《儀禮》用「醋」、用「酢」皆是「報酒」之義。《禮記．鄉飲酒禮》：「三揖至于階，三讓以賓升，拜至獻酬辭讓之節繁，及介省矣。至于眾賓，升受坐祭，立飲不酢而降，隆殺之別矣。」孔穎達疏：「鄉飲酒，介酢主人則止，主人不酢介也」，又「鄉飲酒之禮，主人獻眾賓于西階上，受爵坐祭，立飲不酢，主人而降」。[11]在鄉飲酒禮中，主人酌酒獻賓，賓酢主人，主人又酌酒自飲以酬賓，但是對待輔賓之介以及眾賓，則是立飲不酢，此即於賓禮隆，眾賓禮殺。是則《禮記》用「酢」亦是「報酒」之義。綜上

[9] 《十三經注疏．2 詩經》（台北：藝文印書館，1989 年），頁 523。
[10] 《十三經注疏．4 儀禮》（台北：藝文印書館，1989 年），頁 532、112。
[11] 《十三經注疏．5 禮記》（台北：藝文印書館，1989 年），頁 1007。

所述，《詩經》之「酢」、《儀禮》之「醋」、「酢」、《禮記》之「酢」皆是報酒之意，而非段玉裁注所言「諸經多以酢為醋，唯《禮經》尚仍其舊」。

王筠《說文解字句讀》「醋」字下云「許君說醋、酢二字與今人音義互異，似許君亦誤。」細觀上引《儀禮》「報酒」之義「醋」、「酢」互見之例，王筠之說可從。西周時期的典籍用字「醋」、「酢」皆作「報酒」之例，釋作「䣼漿」的味酸者之義是自《說文》以後始然，所以王筠說「古者名醯不名酢，疑漢人始呼醯為酢，許君始分醋為醻醋，酢專為醯之名耳。」[12]《說文》謂「醯（𥂕）」曰「酸也，作醯以鬻以酒。从鬻、酒並省，从皿。」段注謂「鬻者鬻或字」[13]，鬻即粥也、鬻也、鬻也，米糊為粥，加酒烝釀即為醯，味酸者之屬。《周禮》有「醯」人之官「掌共五齊、七菹，凡醯物，以共祭祀之齊菹」，鄭玄注：「醯人者，皆需醯成味。」[14]凡事供醯乃醯人所職，作醯之法乃由鬻、酒烝釀而來，是味酸者之屬諸字的本字。《周禮》用「醯」字，《說文》用「䣼」、「酢」、「醶」、「酸」、「醆」五字，《玉篇》用「醆」、「酸」、「䣼」、「醶」、「酢」、「醦」、「醢」七字[15]。

（二）《禮記》的酪是酢䣼，《釋名》的酪是乳漿

《禮記》之中「酪」字二見，一在《禮記・禮運》：「以炮以燔，以亨以炙，以為醴酪」，鄭玄注謂以烝釀之法所得為「酪」，酢䣼。二在《禮記・雜記》:「功衰食菜果，飲水漿，無鹽酪」，鄭玄注亦謂「酪，酢䣼。」[16]是則《禮記》「酪」字皆釋「味酸者」之義，是以米以酒烝釀所得之物。

---

12 〔清〕王筠撰：《說文解字句讀》清同治四年安邱王氏刊本，中華漢語工具書書庫編輯委員會《中華漢語工具書書庫第 32 冊》（合肥市：安徽教育出版社，2002 年），頁 330。

13 〔漢〕許慎撰，〔清〕段玉裁注：《說文解字注》（台北市：黎明文化事業公司，1991 年），頁 214。

14 《十三經注疏・3 周禮》（台北市：藝文印書館，1989 年），頁 90。

15 〔梁〕顧野王撰：《玉篇》小學彙函本，中華漢語工具書書庫編輯委員會《中華漢語工具書書庫第 1 冊》（合肥市：安徽教育出版社，2002 年），頁 300。

16 《十三經注疏・5 禮記》（台北市：藝文印書館，1989），頁 417、742。

鄭玄謂「酪」為「酢截」，顯然是漢代稱呼，「截」字取其「漿（米汁相載）」義，「酢」字不是先秦「報酒」之義，而是《說文》所說「味酸者」之義。

另外，東漢劉熙《釋名》保存「酪」字在漢代的另外一個訓義—乳漿。《漢書・食貨志》：「莽遣三公將軍開東方諸倉振貸窮乏，又分遣大夫謁者教民煮木為酪，酪不可食，重為煩憂。」服虔曰：「煮木實，或曰如今餌朮之屬也。」如淳曰：「作杏酪之屬也。」[17]當時青徐一地已有人相食之事，是以教民煮木為酪乃為止民之饑。餌朮又名蒼朮，野生菊科，相傳久服可以成仙。[18]既不易得，自然不是飢荒之際教民煮木止饑的材料。杏酪是搗杏入粥，以其糜爛如酪，故稱杏酪。「煮木為酪」應該指的就是搗木成泥，煮成酪狀，因此才有其後「酪不可食，重為煩憂」之語。此處「酪」字當如《釋名》「酪，澤也。乳汁所作，使人肥澤也」[19]所訓是乳汁所作之物。李陵〈答蘇武書〉：「韋韝毳幕，以禦風雨。羶肉酪漿，以充饑渴。」韋毳肉酪對文，「酪」字應訓乳漿。潘岳〈閒居賦〉：「灌園粥蔬，以供朝夕之膳。牧羊酤酪，以俟伏臘之費。」酪由羊來，亦訓乳漿。李善注前引〈烏孫公主歌〉：「肉為食，酪為漿」，後引《釋名》「乳汁所作」作為「酪」字「乳漿」訓義之證。[20]

然而《說文》不錄「酪」字，「酪」字首見於字書是在《玉篇》：「酪（酪），漿也，乳汁作。」[21]其後北宋《類篇》錄有「酪（酪）」字，釋義「乳漿」、「醴屬」[22]二訓，「乳漿」是乳汁所造，「醴屬」乃由酒釀，并存《禮記》「酢

17 〔漢〕班固等撰，〔唐〕顏師古注：《漢書》（北京市：中華書局，2002 年），頁 1145。

18 《列仙傳校箋・涓子》：「涓子者，齊人也。好餌朮，接食其精，三百年乃見于齊。」王叔岷撰：《列仙傳校箋》（北京市：中華書局，2007 年），頁 24。

19 〔漢〕劉熙撰：《釋名》叢書集成初編版（北京市：中華書局，1985 年），頁 62。

20 〔梁〕蕭統編，〔唐〕李善注：《昭明文選》（冊 1-6）（上海市：上海古籍出版社，1986），頁 700、1848。

21 〔梁〕顧野王撰：《玉篇》小學彙函本，中華漢語工具書書庫編輯委員會《中華漢語工具書書庫第 1 冊》（合肥市：安徽教育出版社，2002 年），頁 300。

22 〔宋〕司馬光等撰：《類篇》汲古閣影宋本，中華漢語工具書書庫編輯委員會《中華漢語工具書書庫第 2 冊》（合肥市：安徽教育出版社，2002 年），頁 551。

截」、《漢書》「乳漿」二義。南宋《六書故》亦錄有「乳漿」、「醴屬」二訓：「酪，酒類也。北方以馬乳為酪，故因謂湩酪。而酥與醍醐皆因之从酉。」[23]前訓由酒所造，是酢截；後訓以馬乳製成，是乳漿。明代《正字通》只錄「乳漿」之義：「牛馬乳所造。」[24]清代《康熙字典》歷敘各代「乳漿」、「醴屬」例所出處，是「酪」字訓例集成。[25]

（三）簡文⿱酪皿字應讀作酪

綜上所述，《禮記》中的「酪」字皆訓「酢截」，是最早見於傳世文獻的訓例。〈平王與王子木〉第三簡簡文「⿱酪皿（　）」字从皿酪聲，早於《禮記》成書的時代，是迄今最早現世的「酪」字。就形體而言，應視作酪字繁構，就釋義而言，應與《禮記》相同，訓作「酢截」，也就是今人所謂「酸醋」，由米由酒烝釀而成。讀簡文「⿱酪皿（　）」字作「酪」，是依《禮記》成書時代，亦即東周末至西漢初的讀法；讀作「酢」字，則是《說文》時期，亦即東漢的讀法；讀作「醋」字，則是《廣韻》時期，亦即北宋的讀法。上博簡傳鈔的年代與《禮記》較近，讀作「酪」字應是比較合時合理的讀法。簡文「⿱酪皿盉」應依何有祖、陳偉之說讀作「酪菜」，訓作「酢截，醋屬」。

在「酸醋」詞義的詞彙流變過程中，周代的用字首見成書於東周的《周禮》「醓」（匣・脂）字，然後就是戰國楚簡「⿱酪皿（　）」（來・鐸）字，其後則是《禮記》「酪」（來・鐸）字，接下來才是《說文》中的「截」（定・之）、「酢」（清・鐸）、「醶」（疑・談）、「酸」（心・元）、「釅」（清・談）

[23] 〔宋〕戴侗撰：《六書故》四庫全書本，中華漢語工具書書庫編輯委員會《中華漢語工具書書庫第 13 冊》（合肥市：安徽教育出版社，2002 年），頁 530。

[24] 〔明〕張自烈撰：《正字通》清康熙清畏堂刊本，中華漢語工具書書庫編輯委員會《中華漢語工具書書庫第 5 冊》（合肥市：安徽教育出版社，2002 年），頁 610。

[25] 〔清〕張廷玉等編：《康熙字典》，中華漢語工具書書庫編輯委員會《中華漢語工具書書庫第 9 冊》（合肥市：安徽教育出版社，2002 年），頁 199-200。

五字，最後才是《廣韻》釋作「醬醋」[26]的「醋」（從・鐸）字。其中最為夾纏不清的「酪」（來・鐸）、「酢」（清・鐸）、「醋」（從・鐸）三字，上古韻部皆隸鐸部，讀音相近或許就是文獻用字淆混之由。

（四）饔爨、廩爨皆與⿱丞皿、醋無關

《小雅・楚茨》:「執爨踖踖，為俎孔碩，或燔或炙。」孔疏曰:「祭祀之禮，饔爨以煮肉，廩爨以炊米。」古禮爨法有二，煮肉謂饔爨，炊米謂廩爨，饔爨是饔人所掌，廩爨為廩人所職，煮肉之器為鼎、匕、俎，炊米之器為甑、甗、匕、敦，[27]上述兩種爨法，在過程中都不會用到簡文所提及的「醋」作為器皿。再者，「醓⿱丞皿不复，王曰醋不盇」，既言「醓⿱丞皿」，則事與煮肉、炊米無關，簡文「复」字不應釋「爨」，當從單育辰讀「复」作「酸」。

（五）⿱丞皿讀作菜，不讀作羹

陳劍〈釋上博竹書和春秋金文的羹字異體〉一文并舉下列諸字，云諸字與〈平王與王子木〉「[illegible]」字皆為「羹」字異文，而羹內之物，實則菜肉兼具。為方便討論之故，今將〈釋上博竹書和春秋金文的羹字異體〉一文所引 20 個金文形體并陳於下表，以便觀察：[28]

[26] 〔宋〕陳彭年等編：《廣韻》小學彙函本，中華漢語工具書書庫編輯委員會《中華漢語工具書書庫第 59 冊》（合肥市：安徽教育出版社，2002 年），頁 112。

[27] 孔疏曰：「饔人概鼎、匕、俎于饔爨，廩人概甑、獻、匕、俎于廩爨。」《十三經注疏・2 詩經》（台北市：藝文印書館，1989 年），頁 456。

[28] 表格製作參見拙作：〈《上博六・平王與王子木》校釋〉，《國文學報》第 49 期（台北市：國立台灣師範大學國文學系，2011 年 6 月），頁 21。

1 戍嗣鼎	2 㽙方鼎	3 𦰩鼎	4 木工鼎	5 引鼎	6 且己鼎	7 龏鬲

8 弋卩其卣	9 引鼎	10 引觥	11 樊君鼎	12 郐王鼎	13 弔夜鼎	14 弔夜鼎

15 陳公子甗	16 庚兒鼎	17 庚兒鼎	18 戍甬鼎齍字	19 夫歐申鼎	20 子湯鼎	21 上博王子木
	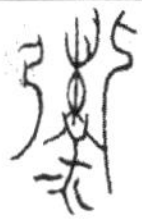			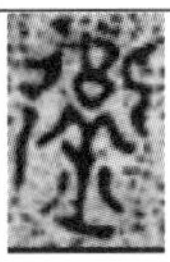		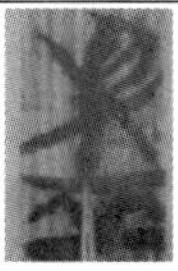

1. 菹齍醢醬，皆為冷盤

上引諸字，編號第 18 戍甬鼎「齍（ ）」字事實上不能算是「齍」字的常態，在《金文編》所錄「齍」字（ 、 、  、 ）諸形之中，惟戍甬鼎「齍（  ）」字下方从火，其他則無，應以不从火形而作者為常。因為「菹齍」是冷盤，菜（韭菹、昌本、菁菹、茆菹、葵菹、脾析、芹菹、深蒲、筍菹）肉（酖醢、魚醢、蜃醢、兔醢、鴈醢、豚拍、麋臡、鹿臡、麇臡）兼具，全物若牒為菹，細切為齍。鄭玄注曰：「作醢及臡者，必先膊乾其肉，乃後莝之，雜以粱麴及鹽，漬以美酒，塗置瓶中，百日則成」，鄭司農謂「有骨為臡，無骨為醢」[29]，此皆「齍」字由冷盤製成之證。

[29] 所引食材以及「菹齍」、「臡醢」作法細項詳見《十三經注疏．3 周禮．天官 醢人》（台北市：藝文印書館，1989 年），頁 89。

2. 太羹鉶羹，四時常熱

其餘上引編號 1-20 諸字，字體下方皆有鼎、鬲加上火旁譌變之跡（[illegible]、[illegible]、[illegible]、[illegible]、[illegible]），實即製羹之法需要熟煮之證。《儀禮・公食大夫禮》：「賓朝服，即位于大門外，如聘，即位具，羹定，甸人陳鼎七，當門南面西上，設扃鼏」，鄭玄注曰：「肉謂之羹，定猶熟也」，又曰：「甸人冢宰之屬，兼亨人」，孔穎達疏曰：「亨人職云掌共鼎鑊，又案甸師職云掌帥其徒以薪蒸，役外內饔之事，故使甸人兼亨人陳鼎」[30]，是則甸人陳鼎之前，要兼亨人「鼎鑊」、「薪蒸」之責，煮羹熟定之後乃陳，此亦製羹之法需要熟煮之證。鄭玄注〈公食大夫禮〉曰羹有二，一曰大羹、二曰鉶羹：大羹謂太古五帝之羹，以太古質，故不和以鹽菜；鉶羹則調以鹽菜之羹。鉶，菜和羹之器，孔穎達疏云：「菜和羹以鉶盛此羹，又羹在鉶言之，謂之鉶羹。」是則「大羹湇」是純煮肉汁，不和鹽菜 [31]，需要和以鹽菜之時，乃取大羹入於鉶鼎，再和以鹽菜，製成鉶羹。但是不論大羹、鉶羹，須得四時常熱 [32]，是以製羹須以火煮之。金文無見「鉶羹」之詞，羹卻有加菜以和之法，是以上引金文諸字亦見加菜（采聲）之例（12郐王鼎[illegible]），揆諸《周禮》經文，此即鉶羹和菜之法。

3. 鉶羹和味，加菜於肉

《召南・采蘋》：「于以盛之，維筐及筥。于以湘之，維錡及釜」毛傳曰：「湘，亨也。」鄭箋曰：「亨蘋藻者，於魚湇之中，是鉶羹之芼。鉶，三足兩耳，有蓋，和羹之器。」[33]孔疏曰：「芼，菜也。羊用苦，豕用薇，皆有滑牲體在俎下，乃設羊鉶、豕鉶，云皆芼煮於所亨之湇，始盛之鉶器

---

[30] 《十三經注疏・4 儀禮》（台北市：藝文印書館，1989 年），頁 299。

[31] 《禮記・禮器》：「大羹不和」，孔疏曰：「大羹，肉汁也，不和，無鹽、梅也。大古初變腥，但煮肉而飲其汁，未知調和。後人祭也，既重古故，但盛肉汁，謂之大羹不和。」《十三經注疏・5 禮記》（台北市：藝文印書館，1989 年），頁 456。

[32] 《天官・食醫》條下鄭玄注曰：「大羹、鉶羹、菜羹等，其所齊和，四時常熱，故云眡夏時，羹宜熱故也。」《十三經注疏・3 周禮》（台北市：藝文印書館，1989 年），頁 72。

[33] 《十三經注疏・2 詩經》（台北市：藝文印書館，1989 年），頁 52-53。

也。故〈特牲〉注云：『鉶，肉味之有菜和者。』」鉶本和羹之器，是以苦菜穌於羊肉湇中，薇菜穌於羊肉湇中，盛之鉶器則曰羊鉶、豕鉶。

徐王鼎銘「徐王糧用其良金，鑄其餗鼎，用鬻（[illegible]）無（[illegible][34]）腊，用饔賓客，子子孫孫，世世是若」，「用鬻無腊」讀作「用菜膴腊」。《周禮・腊人》謂「腊人掌乾肉，凡田獸之脯腊膴胖之事」，鄭玄謂膴是牒肉（薄切肉），胖是析肉（細切肉）[35]，皆是「腥腍爓」階段中屬於「腥」的狀態，尚未烹煮。銘文既言「用饔賓客」，指的應該就是「饔餼」之禮中的「饔禮」。《儀禮・聘禮》「饔餼」下孔疏曰：「殺曰饔，生曰餼」[36]，此即《周禮》內饔所職。

致禮於客，莫盛於饔，內饔職掌「膳羞之割、亨、煎、和之事」，凡掌供「羞脩刑膴胖骨鱐」。鄭玄讀「刑」作「鉶」，鉶羹也。[37]《周禮・亨人》條下孔疏曰：「云鉶羹者，皆是陪鼎。牛用藿，羊用苦，豕用薇，調以五味 [38]，盛之於鉶器，則謂之鉶羹，若盛之於豆，即謂之庶羞。」又「若致饔餼，皆有陪鼎，則鉶羹也。」[39]內饔在饔禮舉行之時，需以鉶鼎調和尚未烹煮的腥肉脯腊膴胖，既在鉶鼎和味，便會和以鹽、菜，此即徐王鼎銘「鑄其餗鼎，用鬻無腊，用饔賓客」中「菜（[illegible]）」、「膴（[illegible]）」、「饔」三字真正的意涵。陪鼎鉶羹之法，需依其腊肉所屬而和以不同之菜，牛用藿，羊用苦，豕用薇。既是配合不同腊肉和以不同蔬菜，「鬻（[illegible]）」又从采聲，讀作「菜」，指的便是鉶鼎調和鹽菜過程中加入的菜，並非羹字。

---

34 徐王鼎此字吳振武釋作「魚」字，但是仔細觀察十年洱陽令戈「無」字亦作「[illegible]」，大形之下亦見側寫人形的繁作筆畫，銘文「治明無鑄戠」，「無」讀作「模」。若依此字作為比對基礎，徐王鼎銘所書應當也是「無」字。孫敬明、蘇兆慶：〈十年洱陽令戈考〉，《文史哲》1990 年第 7 期（北京市：文物出版社，1990），頁 41。

35 《十三經注疏・3 周禮》（台北市：藝文印書館，1989 年），頁 66-67。

36 《十三經注疏・4 儀禮》（台北市：藝文印書館，1989 年），頁 255。

37 《十三經注疏・3 周禮》（台北市：藝文印書館，1989 年），頁 62。

38 《禮記・禮運》：「五味、六和、十二食，還相為質也。」鄭注：「酸、苦、辛、鹹、甘。」《十三經注疏・5 禮記》（台北市：藝文印書館，1989 年），頁 432。

39 《十三經注疏・3 周禮》（台北市：藝文印書館，1989 年），頁 63。

4. 羹乃肉湇，不調酸味

然則〈平王與王子木〉「」字形體下方僅从「皿（）」形，不从鼎、鬲加上火旁譌變之形（、、、、），是否可以讀作「羹」字尚待考慮。羹宜熱，醬宜涼[40]。若依〈公食大夫禮〉鄭玄所注「每飯歠湇，以殽擩醬」，則大羹之湇用以配飯，骨體[41]殽食始以醮醬，是以孔疏曰「湇言啜，淡故也，醬言擩，鹹故也」。湇是煮肉為羹之汁，烹人、甸人所掌，大羹不調以鹽菜，是以味質，鉶羹調以鹽菜，是以味華，但是不論大羹或是鉶羹，皆與味酸無關。醬是齏、菹之屬[42]，醢人所掌，是以味酸，材料菜、肉兼具，全物為菹，細切為齏，齏、菹之別不在材料是肉或菜，而在所切麤細。〈平王與王子木〉簡文明言「先君智醓不盍，盬不夋」，亦即「醓（饔）」若有「盍（蓋）」，則「盬（酪）盉」應該帶有「夋（酸）」味，既有酸味，則「盉」非羹屬菜肉之湇，而是齏、菹之類。齏、菹之別既不在菜肉，而是所切麤細，簡文「」字應該就其構形解之，字既从皿采聲，則釋作「菜」字即可，若依《周禮》所述，「盬（酪）盉（菜）」應即韭菹、昌本、菁菹、茆菹、葵菹、脾析、芹菹、深蒲、筍菹之屬。

三　羞豆之實，始攙酏糝

再者，上引編號1-20諸字，其中8、13、14、15四字鼎中有「米（、、、）」之形，應是《周禮・醢人》所掌四豆之一的「羞豆之實」的製法：酏食、糝食，酏食以酒酏為餅，糝食取牛羊豕之肉，和以稻米，

40　《天官・食醫》條下鄭玄注曰：「醬者食之主，言醬則該諸豆實四時皆須涼，故云醬齊眡秋時。」《十三經注疏・3周禮》（台北市：藝文印書館，1989年），頁72-73。

41　《禮記・禮運》：「孰其殽」，孔疏曰：「骨體也，孰謂以湯爓之，以其所爓骨體，進於尸前也。」《十三經注疏・5禮記》（台北市：藝文印書館，1989年），頁420。

42　《天官・醢人》條下鄭玄注曰：「齏、菹，醬屬，醢人者皆須醢成味。」《十三經注疏・3周禮・天官　醢人》（台北市：藝文印書館，1989年），頁90。

米二肉一，合以為餌，煎之。[43]是則酏食、糝食皆須鼎下有火以為煎煮。鄭玄注「糝謂之餗」，是以上引編號 1-7 諸字皆从「朿（[古文字]、[古文字]、[古文字]、[古文字]、[古文字]、[古文字]、[古文字]）」聲為之，雖然後面三字看似从「量」，但是金文从朿之字原本就常見繁作从東或从東之例 [44]。林義光、于省吾都曾說過甲文、金文中朿字常與東字互作，朿字或作東（南北師 2.56），量（量）字或从朿（乙 3478）[45]。弔家父匡銘文「用成稻粱，用速先家諸兄」，「速（[古文字]）」字不从朿而从東，即為其證。「量（[古文字]）」（大梁鼎）字本會張囊之口以測量物體大小之意，字上从口為常，从日為繁。尤其上引諸字並列同視，更可看出从量之體殆為繁作，而非常態，是以仍將上述諸字視作从「朿」得聲，此即《說文》「鬻（[古文字]）」字，典籍「餗」字，應讀作「餗」。後三體（編號 5、6、7）郭沫若讀作「鬺」字 [46]，是否讀作「鬺」字，尚待後文討論，但是它們都不是「羹」字。

（一）鬻糝鬻粥，實皆餗也

上表編號 1 的戍嗣鼎銘文「用乍父癸寶[古文字]」，「[古文字]」字从鼎从火从匕、朿聲。編號 2 的[古文字]方鼎銘文「用乍母己尊[古文字]」，「[古文字]」字从鼎从火从匕、朿聲。編號 3 的[古文字]鼎銘文「用乍大子癸寶尊[古文字]」，「[古文字]」字从鼎从火从匕朿聲。編號 4 的木工鼎銘文「木工冊乍妣戊[古文字]」，「[古文字]」字从鼎从火从匕、朿聲。編號 5 的引鼎銘文「引乍文父丁[古文字]𣪘[古文字]」，「[古文字]」字从鼎从火从匕、朿聲（繁作量形）。比較特別的是鼎銘末字「[古文字]」，《殷周金文集成釋文》隸定作「鑊」，字从隹在鼎中與編號 9、10「[古文字]」、「[古文字]」鼎中內容物一致。

[43] 《十三經注疏．3 周禮．天官 醢人》（台北市：藝文印書館，1989 年），頁 89-90。

[44] 例如金文「剌」字有从東作「[古文字]」（牆盤）者，有从朿作「[古文字]」（剌卣）者，亦見从東作「[古文字]」（師[古文字]鼎）者。

[45] 于省吾：《甲骨文字釋林．朿-東》（北京市：中華書局，1999 年），頁 448。

[46] 郭沫若將上述繁作量形的幾個字讀作「糧」，並以為即是「鬺」字。郭沫若：《兩周金文辭大系圖錄考釋》（北京市：科學出版社，1957 年），頁 225。

其實「[illegible]」、「[illegible]」、「[illegible]」三字皆為同字，前為拓本，後二為摹本，差異在此。《爾雅》訓「鑊」謂「煮之也」，即《周南．葛覃》「維葉莫莫，是刈是鑊」的動詞用法。《周禮．天官．享人》：「享人掌共鼎鑊」，鄭玄注曰「所以煮肉及魚腊之器，既熟乃脀于鼎」[47]，則是「鑊」字的名詞意義。

編號 6 且己鼎銘文「乃孫乍祖己宗寶䵼[illegible]」，「[illegible]」字从鼎从火从匕、朿聲（繁作量形）。作冊豊鼎銘文「用乍父己寶[illegible]」，「[illegible]」字不在上列編號表中，但是字仍从鼎从火从匕、朿聲。上述銘文雖然沒有足夠的輔助說明可以證實「[illegible]」、「[illegible]」、「[illegible]」、「[illegible]」、「[illegible]」、「[illegible]」、「[illegible]」究竟為何字，但是諸字形體皆从鼎从火从匕、朿聲，字會以匕取食鼎中之餗之義，當是「餗」字初文。《殷周金文集成釋文》隸定作「[illegible]」，从匕从䰞、朿聲[48]，亦可提供形體比對的擬測方向。編號 7 的龔乍又母辛鬲銘文「龔入[illegible]于每子，用乍又母辛尊彝」，「入[illegible]」郭沫若讀作「入糧」，其實在接受食物的意義層面上，讀作「入糧」不若讀作「入餗」為妥。

《說文．䰞部》可以直接或間接解釋作「餗」者有七字：[illegible]、[illegible]、鬻、[illegible]、[illegible]、[illegible]、[illegible]。「[illegible]（[illegible]）」字从䰞速聲，重文即从食束聲作「餗（[illegible]）」，陳留方言謂鍵作[illegible]。「[illegible]（[illegible]）」字从䰞毓聲，釋作「鬻也」，重文省去左右二匕、毓聲并省每形作「[illegible]」。「鬻（[illegible]）」字从米从䰞，釋作「鍵也」，鍵即是餗，俗字作「粥」。再者，「[illegible]（[illegible]）」字从䰞侃聲，釋作「鬻也」，重文即从食衍聲作「餰（[illegible]）」，或者从食干聲作「飦（[illegible]）」，或者从食建聲作「鍵（[illegible]）」。「[illegible]（[illegible]）」字从䰞耳聲，釋作「粉餅」，重文即从食耳聲作「餌（[illegible]）」。「[illegible]（[illegible]）」字从䰞古聲，亦釋「鍵也」，《釋言》曰「餬，饘也，江蘇謂米麥之粥曰餬（[illegible]）」，从食胡聲。「[illegible]（[illegible]）」字从䰞穖聲，涼州方言謂鬻作[illegible]，或體即是「糜（[illegible]）」（从米麻聲）、「秣（[illegible]）」

47 《十三經注疏．3 周禮》（台北市：藝文印書館，1989 年），頁 63。

48 上引銅銘諸字見中國社會科學院考古研究所編：《殷周金文集成釋文（第二卷）》（香港：中文大學中文研究所，2001 年），頁 323、320、188、205、227、324。

（从禾末聲）。[49]「䴷（ ）」者「糝也」，「饘（ ）」者「䴷也」，周謂之饘，宋謂之餬。

綜上所述，上述《說文·䰜部》从䰜諸字䰜部分皆可代換形符作食形，字義亦多相通，為方便說明，列表如下：

篆文							
隸定							
重文							
隸定	餗	鬻	粥	䬸飦 鍵	餌	餬	䴷秣
釋義	鍵	鬻	鍵	鬻	糗	鍵	鬻

餗、䬸、飦、餬、饘、鍵、䴷、鬻、鬻，皆是「米麥之粥」。鬻為古，粥為今，鬻、粥古今字。糗、餌則羞籩之實，「粉餈」也，稻米作餅為餌餈，段玉裁謂不粉之稻米為餅曰餈，磨粉之稻米為餅曰餌。糗、餌二字皆非「粥」意，篆體「鬻（ ）」字卻从䰜形，更可證明證《說文》䰜、食、米三種

[49]〔漢〕許慎撰，〔清〕段玉裁注：《說文解字注》（台北市：黎明文化事業公司，1991 年），頁 112。

形符之間可以互通。

《周易・鼎卦》九四爻辭：「鼎折足，覆公餗，其形渥。」孔疏曰：「餗，糝也。八珍之膳，鼎之實也。」[50]《禮記・內則》：「羞：糗餌，粉酏。」鄭玄注曰：「酏當為䬸，以稻米與狼臅膏為䬸是也」[51]。孫希旦《禮記集解》以《周禮》「羞籩之實，糗餌、粉餈」、「羞豆之實，酏食、粉餈」之言，分「羞」作「庶羞」、「內羞」二項，總籩、豆之內羞而言，則應有「糗餌、粉餈、酏食、糝食」四項，其中「酏食」一項據鄭注改作「䬸食」，謂「䬸雖雜以狼臅膏，亦粥之般類。」[52]餗、䬸二字本釋作「鍵也」、「鬻也」，是「粥之般類」。糝、酏二字，糝字通餗，酏字改䬸，亦屬「粥之般類」。在「粥之般類」條下，餗、䬸、糝、酏可通。是故，上引編號 1-7 諸字或可依照銘文形體隸定作「鬻」，亦可依照《儀禮》、《禮記》直接讀作「餗」，意指置餗之鼎。

（二）用烹用享，用祀稻粱

上引編號 13 至 17 的形體當中，編號 14 弔夜鼎「[illegible]」字从「[illegible]」得聲，郭沫若謂應為「烹」字古文。鼎銘舊釋「日征日行，用鬻（[illegible]）用鬻（[illegible]）」，郭沫若以「鬻（[illegible]）」字實乃从「兄（[illegible]）」得聲，應當釋作「鬺（鬺）」字異體，韓詩「于以鬺之」之「鬺」，毛詩「于以湘之」之「湘」，「烹也」為其字義。或說从「兄（[illegible]）」實乃从「祝」聲之省，讀作「煮」字。[53]《說文》無見「鬺」字，釋「鬺（鬺）」曰「煮也」。《玉篇・鬲部》「鬺 （鬺）」字下重文即是「鬺（鬺）」字。[54]邵瑛學謂「烹湘正字當作鬺湘，聲同假借，

[50] 《十三經注疏・1 周易》（台北市：藝文印書館，1989 年），頁 113。

[51] 《十三經注疏・5 禮記》（台北市：藝文印書館，1989 年），頁 523。

[52] 〔清〕孫希旦撰，沈嘯寰、王星賢點校：《禮記集解》（北京市：中華書局，1989 年），頁 744。

[53] 范毓周：〈關於子湯鼎的幾個問題〉，《南方文物》1997 年第 4 期（南昌市：江西省文物考古研究所編，1997 年），頁 54。

[54] 〔梁〕顧野王撰：《玉篇》小學彙函本，中華漢語工具書書庫編輯委員會《中華漢語工

鬺，鬻之俗變」。[55]又《史記・孝武本紀》：「禹收九牧之金，鑄九鼎，皆嘗亯鬺上帝鬼神」，裴駰引徐廣曰：「亯，煮也。鬺，音觴，皆嘗以亯牲牢而祭祀也。」[56]亯鬺連文，皆是亯煮之意。綜上所證，「鬻（鬻）」字實乃从「亯（亯）」得聲，應當釋作「亯」之古文。弔夜鼎銘可以讀作「㠯征㠯行，用鬺用亯」。[57]

然而，如果並排上述編號 13 至 17 的四器銘文，可以看出兩套不同的字形構造與語意結構：

1. 「㠯征㠯行，用鬻用鬻」（13、14 弔夜鼎）、「用征用行，用鬻稻粱」（15 陳公子叔遼父甗），銘文三字皆从匕、从米，第二個銘文鬻从亯得聲。
2. 「用征用行，用龢用鬻」（16 庚兒鼎（1））、「用征用行，用龢用鬻」（庚兒鼎（2）），二字皆从𣎵、朿，然而形體不似陳劍所說从采。陳漢平釋作「饎」字[58]，張頷、張萬鐘釋作「煮」字，疑為說文「鬻（鬻）」字初文[59]，若以𤔲盤「刺（刺）」字、「刺（刺）」所从「朿」形作「朿」、「朿」者來看，𣎵、朿有可能是「朿」字異構，字上只是繁作的筆畫。若以者姛鼎與者女觥「者」字作「者」、「者」形來看，𣎵、朿也有可能是「者」字的省體。揆諸音理，「鬻（餗）」（心・屋）欲讀作「鬻（煮）」（端・魚）聲韻殊遠，視作「者」（端・魚）聲，讀作「鬻（煮）」（端・魚）字較為形從音順。

具書書庫第 1 冊》（合肥市：安徽教育出版社，2002 年），頁 230。

55 〔清〕邵瑛學撰：《說文解字羣經正字》嘉慶二十一年桂隱書屋刊本，中華漢語工具書書庫編輯委員會《中華漢語工具書書庫第 28 冊》（合肥市：安徽教育出版社，2002 年），頁 258。

56 〔漢〕司馬遷著，〔宋〕裴駰集解，〔唐〕司馬貞索隱，〔唐〕張守節正義：《史記》（北京市：中華書局，1982 年），頁 465。

57 容庚編著：《金文編》（北京市：中華書局，1985 年），頁 1190。郭沫若：《金文叢攷》（北京市：人民出版社，1952 年），頁 223。

58 陳漢平：《金文編訂補》（北京市：中國社會科學出版社，1993 年），頁 194。

59 張頷、張萬鐘：〈庚兒鼎解〉，《考古》1963 年第 5 期（北京市：中國社會科學院考古研究所，1963 年），頁 270。

上引表格編號 16、17 的庚兒鼎銘文「唯正月初吉丁亥，郐王之子庚兒自乍飤緐，用征用行，用龢用[illegible]（[illegible]），沫壽無疆」，考慮到「行」、「疆」結尾的二句應當諧韻，而「[illegible]（[illegible]）」字所在之句可能不必諧韻[60]，二字皆从者省聲，或可依形隸作「[illegible]（煮）」字，讀作「煮」字。[61]

若將上述兩套語句比諸《詩經・小雅》之中祭祀相關的文句「以享以祀，以妥以侑」（〈楚茨〉）、「是蒸是享，苾苾芬芳」（〈信南山〉）、「與其黍稷，以享以祀」（〈大田〉），可以發現「𠂤征𠂤行，用[illegible]用[illegible]」（13、14 弔夜鼎）與「是蒸是享，苾苾芬芳」（〈信南山〉）較為相似，尤其考慮到「行」、「[illegible]」二字有叶韻的可能，「用[illegible]」二字應當讀作「用享」。「[illegible]」字既是从「[illegible]」（郭沫若說是兄字）得聲、从米得形，或者可以讀作「餰」字或者「蒸」字或者「烹」字。揆諸音理，讀作同屬陽部的「烹」字更為合理。將弔夜鼎「用[illegible]用[illegible]」讀作「用烹用享」，雖然與郭沫若「用鬺用烹」的讀法並無二致，但是考慮到《詩經》提及祭祀的語句如「以享以祀」、「是蒸是享」等，皆以祭祀用字結尾於後，是以與其讀作「用鬺用烹」，以烹飪字結尾，不若讀作「用烹用享」，以祭祀字結尾。

「用征用行，用[illegible]稻粱」（15 陳公子叔[illegible]父甗）一句則與「與其黍稷，以享以祀」（〈大田〉）較為相似，尤其「[illegible]」字尚且从米、从匕得形，从「巳（[illegible]）」（邪・之）得聲，應當讀作「饎」（曉・之）字。「用[illegible]稻粱」即讀「用饎稻粱」。《說文》：「饎（[illegible]），酒食也。」[62]《周禮》有「饎人」

---

60 《新出楚簡〈容成氏〉與中國早期國家形成的研究》：「陳劍 C 所引《庚兒鼎》『用征用行，用和用[illegible]，眉壽無疆』，由此認爲[illegible]也是陽部韻，這不是有力的證據，金文完全可以不用句句押韻的。因此陳劍 C 說也難以令人信從。」單育辰：《新出楚簡〈容成氏〉與中國早期國家形成的研究》（長春市：吉林大學 2008 年 985 工程研究生創新基金資助項目，2009 年 2 月），頁 126～127。

61 張頷、張萬鐘：〈庚兒鼎解〉，《考古》1963 年第 5 期（北京市：中國社會科學院考古研究所，1963 年），頁 270。

62 〔漢〕許慎撰，〔清〕段玉裁注：《說文解字注》（台北市：黎明文化事業公司，1991 年），頁 222。

之職，明嘉靖本并清阮元本〈小宗伯〉注皆作「饎人」[63]，掌凡祭祀共盛，鄭注曰「炊而共之」，孔疏曰「炊米而盛之，共王及后之六食於器」。六食即六穀之飯，正與陳公子甗銘文「用 稻粱」文義相合，「 」讀作「饎」，訓作炊煮稻粱以供祭祀。

（三）鬲字異構，以盛虀菹

上引編號 11、12 的形體當中，樊君鬲銘文「樊君乍叔嬴 媵器寶 」，以其器形制為鬲，且大部分的鬲上銘文皆自名作「鬲」或「彝」，例如：「王伯姜乍尊鬲（ ）永寶用」（王伯姜鬲）、「林 乍父辛寶尊彝（ ）」（林 鬲）。少部分的鬲銘自名作「鬻」或「𩰫」或「齍鬲」，例如：「 肇家鑄乍鬻（ ）其永子孫寶」（ 肇家鬲）、「戲伯乍 齍（ ）其萬年子子孫孫永寶用」（戲伯鬲）「呂 姬乍齍鬲其子子孫孫寶用」（呂 姬）。「𩰫」或「齍鬲」應該是以內置物「菹齍之屬」名其器，樊君鬲「 」字情形則應當與「鬻（ ）」字相當，从鬲圭聲，是「鬲」在西周晚期的別稱，《說文》「𩰲（ ）」字異構。[64]

（四）煮字異構，以煮以享

上引編號 8、19、20 的形體，當是金文「煮」字異構。編號 8 的四祀𠨘其卣銘文「乙巳，王曰：障文武帝乙宜。才召大 庿，𠈓乙羽日丙午，䰞。丁未，煮（ ）。己酉，王在榆，𠨘其易貝。在四月，隹王四祀羽日。」銘文記載商王帝辛在召地的大庭舉行宜祭，祭祀亡父文武帝乙，宜祭的祭祀儀式自乙巳日開始，到次日丙午舉行將祭牲放入炊器的䰞禮，到第三日

63 《十三經注疏・3 周禮》（台北市：藝文印書館，1989 年），頁 254、258、296。

64 張世超、孫凌安、金國泰、馬如森合編：《金文形義通解》（京都市：中文出版社，1996 年），頁 591、592、597。郭沫若：《金文叢攷》（北京市：人民出版社，1952 年），頁 236。施謝捷：〈首陽齋藏子范鬲、商鞅鈹補釋〉，中國古代青銅器國際研討會（香港：香港中文大學中國文化研究所，2009 年 4 月 17-18 日）。

丁未又舉行煮禮，煮熟牲肉以獻祭帝乙。銘文「」字从匕从鼎从肉从，在銘文中看起來應該釋作烹煮義的動詞使用。子都戈「都」字作「」，其中「者」聲上方即寫作「」形，與四祀𠨘其卣「」字所从「」形近似，「」字應當从者省聲，是《說文》「（煮）」字初文，訓作「烹煮」之義。

編號 19 的𨟻𨛖之妻夫䟊申鼎也出現與弔夜鼎「用烹用享」相似的讀法，銘文「𨟻𨛖之妻夫䟊申擇厥吉金，作鑄鼎，余以以，以伐四方，以從攻吳王，枼萬子孫永寶用享」[65]。商志𩡷、唐鈺明釋「（）」作「从鬻者聲」，讀作「（煮）」[66]，陳劍釋作「鬻」，讀作「熟」。細觀銘文字中右側形體作「」者，或釋作木，或釋作者省，但是豎筆中段有橫畫，其實是金文「朱（）」（衛簋）字寫法。「（）」字應釋「从鬻朱聲」，不煩聲韻輾轉由「木-祝-篤-熟」讀作「熟」，逕讀作「（煮）」即可。其中「」字从亯省聲，「亯（）」聲形體與弔夜鼎「」字所从「亯（）」聲近似，銘文後四句亦得叶韻，或可讀作「享」字。尤其銘文祈願語末句釋作「永寶用享」的享字作「」形，與前三句中「」字同樣从「亯（）（）」得聲，更可證明前句「以以」應當讀作「以以享」。夫䟊申鼎銘文「余以以享，以伐四方，以從攻吳王，枼萬子孫永寶用享」，享、方、王、享四個韻腳皆隸古韻陽部。

編號 20 的子湯鼎銘文「襄膊子湯之，子子孫孫永保用之」。子湯鼎是春秋晚期楚靈王重臣令尹子蕩生前所使用的實用器，徵集時猶見腹底留有嚴重的煙炱，單獨出土時未見其他葬具，可能是器主退兵之際急忙埋下的實用器。[67]銘文「」字字體中央所从「」形，與㝬鐘「都（）」字、

[65] 浦野俊則編：《近出殷周金文集成》（東京市：二松學舍大學東洋學研究所，1993 年），第三集，頁 184-185。

[66] 商志𩡷、唐鈺明：〈江蘇丹徒背山頂春秋墓出土鐘鼎銘文釋證〉，《文物》1989 年第 4 期（北京市：文物出版社，1989 年），頁 55。

[67] 范毓周：〈關於子湯鼎的幾個問題〉，《南方文物》1997 年第 4 期（南昌市：江西省文物考古研究所編，1997 年），頁 52。

洹子孟姜壺「都（□）」字同樣都有者省聲的情形，可能即是「都」字。銘文「□」字當釋从匕从鼎，从「都（□）」省聲，亦是《說文》「□（煮）」字初文，訓作「烹煮之器」。

四　結論

本文針對〈平王與王子木〉原整理者的第三簡「醓盉不□」進行討論，認為如果讀「醓」作「酪」，則其字義乃如今日之「酢（醋）」，則「盉」字只能讀作「菜」字，不能讀作「羹」字。因為「每飯歠湆，以殺擩醬」，大羹鉶羹皆以配飯，食羹之法曰「歠」，骨體殺食始以醮醬，食醬之法曰「擩」。而且煮羹之法四時常熱，需要熱燙飲歠之羹與「醓（甕）不盇（蓋）」並無酸味是否發酵得宜的因果相關。

本文也針對在金文中幾個曾經被釋作「羹」字的用例進行分析，討論□、□、□、□、□、□、□、□、□、□、□、□、□、□、□、□等二十個字是否適合在銘文中讀作「羹」字。結論是：（一）□、□、□、□、□、□、□七字或可依照銘文形體隸定作「□」，亦可依照《儀禮》、《禮記》直接讀作「餗」，意指置餗之鼎。（二）□、□二字是金文「鑊」字，與「羹」無關。（三）□、□、□三字在銘文中的讀法需要諧韻，「㠯征㠯行，用□用□」（弔夜鼎）讀作「以征以行，用烹用享」，「用征用行，用□稻粱」（陳公子叔遵父甗）讀作「用征用行，用饎稻粱」。（四）□、□二字在銘文中的讀法無需諧韻，庚兒鼎銘文「用征用行，用龢用□（□），沬壽無疆」讀作「用征用行，用龢用煮，眉壽無疆」。（五）□是菜字異構、□是鬲字異構。（六）□、□、□三字是煮字異構。

參考書目

一　古籍

（依著作時代先後排列，同一著作時代則以作者姓名筆畫順序排列）

〔周〕左丘明撰，〔吳〕韋昭注：《國語解敘》，濟南市：齊魯書社，1998年。

〔周〕左丘明撰，楊伯駿編著：《春秋左傳注》，北京市：中華書局，1981年。

〔漢〕司馬遷撰，〔劉宋〕裴駰集解，〔唐〕司馬貞索隱，〔唐〕張守節正義：《史紀》，北京市：中華書局，1982年。

〔漢〕班固等撰，〔唐〕顏師古注：《漢書》，北京市：中華書局，2002年。

〔漢〕許慎撰，〔清〕段玉裁注：《說文解字注》，臺北市：黎明文化，1991年。

〔漢〕劉熙撰：《釋名》，北京市：中華書局，1985年。

〔梁〕蕭統編，〔唐〕李善注：《昭明文選》，上海市：上海古籍出版社，1986年。

〔梁〕顧野王：《玉篇》，中華漢語工具書書庫第 001 冊，合肥市：安徽教育出版社，2002年。

〔宋〕司馬光等撰：《類篇》，中華漢語工具書書庫第 002 冊，合肥市：安徽教育出版社，2002年。

〔宋〕陳彭年等編《廣韻》，中華漢語工具書書庫第059冊，合肥市：安徽教育出版社，2002年。

〔宋〕鄧名世撰：《古今姓氏書辯證》，中華漢語工具書書庫第 073 冊，合肥市：安徽教育出版社，2002年。

〔宋〕戴侗撰：《六書故》，中華漢語工具書書庫第 013 冊，合肥市：安徽教育出版社，2002年。

〔明〕張自烈撰：《正字通》，中華漢語工具書書庫第 005 冊，合肥市：安徽教育出版社，2002 年。

〔清〕王筠：《說文解字句讀》，中華漢語工具書書庫第 032 冊，合肥市：安徽教育出版社，2002 年。

〔清〕阮元刻本：《十三經注疏》，臺北市：藝文印書館，1989 年。

〔清〕邵瑛學撰：《說文解字羣經正字》，中華漢語工具書書庫第 028 冊，合肥市：安徽教育出版社，2002 年。

〔清〕張廷玉等編：《康熙字典》，中華漢語工具書書庫第 009 冊，合肥市：安徽教育出版社，2002 年。

〔清〕顧棟高輯，吳樹平、李解民點校：《春秋大事表》，北京市：中華書局，1986 年。

〔清〕孫希旦撰，沈嘯寰、王星賢點校：《禮記集解》，北京市：中華書局，1989 年。

二　今著

（依作者姓名筆畫順序排列，同姓則以第二字筆畫順序排列）

于省吾《甲骨文字釋林》，北京市：中華書局，1999 年。

山西省文物工作委員會編：《侯馬盟書》，北京市：文物出版社，1976 年。

中國社會科學院考古研究所編：《殷周金文集成》，香港：香港中文大學中國文化研究所出版，2001 年。

王叔岷：《列仙傳校箋》，北京市：中華書局，2007 年。

王國維：《觀堂集林》，臺北市：世界書局，1991 年。

王輝：《古文字通假釋例》，台北市：藝文印書館，1993 年。

何浩：《楚滅國研究》，武漢市：武漢出版社，1989 年。

何琳儀：《戰國古文字典》，北京市：中華書局，1998 年。

容庚：《金文編》，北京市：中華書局，1985 年。

徐中舒：《甲骨文字典》，重慶市：四川辭書出版社，1994 年。
浦野俊則編：《近出殷周金文集成》第三集，東京：二松學舍大學東洋學研究所，1993 年。
馬承源主編：上海博物館藏《戰國楚竹書（1-9）》，上海市：上海古籍出版社，2001-2013 年。
張世超、孫凌安、金國泰、馬如森合編：《金文形義通解》，京都市：中文出版社，1996 年。
張守中：《中山王□器文字編》，北京市：中華書局，1991 年。
郭沫若：《兩周金文辭大系圖錄考釋》，北京市：科學出版社，1957 年。
郭沫若：《金文叢攷》，北京市：人民出版社，1952 年。
陳漢平：《金文編訂補》，北京市：中國社會科學出版社，1993 年。
湖北省荊沙鐵路考古隊：《包山楚簡》，北京市：文物出版社，1991 年。
童書業：《春秋左傳研究》，北京市：中華書局，2006 年。
錢穆：《古史地理論叢》，北京市：三聯書店，2005 年。
錢穆：《史記地名考》，北京市：商務印書館，2001 年。
錢穆：《先秦諸子繫年考辨》，上海市：上海書局，1992 年。
韓自強：《阜陽漢簡《周易》研究》，上海市：上海古籍出版社，2004 年。
譚其驤主編：《中國歷史地圖集電子版》，北京市：中國地圖出版社，1980 年。

三　期刊或專書論文

（依作者姓名筆畫順序排列，同姓則以第二字筆畫順序排列）

于省吾：〈鄂君啟節考釋〉，北京市：《考古》，1963 年第 8 期。
王輝：〈上博楚竹書（六）讀記〉，北京市：《古文字研究》第 27 輯，2008。
周鳳五：〈上博六《莊王既成》、《申公臣靈王》、《平王問鄭壽》、《平王與王子木》新探〉，上海市：《第二屆傳統中國研究國際學術討論會論文集》，

2007。

范毓周：〈關於子湯鼎的幾個問題〉，南昌市：《南方文物》1997 年第 4 期。

商志𩡷、唐鈺明〈江蘇丹徒背山頂春秋墓出土鐘鼎銘文釋證〉，北京市：《文物》1989 年第 4 期。

張頜、張萬鐘：〈庚兒鼎解〉，北京市：《考古》1963 年第 5 期。

馮勝君：〈從出土文獻看抄手在先秦文獻傳佈過程中產生的影響〉，上海市：《簡帛》第四輯，2009 年。

黃麗娟：〈《上博六・平王與王子木》校釋〉，《國文學報》第 49 期，台北市：國立台灣師範大學國文學系，2011 年。

四　網路論文

（依作者姓名筆畫順序排列，同姓則以第二字筆畫順序排列）

大西克也：〈上博六平王兩篇故事中的幾個問題〉，復旦大學出土文獻與古文字研究中心，2010 年 4 月 21 日。

凡國棟：〈《上博（六）》楚平王逸篇初讀〉，簡帛網，2007 年 7 月 9 日。

何有祖：〈讀《上博六》札記〉，簡帛網，2007 年 7 月 9 日。

何有祖：〈讀《上博（六）》劄記三則〉，簡帛網，2007 年 7 月 9 日。

李佳興：〈平王與王子木簡 1 校釋二則〉，簡帛研究，2008 年 11 月 25 日。

沈培：〈《上博（六）》中《平王問鄭壽》與《平王與王子木》應是連續抄寫的兩篇〉，簡帛網，2007 年 7 月 12 日。

郝士宏：〈上博簡（六）補說二則〉，簡帛網，2007 年 7 月 23 日。

郭永秉：〈釋上博藏西周寓鼎銘文中的羹字—兼為春秋金文、戰國楚簡中的羹字祛疑〉，復旦大學出土文獻與古文字研究中心，2009 年 10 月 3 日。

陳偉：〈讀上博六條記〉，簡帛網，2007 年 7 月 9 日。

陳劍：〈釋上博竹書和春秋金文的羹字異體〉，復旦大學出土文獻與古文字研究中心，2008 年 1 月 6 日。

單育辰：〈佔畢隨錄〉，簡帛網，2007年7月27日。
張崇禮：〈讀平王與王子木札記〉，簡帛研究，2007年8月9日。

銀雀山漢簡《孫臏兵法・官一》鉤沉*

鄒濬智**

摘要

上個世紀八零年代大陸銀雀山出土的漢代竹簡兵法，揭起一波古代兵法研究的熱潮。然而這波熱潮在之後持續出土的先秦青銅器、秦國簡牘及楚國簡帛之間，慢慢的退熱。

銀雀山漢簡兵法的研究退燒，一方面固然是因為漢簡採漢隸書寫，在釋讀方面沒有太大困難，再方面是因為傳世的兵書很多，彼此對照之下，銀雀山漢簡兵法似乎也沒太深奧的哲學問題需要解決。然而若仔細研讀文本和時哲的相關研究，就會發現其中還有很多可以進一步討論的地方。

今筆者藉此小文，討論幾個銀雀山漢簡《孫臏兵法・官一》中仍懸而未決的疑問，希望能發揮拋磚引玉的效果，讓出土的漢代相關兵法著作能重新得到世人的重視。

關鍵字：漢簡、《孫臏兵法》、〈官一〉、訓詁學

---

*感謝二位匿名審查委員惠賜寶貴的審查意見，謹此誌謝。

**作者為中央警察大學通識教育中心副教授。

一　前言

上個世紀的八零年代，大陸銀雀山出土了一批漢簡，其中發現有《孫子兵法》及其佚文、《孫臏兵法》二種等。[1]這是中國學術史上的大事。以往史學家對傳世的《孫子兵法》作者屢有爭執，有人以為是效力於吳國的孫武，有人則以為是為齊國奔走的孫臏。銀雀山漢簡兵法一出土，馬上就釐清了這個問題。

同時《孫臏兵法》中以史實應證兵法理論或藉由孫臏之口說明兵法哲學的記載，也協助認定了部分歷史和重大戰役的真實性：譬如其中的〈擒龐涓〉確認了桂陵之戰；〈見威王〉及〈威王問〉則詳盡交待了孫臏與齊威王、大將軍田忌之間的關係。

由於兵法不止應用於戰爭，也能付諸生活的各個方面，因此銀雀山漢簡兵法一出版，馬上吸引了很多學者的注意和投入研究。可惜的是，由於神州大陸愈來愈重視科學考古發掘和海外古文物的回購，大批的重要文物及文獻不斷地面世、相關材料不斷地出版，這轉移掉很大部分學者對這批漢簡兵法的研究力氣。加以漢簡採漢隸寫成，在釋讀上並不會有很多困難及歧義，因此，關注漢簡兵法的人慢慢地也就減少了。

不討論並不代表材料沒有問題；關注漢簡的人少了，問題依舊存在。今筆者撰寫小文，討論《孫臏兵法・官一》幾個未解決的問題與時哲的待商榷意見，希望能藉此重新喚起學界對漢簡兵法的注意。

---

[1] 山東省博物館臨沂文物組：〈山東臨沂西漢墓發現《孫子兵法》和《孫臏兵法》等竹簡的簡報〉，《文物》1974 年 2 期，頁 15-26。

二 《孫臏兵法・官一》中的幾個問題討論

坊間對《孫臏兵法》進行譯注或全篇解釋的專書很多，最早的是 1975 年由銀雀山漢簡整理小組整理、委由文物出版社出版的普及本及線裝本；稍後 1985 年文物出版社又出版精裝本《銀雀山漢墓竹簡》，其中第一輯即收錄《孫臏兵法》。其他流傳頗廣、內容詳實的相關譯著專書還有：

1975 年，遼寧人民出版社出版的瀋陽部隊《《孫臏兵法》註釋》。

1984 年，北京中華書局出版的張震澤《《孫臏兵法》校理》。

1985 年，山東大學出版社出版的李傳明《孫龐鬬智演義・附《《孫臏兵法》註釋》。

1986 年，解放軍出版社出版的鄧澤宗《《孫臏兵法》注譯》。

1993 年，大陸國防大學出版社出版的鄭杰文《《孫臏兵法》暨馬陵之戰研究》。

2002 年，齊魯書社出版的李興斌、邵斌《《孫臏兵法》新譯》。

2002 年，解放軍出版社出版的陳宇《《孫臏兵法》破解》。

2002 年，軍事科學出版社出版的楊玲《《孫臏兵法》解讀》。

2006 年，北京中華書局出版的駢宇騫、王建寧、牟虹《孫子兵法・孫臏兵法》。

2010 年，太白文藝出版的參壹《六韜、孫臏兵法》。

本文在討論的過程中，若有所引，則以最早提出該說法的某人某書為代表；另為方便討論起見，僅先整理〈官一〉全文如下，復再逐一說明拙見。

〈官一〉四〇三背

孫子曰：「凡處卒利陣體甲兵者，立官則以身宜，踐令以采章，乘旍以倫物，序行以四〇三正□[illegible]，制卒以州閭，授政以鄉曲，辨疑以旌輿，申令以金鼓，齊兵以從迹，庵（揜）結以人四〇四雄（肱）。

〔鄒按：以上講的是整軍備戰與軍隊訓練之事〕

巤（躐）軍以索陳（陣），茭肆以囚逆，陳師以危[illegible]，射戰以雲陳（陣），圉（御）裹以羸渭，取喙以闔四〇五燧（隧），即敗以包[illegible]，奔救以皮傅（附），燥（譟）戰以錯行。用重以正（征）聚，用輕以正（征）散，攻兼用行城四〇六，平地而陣用方。迎陵而陳（陣）用封，險地而陣用圜，交易武退用兵，[illegible]陳臨用方四〇七翼，氾戰倿（接）厝用喙逢（鋒），囚險解谷以[illegible]遠，草駔（苴）沙（莎）茶以陽削（旍），戰勝而陳（陣）以奮國。而四〇八……為畏以山胠，秦怫（蓁茀）以委施（逶迤），便罷以鴈（雁）行，險厄以雜管，還退以蓬（鋒）錯，繞山林以曲次。襲四〇九國邑以水則辯（辨），夜退以明簡，夜敬（警）以傳節，厝（錯）入內寇以棺（材）士，遇短兵以必（柲）輿，火輸積四一〇以車，陳（陣）刃以錐行。

〔鄒按：以上講的是具體應敵陣法〕

陳（陣）少卒以合=雜=（合雜，合雜）所以圉（御）裹也。脩行連削（旍），所以結陳（陣）也。雲折重雜四一一所權趮（躁）也。猋凡（飆風）振陳（陣），所以乘疑也。隱匿謀詐（詐），所以釣戰也。龍（隆）隋（隳）陳（陣）伏，所以山鬬也。四一二旌戟乖舉，所以厭（壓）津也。□□□卒，所以□□也。不意侍卒，所以昧戰也。遏溝□四一三陳，所以合少也。疏削（旍）明旗，所以疑適（敵）也。猋（飄）陳（陣）輚車，所以從遺也。椎（銳）下移師，所以備四一四強也。浮沮而翼，所以燧（隧）鬬也。禪袺（髻）蘱（奔）避，所以莠櫐（誘躡）也。澗（簡）練歎（剽）便，所以逆喙也。堅四一五陳

（陣）敦□，所以攻棊（樺）也。棜（揆）　（斷）藩薄，所以泫（眩）疑也。偽遺小亡，所以聰（餌）敵也。重害，所以茭四一六□〔也〕。順明到聲，所以夜軍也。佰（百）奉（倍）離積，所以利勝也。剛者，圉（御）劫也。更者，所以過四一七[illegible]也。□者，所以圉（御）〔也〕。□〔者，所以〕□□〔也。序〕者，所以厭□也。胡退□入，所以解困也。四一八　」

〔鄒按：以上講的是陣法所產生的實際效果〕

討論一：〈官一〉題解

關於〈官一〉篇的篇名，銀雀山漢簡的原整理者以為本篇篇首有「立官則以身宜」之語，故即以「官」字爲篇題。篇後所附殘簡，文字均與本篇重複，可見此篇原有兩本。篇題「官」後加「一」字，可能表示此爲兩本中之第一種本子。篇後所附殘簡之篇題，疑當爲「官二」，因殘缺過甚，姑附於〈官一〉篇後。[2]瀋陽部隊以為官即事，這裡是依事而定號令、法規的意思。一，劃一，統一。官一，似指建立統一的法規。[3]張震澤引《孫子・計篇》：「法者，曲、制、官、道、主、用也。」認為本篇題曰「官」，當即此六法之一之「官」。官，謂官能，猶《荀子・天論》：「耳目鼻口形能各有接而不相能也，夫是之謂天官」之官。人身有人身之官能，軍隊有軍隊之官能。疑「一」字仍當訓統一或一致，「官一」謂軍隊之官能應統一或一致也。[4]李傳明則以為官指軍事指揮官。一即一致。官一意指對指揮官一致的要求。本篇主要論述在各種複雜的情況下，指揮官應如何指揮作戰。[5]鄧澤宗將「官」解出另外一個意思——主宰，管轄。這裡指統帥指

2 銀雀山漢簡整理小組：《銀雀山漢簡・孫臏兵法》普及本（北京市：文物出版社，1975年），頁 69-70。

3 瀋陽部隊：《《孫臏兵法》註釋》（瀋陽市：遼寧人民出版社，1975 年），頁 85。

4 張震澤：《《孫臏兵法》校理》（北京市：中華書局，1984 年），頁 101、102。

5 李傳明：《孫龐鬬智演義・附《《孫臏兵法》註釋》（濟南市：山東大學出版社，1985 年），頁 181-182。

揮軍隊。篇中論述組建軍隊、指揮軍隊、佈陣、作戰等各種軍事行動和措施。[6]駢宇騫等人引《孫子兵法・計》篇「法者（法規）」裡「官道」一條，認為〈官一〉是在設官分職。[7]

最近有位年輕學者洪德榮，他對於〈官一〉裡頭的一些問題亦有所檢討。在篇名的部分，洪德榮以為：由目前出土文獻所見的簡冊來看，尚未見簡本抄寫者以序號為簡本編號的例子，所以「一」字應不如原整理者說以為，是一種序號。〈官一〉篇一開始提到要依個人的能力給予最適宜的職位，以發揮最好的職能；再考察全篇內容，〈官一〉先說軍事作戰時的制度、士兵、政事安排等作戰的基本理論，接著全篇包括作戰時的情勢和地形與陣式、對應策略的應用，都需要將帥設官分職，依個人最適宜的位置發揮能力，正與〈官一〉之「官」的意義相合。而「一」則指「一致」、「齊一」，將帥設官分職，「齊一」發揮能力，就是作戰時抗敵獲勝的重要關鍵，至為要緊，故此精神於《孫臏兵法》中單獨成篇，名為〈官一〉。[8]

鄒案：大部分學者都從兵學的角度來理解篇名中的「一」字，以為其與指揮要「統一」、「齊一」有關；洪德榮另外舉出土文獻篇章命名的情況，以為未見以序號命名的例子，因而反對〈官一〉之「一」是一種篇序說明。

然傳世文獻中，如〔漢〕劉向《新序》中篇名見有〈雜事一〉至〈雜事五〉，顯見以數字為篇序，並非不可能。又傳世《墨子》書中有多篇如〈尚賢〉、〈尚同〉、〈兼愛〉、〈非攻〉、〈節用〉、〈節葬〉、〈天志〉、〈明鬼〉、〈非樂〉、〈非命〉、〈非儒〉，一篇分為上、中、下，各篇文義內容大同小異，疑不同弟子傳錄，後來整理合一。

據此視〈官一〉篇後所附殘簡，其內容多與〈官一〉重複，情況正與

---

6 鄧澤宗：《《孫臏兵法》注譯》（北京市：解放軍出版社，1986 年），頁 50。

7 駢宇騫、王建寧、牟虹：《孫子兵法•孫臏兵法》（北京市：中華書局，2006 年），頁 189。

8 洪德榮：〈《銀雀山漢墓竹簡〔壹〕・孫臏兵法・官一》簡文校讀〉，《第廿四屆中國文字學會國際學術研討會會議論文集》（嘉義縣：中正大學中文系、中國文字學會，2013 年 5 月 3-4 日），頁 88-90。

《墨子》相近。因此筆者以為原整理者的看法應無大誤:「官一」之「一」應指內容相似之該篇兵法首篇,〈官一〉後附殘簡或為〈官二〉。

討論二:第 404~405 簡「庵(弇)結以人雄(肱)」

「庵結」,張震澤以為從「奄」得聲之字多有「弇」、「同」義,「結」指「結隊」,而「雄」字讀「肱」,全句指的是隊伍集結時要看著鄰兵的手臂對齊。[9]不過之後的譯注常見將「掩結」解釋作「掩護」。[10]洪德榮則提出新說,他認為「庵」讀「掩」,除常見的「掩護」之意,亦有「襲擊」、「偷襲」之意,用例見《史記·彭越傳》:「於是上使使掩梁王,梁王不覺,捕梁王,囚之雒陽。」[11]

鄒按:觀本句前一句有「齊兵以從迹」——要求隊伍行進要對齊腳步——的說明,則後一句「庵結以人雄」或許指的也是一種使軍隊隊形變化一致的訓練方式。訓練軍隊必使其能行動一致;「能行動一致」是戰士上戰場前所必須具備的基本軍事素養。

《史記·孫子吳起列傳》記載到孫武訓練吳國宮中美女,使其模擬戰士,藉以向吳王證明自己具有帶兵作戰的能力:

> ……出宮中美女,得百八十人。孫子分為二隊,以王之寵姬二人各為隊長,皆令持戟。令之曰:「汝知而心與左右手背乎?」婦人曰:「知之。」孫子曰:「前,則視心;左,視左手;右,視右手;後,即視背。」婦人曰:「諾。」約束既布,乃設鈇鉞,即三令五申之。婦人復大笑。孫子大怒曰:「約束不明,申令不熟,將之罪也。既已

[9] 張震澤:《《孫臏兵法》校理》(北京市:中華書局,1984 年),頁 105。

[10] 如李興斌、邵斌:《《孫臏兵法》新譯》(濟南市:齊魯書社,2002 年),頁 45。

[11] 洪德榮:〈《銀雀山漢墓竹簡〔壹〕·孫臏兵法·官一》簡文校讀〉,《第廿四屆中國文字學會國際學術研討會會議論文集》(嘉義縣:中正大學中文系、中國文字學會,2013 年 5 月 3-4 日),頁 86 註 4。

> 明而不如法者，吏士之罪也。」欲斬左右隊長。吳王時方台上飲，觀見武欲斬愛姬，大駭，使使下令曰：「寡人已知將軍能用兵矣，寡人非此二姬，食不甘味，願勿斬也。」孫武對曰：「臣既已受命爲將，將在軍，君命有所不受。」遂斬隊長二人。於是再鼓之，婦人左右、前後、跪起皆中規矩繩墨，無有敢出聲者。

孫武的訓練以齊一美女行動為基準，不從者殺。以此視本簡「齊兵以從迹」（要求隊伍行進要對齊腳步）之後應該如張震澤所言的「揨結以人肱」（隊伍集結要以手臂抓彼此距離）才對。

討論三：第406簡「燥（譟）戰以錯行」

張震澤疑「燥」是「噪」字。「噪」亦作「譟」。此即所謂「譟戰」。「錯行」，行伍錯雜。譟戰而不依行列，則聲亂而宏，可張軍威。[12]洪德榮以為依字形應從原整理者釋「燥」，「燥戰」即「譟戰」，指軍隊喧嘩、喧擾，如「罵戰」一類的作戰策略。至於「錯行」，在簡文中應指隊伍間相互發聲行動，用以持續製造鼓譟、喧囂之聲，以達相當程度的聲勢以達到「譟戰」的成效。因此洪德榮以為張震澤說的「不依行列」，似和製造鼓譟、喧囂之聲關係並不密切。[13]

鄒案：時哲將簡文的「燥戰」讀成「譟（噪）戰」是正確的，它是常見的利用噪音以壯聲勢的陣法。近世兵法總成——〔明〕劉基所撰的《百戰奇略》也列有一與「譟戰」相當的「聲戰」一章：「凡戰，所謂聲者，張虛聲也。聲東而擊西，聲彼而擊此，使敵人不知其所備，則我所攻者，乃

---

12 張震澤：《《孫臏兵法》校理》（北京市：中華書局，1984年），頁108。

13 洪德榮：〈《銀雀山漢墓竹簡〔壹〕・孫臏兵法・官一》簡文校讀〉，《第廿四屆中國文字學會國際學術研討會會議論文集》（嘉義縣：中正大學中文系、中國文字學會，2013年5月3-4日），頁91。

敵人所不守也。法曰：『善攻者，敵不知其所守。』」[14]

不過譟戰令兵、車交錯，並非如洪德榮所言，讓隊伍相互發聲行動。[15] 譟戰之所以要讓兵、車錯行，那是因為兵、車交錯，本身就能製造喧囂聲響，像是戰士身上裝備在奔跑的情況下將會碰撞出聲，而戰車行進時，車上零件搖動也會產生噪音。所以洪德榮認為「不依行列」與製造聲響無涉，此一說法待商。另外譟戰之使用要在壯大我軍聲勢，使敵人不明我方實力；兵、車交錯，揚塵行進，也能使得敵人無法清算我方兵力。所以「錯行」以揚塵，干擾敵人的視線，就「譟戰」而言也是必要的。

古代戰事裡，譬如城濮之戰，晉軍在秦、齊軍聲援下配置為上、中、下三軍；楚軍以陳、蔡軍為右軍，申、息兩軍為左軍，主力精銳為中軍。晉統帥先軫下令首先擊潰較弱的楚右軍；並讓晉上軍佯退，於陣後拖柴揚塵，製造後軍已退的假象，成功引誘楚左軍進擊，就是一個利用揚塵讓敵方無法摸清我軍戰力的實例。[16]

討論四、第 412 簡「龍（隆）隋（隮）陣伏，所以山鬬也」

「龍隋」，張震澤認為它是「形容軍隊披靡不振作之狀」。[17]劉小文認為「龍隋」當指某種與作戰有關的地形，「龍」通「隆」，高起之處。「隋」，中間高周圍低之地；「龍隋」當指四周低矮、相對突出的高地。[18]洪德榮進一步指出「龍隋」應指作戰時的地形——「龍」應讀為「隆」，有高起之意；「隮」指山狹而長，「隆隮」意指高起之地與狹長的山地（地勢），適於埋

[14] 李天道編著：《劉伯溫兵法》（台北縣：典藏閣，2002 年），頁 262-264。劉基此書為中國傳統兵法精華之總集，故本文皆引此傳世兵書以與《孫臏兵法》相證。

[15] 未知洪德榮所指是否為友軍彼此呼應之意。

[16] 事見《左傳·僖公二十八年》。

[17] 張震澤：《《孫臏兵法》校理》（北京市：中華書局，1984 年），頁 116。

[18] 劉小文：《銀雀山漢墓竹簡（壹）軍事用語研究》（成都市：四川大學漢語言文字學博士學位論文，2007 年 3 月），頁 12。

伏佈陣以攻敵。[19]

鄒案：張震澤的解釋與「山鬭」無關，茲不論；劉、洪二人的理解方向正確，但應該還可以再精確一點。筆者以為「隆」與「隮」不必分開理解成二種地形。就此二字所指涉的地形——高起之處及山狹而長之處——來看，筆者以為「隆隮」可能指的就是山的山稜線。

「山稜線」，教育部重修《國語辭典》修訂本解釋：「物體兩面相交所形成的線。最常使用在地形學上，即山的最高點連接成的線稱為『稜線』。」[20]《會走路的山》：「山與山連峰間的高峻頂點連成的線就稱為山稜線。」[21]謹附鶯歌光明山稜線圖備參[22]：

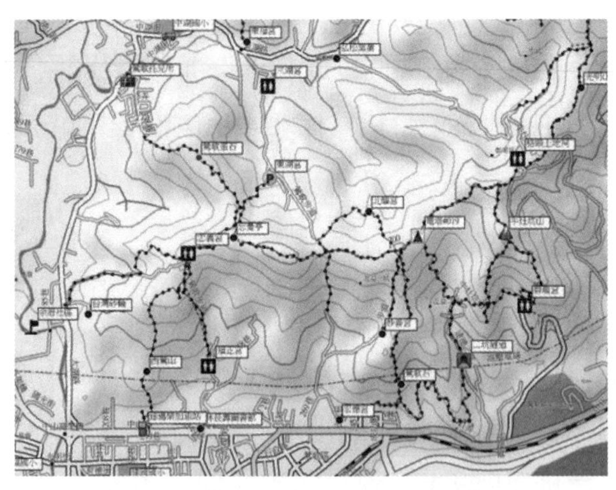

〈官一〉此段係指山戰伏兵必須布陣在山稜線之後。山稜線是敵軍向山視力之盡頭，山鬭伏兵於此，敵軍確實難以發現，如此也才能發揮山鬭伏兵

[19] 洪德榮：〈《銀雀山漢墓竹簡〔壹〕・孫臏兵法・官一》簡文校讀〉，《第廿四屆中國文字學會國際學術研討會會議論文集》（嘉義縣：中正大學中文系、中國文字學會，2013 年 5 月 3-4 日），頁 92。

[20] 教育部：重修《國語辭典》修訂本，http://dict.revised.moe.edu.tw/cgi-bin/newDict/dict.sh?cond=%B8W%BDu&pieceLen=50&fld=1&cat=&ukey=749520750&op=&imgFont=1。

[21] 林瑋：《會走路的山》（臺北市：康軒出版公司，2011 年 3 月 5 日）。

[22] 詳見 GOOGLE 網路地圖。

的奇襲效果。同時，藉由地利發動攻擊時，敵方亦難以對抗自高處衝殺下來的我軍。

〔明〕劉基《百戰奇略》亦立有「山戰」一章可參：「凡與敵戰，或居山林，或在平陸，須居高阜，恃於形勢，順於擊刺，便於奔衝，以戰則勝。法曰：『山陵之戰，不仰其高。』」[23]

討論五、第 414-415 簡「椎下移師，所以備強也」

「椎下」，張震澤讀為「摧下」，指既已摧下敵人。[24]嚴國慶引《說文》：「椎，擊也。」認為「椎下」即「擊退敵人」。[25]劉小文言「椎」讀「摧」，「摧」又有「退」意，「椎下」實即同義成詞，應釋作「後退」、「撤退」。[26]洪德榮以為「下」不是其他學者認為的「擊退」，「下」指低地，地勢較低之處，兵家忌處於「下」，如《孫子兵法・行軍》：「凡軍好高而惡下」，「椎下」即攻擊處於低地的敵人。全句言攻擊處於低地的敵人之後，要轉移部隊，以備強敵。[27]

鄒案：「椎下移師」究竟何解，應該把它放到上下文裡頭去判斷。本段原作：「疏旍明旗，所以疑敵也。飄陣𨏈車，所以從遺也。椎下移師，所以備強也。」戰爭之中，之所以要疏旍明旗，是因為我方實力比不上敵方，所以要廣樹旗幟以使敵疑。〔明〕劉基《百戰奇略》「虛戰」一章有所說明，可以參考：「凡與敵戰，若我勢虛，當偽示以實形，使敵莫能測其虛實所在，必不敢輕與我戰，則我可以全師保軍。法曰：『敵不得與我戰者，乖其所之

[23] 李天道編著：《劉伯溫兵法》（臺北縣：典藏閣，2002 年），頁 134-137。

[24] 張震澤《《孫臏兵法》校理》（北京市：中華書局，1984 年），頁 117-118。

[25] 嚴國慶：《〈孫臏兵法〉拾箋》，《徐州師範學院學報》1990 年第 3 期，頁 105。

[26] 劉小文：《銀雀山漢墓竹簡（壹）軍事用語研究》（成都市：四川大學漢語言文字學博士學位論文，2007 年 3 月），頁 270-271。

[27] 洪德榮：〈《銀雀山漢墓竹簡〔壹〕・孫臏兵法・官一》簡文校讀〉，《第廿四屆中國文字學會國際學術研討會會議論文集》（嘉義縣：中正大學中文系、中國文字學會，2013 年 5 月 3-4 日），頁 88 註 22。

也。』」[28]

次「飄陣𨊠車」一句，《孫臏兵法・威王問》有「飄風之陣」，可能與之有關。〈威王問〉：「飄風之陣，所以回□□□也」。次句解釋陣法之用，除「回」字之外全殘。然參考《詩經・大雅・卷阿》：「有卷者阿，飄風自南」毛傳：「飄風，迴風也」及《詩經・小雅・何人斯》：「彼何人斯，其為飄風」毛傳：「飄風，暴起之風」，「飄風」意指迴旋驟起、狂暴遫停的旋風[29]，那麼「飄風」應表此陣能使部隊迅速消散，它合該是撤退時所運用的陣法。復觀「飄陣𨊠車」後一句「所以從遺」，「遺」有殘留的意思[30]，可能指的是主力撤退時留下來斷後的遺兵；因為是留下來斷後的遺兵，所以必須使用「飄陣」來阻卻敵人的追擊。

順其文理，在「疏旛明旗」與「飄陣𨊠車」這二種陣法之後的「椎下移師，所以備強」，它指的應是我方實力不足時要保存實力，以抗強敵。所以「椎下」依字面原意來理解便可：「椎」是武器，於此泛指敵人的武力；「椎下移師」指的即是在敵人強大武力威脅下要先移師保存實力。〔明〕劉基《百戰奇略》中的「避戰」及「退戰」亦提到類似的觀念：「凡戰，若敵強我弱，敵初來氣銳，且當避之，伺其疲敝而擊之，則勝。法曰：『避其銳氣，擊其惰歸』」、「凡與敵戰，若敵眾我寡，地形不利，力不可爭，當急退以避之，可以全軍。法曰：『知難而退』」。[31]

由是以觀前述嚴國慶主張，知其為非；而劉小文的說法也並非說不通，只是若將「椎下」讀作「撤下」，那麼「撤下」和「移師」在此意思相當，略嫌畫蛇添足；至於洪德榮以為「椎下移師」為攻擊處低下之敵後再移師，亦是費解：因為若能攻擊低下之敵，表示我軍處於制高點，擁有地利，應

[28] 李天道編著：《劉伯溫兵法》（臺北縣：典藏閣，2002 年），頁 160-162。
[29] 〈威王問〉本簡僅存之「回」字或可讀同毛傳之「迴」。
[30] 〔漢〕晁錯：〈論貴粟疏〉：「地有遺利」。
[31] 李天道編著：《劉伯溫兵法》（臺北縣：典藏閣，2002 年），頁 258-259、209-210。

該不用移師才是。[32]

討論六、第 415 簡「禪袺（髻）奔避，所以誘蹕也」

「禪袺」，銀雀山漢簡原整理者讀爲「嘽緩」。「禪」、「嘽」並從「單」得聲，「袺」、「緩」古音相近。「嘽緩」又作「闡緩」、「嘽咺」，乃徐緩之意。[33]張震澤釋「禪」即單衣，並引《說文》：「禪，衣不重也。」「袺」，當是括髮之括，涉上誤從衣也，字亦作「髻」。「禪括」即單衣光頭，是不甲不胄、隨隨便便的裝束。[34]洪德榮引《說文》：「禪，衣不重也。」，以為其即無襯裏的衣裳。「袺」從「舌」得聲，「舌」（船母月部）與「埶」（泥母月部）聲近韻同可通，《說文》有「紶」字，其字條下引《論語·鄉黨》：「褻裘長」作「紶衣長」，故「褻」、「紶」可通，則「袺」、「褻」應可通，「褻」意為「私服」，即貼身的衣服。「禪袺奔避，所以誘攝也」即沒有嚴格裝束及披甲帶胄，隨意穿著，展露奔逃走避之姿，以誘使敵人追擊。[35]

鄒案：如若依洪說，將「袺」讀為「褻」，表內衣，則簡文文義必須朝以下二個方向來理解：

其一、「叫戰士們將內、外衣（禪）都穿好後佯裝逃命。」

其二、「叫戰士們或著內衣，或著外衣來佯裝逃命。」

視第一種理解，戰士們已都將內、外衣穿妥，便顯示不出遭人偷襲時的慌張，也就很難誘使敵人夜襲。視第二種理解亦不通人情，因天氣或冷

[32] 兵書形容勢同破竹之敵軍常以「銳」字。按「銳」字上古韻屬祭部，所從「兑」聲符為舌頭音；「椎」字上古屬脂部，與「銳」韻為旁轉，所從「隹」聲符又有舌頭音（如從「隹」得聲之「堆」字），因此〈官一〉「椎」字或可讀作「銳」，文意更明。

[33] 銀雀山漢簡整理小組：《銀雀山漢簡·孫臏兵法》普及本（北京市：文物出版社，1975 年），頁 70-71。

[34] 張震澤：《《孫臏兵法》校理》（北京市：中華書局，1984 年），頁 118-119。

[35] 洪德榮：〈《銀雀山漢墓竹簡〔壹〕·孫臏兵法·官一》簡文校讀〉，《第廿四屆中國文字學會國際學術研討會會議論文集》（嘉義縣：中正大學中文系、中國文字學會，2013 年 5 月 3-4 日），頁 93-94。

或熱，夜間休息之戰士因以或赤膊或著褻衣；佯裝遭到夜襲時，應該或多著外衣，或多著內衣，如要偽裝如「禪、褻」各半，反倒露出馬腳。故筆者以為還是張震澤對此段的解釋——戰士僅披衣括髮而未著甲冑——較為合宜。

三　餘說

《漢書・藝文志》曾記載孫臏的兵書，名曰《齊孫子》，此書大約在東漢末年至魏晉時期就失傳。[36]因而引用《孫臏兵法》文句而見世之書多在先秦，如《韓非子》、《呂氏春秋》等。曹操注《孫子兵法》也只在〈九地篇〉「陷之死地而後生」句下注：「孫臏曰：『兵恐不投之死也』」一句，推測曹操也未曾見到《孫臏兵法》全書。銀雀山漢簡《孫臏兵法》重出於世，「對研究齊國的軍事歷史，春秋到戰國時代的戰略、戰術和武器的發展變化都有重要意義」。[37]其以「謀劃」換居空間的戰爭指導思想、以「造勢」為核心的戰役理論體系、以「延氣」為目標的治軍理論、「貴人與強兵」並舉的軍隊建設[38]，對當代戰爭及今日國防建設都有很高的參考價值。

本文在前人的基礎之上，對《孫臏兵法・官一》一些問題進行重複的確認：或是補證了前人的意見，或是提出自己的看法。僅僅〈官一〉就還留有如此多的地方仍待進一步研究，遑論整批漢簡兵法了。於茲，希望藉由小文的發表，可以引起更多有志學者對這批兵法資料的重新關注和深入討論。

---

[36] 王曉雪：〈《孫臏兵法》的流傳、失傳及研究價值初探〉，《管子學刊》2008年3期，頁86-91。

[37] 吳九龍：〈銀雀山漢簡兵書的意義及影響〉，《濱州學院學報》21卷5期（2005年10月），頁81。

[38] 陳相靈：〈《孫臏兵法》的理論貢獻及現實意義〉，《濱州學院學報》26卷1期（2010年2月），頁7-11。

另外有鑑於銀雀山漢簡《孫臏兵法》內容，因原始竹簡殘去，譯釋後仍留下很多空白。筆者以為這些殘去之字，尚可以用「理校法」——視上下文及本句的章法文理加以校補——來進行補字。故就〈官一〉殘字，筆者進行了一部分理校補字，列出個人心得如下：

心得一：第 404 簡「[平]地[而陣]用方。迎陵而陣用封，險[地而陣用]圜」

鄒案：本段首句少去三字。但從「方」字字面意義和句式結構相似的第二句來推論，疑本段首句所提到的陣法是「方陣」。「方陣」亦見《孫臏兵法・十陣》:「方陣之法，必薄中厚方，居陣在後。」

歷代對方陣做出最具體說明的是〔宋〕曾公亮、丁度《武經總要・卷八・古陣法敘》:

> 凡每八百人，為一小方陣。陣周圍十二隊五十人，中間二百人，並騎射、長槍、短兵等伏在陣中，隨便沖擊。其白雲、青蛇、大赤、大黑既礙掩尾趁退，每陣加騎長槍一百人。凡都計馬步軍，共萬八百人，成一大陣。其中三千人，是騎射長槍馬軍。除中黃、大黑、大赤、白雲、青蛇之外，餘八陣，每陣抽騎射弓弩一百人，共八百人，充遊突軍挑戰，亂兵引敵。如兵少，即於隊中減人；兵多，即於隊中加數。必要存其陣隊，止即為營，動即為陣。逢賊告急，鼓聲一發，陣即立成，更不在勞煩指布。此則應變之法，出入如神，攻取皆勝，所向無敵。其小陣皆有四頭，每頭配勇將一人，用戰鼓一面，中兵立一大旗號，凡每面如有賊來攻擊，即諸陣相救。欲救南陣，即南面鼓動，八百人一時順日向南轉戰，東、西、北同此。只轉步人，騎兵不移。每陣相去廣狹一百步，狀如街陌。設詐挑戰，引之令入，即背他陣，突出弓弩騎射長槍，左右夾擊，前抄其胸，後掩其尾，是以先為不可勝，以待敵之可勝也。

古馬奇頓戰陣亦有方陣，它指的是外圍兵士持防衛的盾，內在兵士持攻擊的長兵器的一種方形隊形。[39]

據前引資料視《孫臏兵法·十陣》中對方陣的說明：「薄中厚方」——在方陣中央的戰士配備較為輕便，在方陣外圍的戰士則需有重裝備——以提高敵人直接攻擊的耐受力——是相符的。

西方的這種方陣，因需要空間展開，所以多用在寬闊的平原地；又〈官一〉本段第二句提到面對丘陵應採用的陣式，藉此筆者推敲前一句應是在說明面對非丘陵地——平地所應採取的陣式。根據這樣的文理和第二句句式結構，筆者將本段第一句補成「平地而陣用方」。

方陣在中國歷史中的各大戰爭裡十分常見，《國語·吳語》：「十旌一將軍，載常建鼓，挾經秉枹，為萬人以為方陳」、《晉書·石季龍載記下》：「恪乃以鐵鎖連馬，簡善射鮮卑勇而無剛者五千，方陣而前」、舊題〔唐〕李靖《李衛公問對》卷上：「諸葛亮以石縱橫布為八行，方陳之法即此圖也」等記載可參。

至於本段第三句在說明「險□」所需使用的「圜陣」。筆者以為「圜陣」即「圓陣」，《楚辭·離騷》：「何方圜之能周兮，夫孰異道而相安？」朱熹集注：「圜，一作『圓』。」「圓陣」亦見《孫臏兵法·十陣》，但具體內容因〈十陣〉簡文殘去而不詳。幸而後世兵書《宋史·兵志九》對「圓陣」有所補述：「蓋陣以圓為體，方陣者內圓外方，圓陣即內外俱圓矣。」由是可知圓陣是由戰士排成的許多同心圓所組成的陣法。

何時使用「圓陣」？《武經總要·卷八·古陣法敘》：「四方高利圓，圓利守」——四方地勢高時要用有利於守勢的圓陣。《北齊書·卷三十九·列傳第三十一》記有一使用「圓陣」的「韓陵之戰」。韓陵之戰發生在北魏

[39] 〈馬奇頓方陣〉，「維基百科」，http://zh.wikipedia.org/wiki/%E9%A9%AC%E5%85%B6%E9%A1%BF%E6%96%B9%E9%98%B5。

普泰二年三月，當時爾朱兆、爾朱天光、爾朱度律、爾朱仲遠等合軍廿萬進攻駐軍鄴的高歡。高歡乃命封隆之留守鄴城，以不足三萬兵力出城到紫陌，高歡採以逸待勞戰略，命令部隊在韓陵山布成圓陣，使將士以必死之心奮戰。因百姓對爾朱陣營早有不滿，此役高歡軍一方用堅守的消耗戰術，順利的重創爾朱一方。

本段第三句首字「險」，指的是要隘。《左傳・襄公十八年》：「夙沙衛 曰：『不能戰，莫如守險。』」視此則知圓陣是用在固守險地的一種消耗敵力實力的陣式，與上引《北齊書》戰事相符。如是，依文意及本段第二句句式結果，筆者將本段第三句補成「險地而陣用圜」。

心得二：第 406 簡「用重以征聚，用輕以征散」

鄒案：本段後一句文義為：敵方如成「散」——散兵，四散逃亡的敵軍，我軍得快速的派出裝備輕便的戰士加以趁勝追擊。筆者私揣前句文義應該或與後句相對，其殘文當可補成「用重以征聚」，「聚」即集眾，《左傳・成公十三年》：「我是以有輔氏之聚。」杜預注：「聚，眾也。」此句意指用重兵攻打敵人正在聚集起來的部隊。如此補字，則〈官一〉此二句便和《孫子兵法》中的：「併力料敵」（出自《孫子兵法・行軍》，意指集中我方各部兵力，再以優勢兵力輕取敵軍）和「我專而敵分」（出自《孫子兵法・虛實》，意指我方以集中的優勢兵力打擊已被離散的敵軍）觀念可相呼應。

心得三：第 413 簡「旌戟乖舉，所以壓津也」

鄒案：本段之前的四一二簡簡文提到山戰，本段次句又有一「津」字，故筆者私揣本段應該在文義上與前句相對（山－水），或是交待水戰或與水有關的陣法。〔明〕劉基《百戰奇略》立有「水戰」一章：「凡與敵戰，或岸邊為陣，或水上泊舟，皆謂之水戰。若近水為戰，須去水稍遠，一則誘敵使渡，一則示敵無疑。我欲必戰，勿近水迎敵，恐其不得渡。我欲不戰，則拒水阻之，使敵不能濟。若敵率兵渡水來戰，可於水邊伺其半濟而擊之，則利。法曰：『涉水半渡可擊。』」[40]

以劉基對「水戰」的解釋視本段第二句，「壓津」當指要在渡河津口將敵方加以有效壓制；那麼前一句講的應是我方要低調埋伏，使敵軍大意渡水過半後再加以狙擊。「乖」意指背離、違背，《易經・序卦》：「家道窮必乖，故受之以睽。睽者，乖也」；「乖舉」就是不舉起。那麼為使敵人失去戒心而冒險渡水，簡文所缺、我方戰士所不能舉起的應該就是「旌戟」——旗幟及武器。本段補成「旌戟乖舉，所以壓津也」，文從字順。

以上幾點心得，野人獻曝，尚祈海外鴻儒碩彥不吝賜教是幸。

[40] 李天道編著：《劉伯溫兵法》（臺北縣：典藏閣，2002 年），頁 221-223。

參考書目

一　專書

李天道編著：《劉伯溫兵法》，臺北縣：典藏閣，2002 年。

李傳明：《孫龐鬬智演義・附《《孫臏兵法》註釋》，濟南市：山東大學出版社，1985 年。

李興斌、邵斌：《《孫臏兵法》新譯》，濟南市：齊魯書社，2002 年。

林璋：《會走路的山》，臺北市：康軒出版公司，2011 年。

參壹：《六韜、孫臏兵法》西安市：太白文藝出版社，2010 年

張震澤：《《孫臏兵法》校理》，北京市：中華書局，1984 年。

陳宇：《《孫臏兵法》破解》，北京市：解放軍出版社，2002 年。

楊玲：《《孫臏兵法》解讀》，北京市：軍事科學出版社，2002 年。

銀雀山漢簡整理小組：《銀雀山漢簡・孫臏兵法》普及本，北京市：文物出版社，1975 年。

鄧澤宗：《《孫臏兵法》注譯》，北京市：解放軍出版社，1986 年。

鄭杰文：《《孫臏兵法》暨馬陵之戰研究》，北京市：（大陸）國防大學出版社，1993 年。

駢宇騫、王建寧、牟虹：《孫子兵法・孫臏兵法》，北京市：中華書局，2006 年。

瀋陽部隊：《《孫臏兵法》註釋》，瀋陽市：遼寧人民出版社，1975 年。

二　期刊或會議論文

山東省博物館臨沂文物組：〈山東臨沂西漢墓發現《孫子兵法》和《孫臏兵法》等竹簡的簡報〉，《文物》1974 年 2 期。

王曉雪：〈《孫臏兵法》的流傳、失傳及研究價值初探〉，《管子學刊》2008 年 3 期。

吳九龍:〈銀雀山漢簡兵書的意義及影響〉,《濱州學院學報》21 卷 5 期(2005 年 10 月)。

洪德榮:〈《銀雀山漢墓竹簡〔壹〕・孫臏兵法・官一》簡文校讀〉,《第廿四屆中國文字學會國際學術研討會會議論文集》,嘉義縣:中正大學中文系、中國文字學會,2013 年 5 月 3-4 日。

陳相靈:〈《孫臏兵法》的理論貢獻及現實意義〉,《濱州學院學報》26 卷 1 期(2010 年 2 月)

嚴國慶:〈〈孫臏兵法〉拾箋〉,《徐州師範學院學報》1990 年 3 期。

三　學位論文

劉小文《銀雀山漢墓竹簡(壹)軍事用語研究》,成都:四川大學漢語言文字學博士學位論文,2007 年 3 月。

四　網路資料

〈馬奇頓方陣〉,「維基百科」,zh.wikipedia.org/zh-tw/Wikipedia。

教育部:「重修《國語辭典》修訂本」,http://dict.revised.moe.edu.tw/。

清華簡〈楚居〉中的季連傳說

邴尚白 *

摘要

《清華大學藏戰國竹簡（壹）》中的〈楚居〉，記述了楚國先祖季連至戰國中期肅王的居處遷徙及相關傳說、史事，是關於楚國神話、傳說、歷史、地理的重要資料。本文在前人研究的基礎上，就篇首二簡的季連傳說試作討論。對「郻山」、「喬山」、「汌水」、「方山」、「京宗」等地名的實際地望作了考證，也對「盤庚之子」、「秉茲衛相，詈冑四方」、「從，及之盤」、「㛕賞羊」等詞句提出釋讀意見。傳世文獻中，關於楚國先祖季連的相關記載頗為簡略。清華簡〈楚居〉為楚人自己記述的第一手資料，篇中詳細敘述了有關季連居處、遷徙乃至與妣隹有後的古史傳說。這些珍貴的新內容，對我們進一步研究楚國世系、源流等問題，有很大的助益。

關鍵字：清華簡、楚居、季連、妣隹

* 作者現為國立新竹教育大學中國語文學系助理教授。

一 前言

《清華大學藏戰國竹簡（壹）》中的〈楚居〉[1]，記述了楚國先祖季連至戰國中期肅王的居處遷徙及相關傳說、史事，是關於楚國神話、傳說、歷史、地理的重要資料。本文擬在整理者及前人研究的基礎上，先就篇首二簡的季連傳說試作討論，不當之處，敬請指正。

為便於討論，先將原釋文移錄於下：

> 季䜌（連）初降於隈山，氐（抵）於空（穴）竆（窮）。𨑒（前）出於喬山，乇（宅）凥（處）爰波。逆上汌水，見盤庚之子，凥（處）于方山，女曰比（妣）隹，秉茲（慈）衛（率）相，詈（麗）由（秀）四方。季䜌（連）䎽（聞）亓（其）又（有）甹（聘），從，及之盤（泮），爰生絽白（伯）、遠中（仲）。毓（遊）尚（徜）羊（徉），先凥（處）于京宗。

二 季連初降於隈山

季連見於《大戴禮記・帝繫》[2]、《世本》[3]、《史記・楚世家》[4]等書，為芈姓之祖，簡文說他「初降於隈山」。整理者說：

---

1 清華大學出土文獻研究與保護中心編：《清華大學藏戰國竹簡（壹）》（上海市：中西書局，2010 年 12 月）。下文所引整理者釋文及注釋，皆出自此書，不一一加注。

2 （清）王聘珍：《大戴禮記解詁》（北京市：中華書局，1998 年 12 月），卷 7，頁 128。

3 （漢）宋衷注、（清）秦嘉謨等輯：《世本八種》（上海市：商務印書館，1957 年 12 月）。

4 （漢）司馬遷撰、（南朝宋）裴駰集解、（唐）司馬貞索隱、（唐）張守節正義：《史記》（北京市：中華書局，1997 年 11 月），卷 40，頁 1690。

> 降，特指神的降臨。《國語．周語上》：「昔夏之興也，融（祝融）降於崇山。」

守彬則說：

> 「降」可解釋為「出生」……也可解釋為「降低身份、地位」……𨛜（騩）山應該是季連的出生地或者最初得到的封地。[5]

案：整理者所引《國語．周語上》，與簡文句式相近，但那段話說的是三代興、亡之時，都會有神降臨以「布福」、「降禍」[6]，與簡文敘述遠祖之事性質不同（祝融並非夏朝的遠祖）。「降」解釋為「出生」，古書並不常見，考慮此處所述為先祖之傳說，「降」似可兼有「神降」及「出生」二義，可訓為「降生」。在〈離騷〉中，屈原自述其出生日辰時，用了「降」字：「惟庚寅吾以降」，明代李陳玉《楚辭箋註》說：「降……乃『惟嶽降神』之降，此乃屈原自負不淺處，與高岸不合時人處[7]。」是可以參考的意見。

「𨛜山」，整理者疑即《山海經．西山經》的「騩山」：

> 《山海經》中有楚先世居騩山之說，《西山經．西次三經》云三危之山「又西一百九十里，曰騩山，其上多玉而無石，神耆童居之」，郭璞注：「耆童，老童，顓頊之子。」

5 守彬：〈讀清華簡《楚居》季連故事〉，「簡帛網」網站論文 http://www.bsm.org.cn/show_article.php?id=1382（2011 年 1 月 10 日）。

6 《國語．周語上》的原文是：「昔夏之興也，融降於崇山；其亡也，回祿信於聆隧。商之興也，檮杌次於丕山；其亡也，夷羊在牧。周之興也，鸑鷟鳴於岐山；其衰也，杜伯射王於鄗。是皆明神之志者也。」參看：上海師範大學古籍整理組校點：《國語》（臺北市：里仁書局，1981 年 12 月）卷 1，頁 30。

7 遊國恩主編：《離騷纂義》（北京市：中華書局，1982 年 7 月），頁 12。

李學勤則認為應是《山海經・中山經》的騩山：

> [illegible]山應是《山海經・中山經》內〈中次三經〉的騩山，也即〈中次七經〉的大騩之山，就是今河南新鄭、密縣一帶的具茨山。《左傳》昭公十七年云：「鄭，祝融之虛也。」季連降於騩山，當與其為祝融之子的傳說有關。[8]

案：〈西山經〉言「老童」居於三危之山西方一百九十里的「騩山」；《左傳・昭公十七年》則說鄭國的位置是「祝融」的舊居，而這裡即〈中次三經〉「騩山」之所在。老童和祝融都是傳說中的楚國先祖，他們又是顓頊的後代。《山海經》，特別是《山經》中所記山水，多可指出其方位所在，但《山海經》所載古代神話傳說，卻往往與其他文獻不同。再綜合考慮後文相關地名的位置，〈西山經〉的騩山所在實過於僻遠，簡文的「[illegible]山」應是《山海經・中山經》的騩山，即今河南省具茨山，李學勤之說可從。

至於〈西山經〉的騩山，與楚先祖「耆（老）童」有關，也屬於楚國古史傳說。子居認為：

> 〈西次三經〉之騩山所記「神耆童居之」當是係因舊有耆童居騩山之說而衍生的。[9]

凡國棟說：

---

[8] 李學勤：〈論清華簡《楚居》中的古史傳說〉，《中國史研究》2011 年第 1 期（2011 年 2 月），頁 54。

[9] 子居：〈清華簡《楚居》解析〉，「簡帛研究」網站論文 http://www.jianbo.org/admin3/2011/ziju001.htm（2011 年 3 月 30 日）。

> 《西山經·西次三經》所載與三危山相鄰，「耆童」所居之騩山……在楚人觀念中，三危乃長壽不老之地。因此《山經》作者將其祖先降生地騩山附會至三危山附近，有對祖先尊崇的成分在其中。[10]

王偉則認為：

> 清華簡〈楚居〉中楚人先祖季連降生或初封地「鄖（騩）山」，是楚人移接了〈西山經〉中先祖老童所居「騩山」的名稱。楚人將《山海經》中位於西方且與楚人來源密切相關的「騩山」名稱，移接于臨近楚境或位於楚境內的一座山，並特加「大」字以彰顯之，這也是其攀附「英雄祖先」，為自己創造華夏出身的一個表現。[11]

王偉的意見，與子居、凡國棟之說恰恰相反。凡國棟對於王說的評論是：

> 若照王輝（引案：應為「偉」）先生所論，楚人似乎源自西方，其實此說早已被學術界否定。[12]

案：根據學者研究，楚國羋姓公族來自北方中原[13]，〈楚居〉的記載，進一步證明了楚公族北來說。因此，王偉的意見不可從，子居或凡國棟對〈西山經〉亦有「騩山」的解釋，則可供參考。

---

[10] 凡國棟：〈清華簡《楚居》中與季連有關的幾個地名〉，「簡帛網」網站論文 http://www.bsm.org.cn/show_article.php?id=1486（2011 年 6 月 4 日）。

[11] 王偉：〈清華簡《楚居》地名箚記（二則）〉，「復旦大學出土文獻與古文字研究中心」網站論文 http://www.gwz.fudan.edu.cn/SrcShow.asp?Src_ID=1480（2011 年 4 月 28 日）。

[12] 子居：〈清華簡《楚居》解析〉。

[13] 關於楚人族源的討論，可參看：張正明：《秦與楚》（武漢市：華中師範大學出版社，2007 年 12 月），頁 7～11、16～21。

另外，復旦大學出土文獻與古文字研究中心研究生讀書會說：「包山簡 237 有『峗山』，或也與此有關[14]。」案：包山簡 237「[illegible]山」的[illegible]，或寫作[illegible]（包山簡 214 等）、[illegible]（包山簡 243 等）[15]，所指相同。[illegible]字各家考釋不一，九店五十六號墓簡《日書》簡 13 上有日名[illegible][16]，對照睡虎地秦簡《日書》甲種簡 10 正壹[17]，可知裘錫圭釋此字為「坐」是正確的。本簡的[illegible]山應非坐山。

三　穴窮、喬山、爰波、汌水、方山

簡文接下來提到一系列的地名，李學勤作了很好的考證，他說：

> 在考據上最重要的是汌水。季連在傳說中「出於喬山，宅處爰波」而「逆上汌水」，是喬山及爰波在汌水的下游或更遠處；然後「見盤庚之子，處于方山」，是方山在汌水的上游或其源出方向；最末在水濱追及妣隹，娶之為妻，是又順汌水而下。這條有關鍵意義的汌水，其實就是均水，見《水經注》。《漢書・地理志》作鈞水，「上中游即今河南西南部淅川，下游即會合淅川以下的丹江，流入漢水」。按《漢志》南陽郡博山舊名順陽，應劭云：「在順水之陽也。」《水經・均水注》：「均水南逕順陽縣西……應劭曰縣在順水之陽，今於是縣則無聞於順水矣。」這個順陽位在均水東北，順

---

[14] 復旦大學出土文獻與古文字研究中心研究生讀書會：〈清華簡《楚居》研讀劄記〉，「復旦大學出土文獻與古文字研究中心」網站論文 http://www.gwz.fudan.edu.cn/SrcShow.asp?Src_ID=1353（2011 年 1 月 5 日）。

[15] 參看：湖北省荊沙鐵路考古隊：《包山楚墓》（北京市：文物出版社，1991 年 10 月）。

[16] 參看：湖北省文物考古研究所、北京大學中文系編：《九店楚簡》（北京市：中華書局，2000 年 5 月）。

[17] 參看：睡虎地秦墓竹簡整理小組編：《睡虎地秦墓竹簡》（北京市：文物出版社，2001 年 12 月）。

> 水顯即均水。「順」與「洲」都是從「川」聲的字，且與「均」、「鈞」等字通假，古書曾見其例。[18]

李學勤根據《漢書・地理志》應劭注及《水經・均水注》，認為「洲水」其實就是古籍中的順水、均水、鈞水，也就是今天源於河南省西南部的淅水及會合淅水以下的丹江。其說既有文獻依據，位置亦適當，可以信從。宋華強也認為簡文「洲水」即均水，他是結合「爰波」和「方山」一起考慮的：

> 「爰」疑當讀爲「漢」，即漢水……從古書用詞習慣來看，「波」讀爲「泮」或「畔」似乎更合適……「泮」、「畔」都可指水涯……「洲」疑當讀爲「均」……《水經·均水》：「均水出析縣北山……南入於沔。」沔水是漢水上源水名，古代又常作爲漢水的別稱，如《廣韻・獮韻》：「沔，漢水別名。」季連居於漢水之畔，正可以逆流而上均水。《水經・沔水注》「沔水又東徑方山北」，「方山」或以爲當作「萬山」，因爲有些古書引作「萬山」或「蔓山」。按，若本作「萬」，「萬」從很早就多寫作「萬」，無由訛作「方」。若本作「方」，則「方」易因形近而訛爲「萬」，又被寫作「萬」或「蔓」，就可以理解了……方山在今襄樊西南，距漢水、均水甚近。特別是《水經・沔水注》和《續漢書・郡國志四》注引《襄陽耆舊傳》講到方山之下是傳說中鄭交甫所見漢皋遊女之處，正和〈楚居〉講比隹在方山附近出遊，季連與之交合的故事相合。[19]

---

18 李學勤：〈論清華簡《楚居》中的古史傳說〉，頁 54～55。李學勤為清華簡主要整理者，且此文篇末所記期刊收稿日期為 2010 年 11 月 30 日，故李說應較其他學者的意見更早提出。

19 宋華強：〈清華簡《楚居》1—2 號釋讀〉，「簡帛網」網站論文 http://www.bsm.org.cn/show_article.php?id=1391（2011 年 1 月 15 日）。

案：宋華強讀「爰波」為「漢泮」或「漢畔」，指漢水邊，由地理位置來看，可備一說。只是目前所見楚國古文字資料中，漢水的「漢」都寫作「灘」，如鄂君啟舟節[20]、上博〈孔子詩論〉簡10[21]、上博〈容成氏〉簡27、28[22]、葛陵簡甲三 268[23]，宋說的成立，似乎還需要更堅實的證據。復旦讀書會則認為「爰波」應讀爲「爰陂」[24]。另外，子居以為「爰波」當是指滎澤[25]，就更缺乏較有力的證據了。

簡文說：「逆上汌水，見盤庚之子，凥于方山」，則「方山」應在「汌水」上游或其源出方向，也就是北方、西北方。《水經・沔水》：「又東過襄陽縣北」，注：「沔水又東徑萬山北」[26]，無論是「萬山」或「方山」，此山都在襄陽附近，即宋華強所說的「襄樊西南」，不僅河已非均水，方向也不正確。因此，簡文「方山」並非《水經・沔水》的「萬山」或「方山」。此外，宋華強對於「萬」、「方」訛誤的討論，也是值得商榷的。

對於「喬山」和「方山」，李學勤認為是《山海經》的「驕山」和「柄山」：

---

[20] 中國社會科學院考古研究所編：《殷周金文集成》（上海市：中華書局，1984 年 8 月），第 18 卷，編號 12113。

[21] 參看：馬承源主編：《上海博物館藏戰國楚竹書（一）》（上海市：上海古籍出版社，2001 年 11 月）。

[22] 參看：馬承源主編：《上海博物館藏戰國楚竹書（二）》（上海市：上海古籍出版社，2002 年 12 月）。

[23] 參看：河南省文物考古研究所編著：《新蔡葛陵楚墓》（鄭州市：大象出版社，2003 年 10 月）。

[24] 復旦大學出土文獻與古文字研究中心研究生讀書會：〈清華簡《楚居》研讀劄記〉。「『爰波』……可能讀爲『爰陂』，楚地地名名陂者多見。『波』讀爲『陂』亦十分常見。本篇簡 8 有『疆浧之波（陂）』，亦是『波』可用爲『陂』之證。」

[25] 子居：〈清華簡《楚居》解析〉。「爰波：當是指滎澤，先秦時期約在以今鄭州市古滎鎮為中心的周邊十餘里地區，今不復存。」

[26] （北魏）酈道元注；楊守敬、熊會貞疏：《水經注疏》（南京市：江蘇古籍出版社，1999 年 8 月），卷 28，頁 2367。

> 確定了汌水就是均水，喬山和方山也即不難推知了。喬山是《中山經·中次八經》的驕山。經云：「荊山之首曰景山……睢水出焉……東北百里曰荊山……漳水出焉，而東南流注於睢……又東北百五十里曰驕山」……驕山位置雖不易確指，總在漢水以南荊山一帶，近於睢漳二水的發源處。從那裡向北，過了漢水，正好逆汌水而上。方山是〈中次四經〉的柄山，「方」、「柄」皆幫母陽部字。經云「柄山……滔雕之水出焉」。郝懿行《山海經義疏》稱：「柄山、滔雕之水及下文白邊山，計其道里，當在宜陽、永寧（今洛寧）、盧氏三縣之境。」由均水的源頭再向北走，就到了柄山這一地區。[27]

其所論地理位置既適當，亦符合楚人通假慣例[28]，可從。「喬山」約在今湖北省荊山一帶，「方山」則在今河南省熊耳山一帶。

至於「穴窮」，宋華強說：

> 「穴」可讀爲「育」或「淯」。與淯水有關，「窮」也許和熊耳山有關。[29]

子居說：

> 「穴窮」有可能即是新密市尖山鄉東北部的神仙洞……由路徑推測，穴窮也可能是指少陘山。[30]

---

[27] 李學勤：〈論清華簡《楚居》中的古史傳說〉，頁 55。

[28] 楚簡中「方」、「丙」兩聲系往往相通，通假用例可參看：白於藍：《簡牘帛書通假字典》（福州市：福建人民出版社，2008 年 1 月），頁 260～261。

[29] 宋華強：〈清華簡《楚居》1～2 號與楚人早期歷史傳說〉，未刊稿本，原文未見，據凡國棟：〈清華簡《楚居》中與季連有關的幾個地名〉一引述。

[30] 子居：〈清華簡《楚居》解析〉。

凡國棟說：

> 從季連行蹤來看，穴窮應位於騩山至於湍水下游之間。〈中次九經〉載有熊山，「有穴焉，熊之穴，恒出神人。」或與穴窮有關。[31]

案：宋華強似將「穴窮」斷讀作「穴、窮」，理解為淯水及熊耳山的簡稱。他認為「『窮』也許和熊耳山有關」，應是由「熊」、「窮」上古音相近（二字上古音分屬匣母蒸部及群母冬部，聲母旁紐，韻部旁轉，可以相通）及熊耳山的地理位置立論。然「熊耳山」當不能簡稱為「窮」，且〈楚居〉季連傳說中所述諸地名，「鄩山」、「喬山」、「爰波」、「汌水」、「方山」、「京宗」，都各是一地之名，介於其間的「穴窮」亦當是如此。

子居認為「穴窮」可能即是「新密市尖山鄉東北部的神仙洞」，似僅從「穴」、「洞」二字臆測；又以為「穴窮」也可能是「少陘山」，也只是從「路徑推測」，既沒有文獻依據，名稱上也不見相關之處。

前面說過，簡文「汌水」當為順水、均水，凡國棟認為是「湍水」，似不可從。這又與其所考的「喬山」等地望有關，下文還會再提到。

綜上所論，諸家所考，證據均嫌不足。根據簡文所述季連南徙的路徑，「穴窮」應在「鄩山」至「喬山」之間，即今河南省具茨山到湖北省荊山之間，至於實際地望為何，則尚待考證。

關於這些地名，學者們還有一些其他的意見，子居說：

> 喬山：當即傳世文獻所稱橋山，黃帝所葬之地。很可能就是春秋時期的敖山和鄗山，今河南滎陽市的廣武山地區……汌水：當即旃然之水。旃然者，或即汌之緩讀。旃然之水是春秋時期水名，即今河

---

31 凡國棟：〈清華簡《楚居》中與季連有關的幾個地名〉。

南省滎陽市之索河上游……方山：在今河南滎陽市西南，又稱浮戲山。[32]

凡國棟則說：

今按，〈中次八經〉之「驕山」位於漢水之南，去下文所考汌水（即湍水，詳下文）相去太遠，恐非〈楚居〉「喬山」之所在……我們推測句中的「遖」字可能當位於「喬」字下。抄手誤將其植於「出」字上。照我們的理解，句子當寫作「季連初降於郻山，抵於穴窮，出於喬遖（前）山。」「抵於」、「出於」作為介詞連接兩個意近的短句。穴窮、喬遖（前）山皆爲地名。喬遖（前）山，即見於〈中次十一經〉之高前山……據《太平寰宇記》記載高前山在今河南省內鄉縣，又名天池山……「郻」、「汌」該如何破讀，我們的看法是將其讀為「湍」……湍水見於〈中山經〉「中次十一經」，「荊山之首曰翼望之山。湍水出焉，東流注於濟。」郭璞注云：「今湍水逕南陽穰縣而入清水」。案之地理形勢，湍水不可能東流入濟。故郝懿行《箋疏》如下：經文「濟」、注文「清」並當爲「淯」字之僞也。《文選・南都賦》注引此經郭注云「今湍水逕南陽穰縣而入淯也。」《水經》亦云湍水至新野縣東入於淯。〈郡國志〉云盧氏有熊耳山，淯水出。〈地理志〉作育水也。〈中次十一經〉下記「支離之山，濟水出焉，南流注入漢。」此處之「濟」亦爲「淯」字之僞，郝氏亦校改作「淯」。《水經注》記湍水源與《山海經》相符，其卷 29〈湍水〉注云：「湍水出弘農界翼望山……東南流，湍水又逕穰縣爲六門陂……湍水又逕穰縣故城北，又東南……至（新野）縣西北，東爲鄧氏陂……東入於淯。」淯水或作育水，即今河

[32] 子居：〈清華簡《楚居》解析〉。

> 南白河，爲漢水支流。石泉先生〈楚都丹陽及古荊山在丹淅附近補證〉考淯水附近有古荊山存在。[33]

案：「旃然」二字，上古韻部皆屬元部，「汌」則屬文部，主要元音不同，緩讀之說，未必可信；而將這些地名置於黃河流域的滎陽附近，更是不恰當的。凡國棟「喬前山」之說，則有個抄寫錯誤的假設，其論「汌水」也頗為曲折。諸地名考證，彼此互相支持，牽一髮而動全身，其中之一動搖，其餘亦不甚可信。綜合來看，這些意見都不如李學勤之說可信。

四　盤庚之子「妣隹」

簡文的「盤庚」，學界或以為即商王盤庚，或以為不是。整理者說：

> 盤庚，疑即商王盤庚。

李學勤也說：

> 盤庚即遷都於殷的商王。「盤庚之子」與〈帝繫〉「滕奔氏之子」、「竭水氏之子」等同例，也有可能是女性，而妣隹是盤庚的孫輩。按商王世系，「盤庚之子」和武丁同輩……據《詩・商頌》的〈殷武〉篇，武丁曾「奮伐荊楚……」，而殷墟卜辭也有當時南征的記錄。這一時期商朝的勢力影響及於南方這一帶地區，應該就是盤庚之子和妣隹傳說的背景……妣隹乃商王盤庚的孫女，與祖庚、祖甲同世，他們的兒子綅伯、遠仲與廩辛、康丁同世，那麼穴熊即鬻熊

[33] 凡國棟：〈清華簡《楚居》中與季連有關的幾個地名〉。

> 乃和武乙同輩，可以活到文丁、帝乙之時，他事於周文王，如〈世家〉引楚武王所說為文王師，從時代來說，是正合適的。[34]

守彬則認為並非商王盤庚：

> 此盤庚，不會是商王盤庚，疑為以「盤」為氏之族人……據《史記・楚世家》，季連同產兄弟六人，長兄曰昆吾……《詩經・商頌・長發》稱頌商湯的功業曰：「韋顧既伐，昆吾夏桀。」可見在春秋戰國時人所傳古史中，昆吾氏為商代以前就早已存在的氏族。與昆吾氏始祖一母同胞的季連，至遲也應是商代以前的人物。故而季連的岳父盤庚，顯然並非商王盤庚。[35]

案：傳世文獻與〈楚居〉記載有別，文獻上的季連，時代要早得多。據《大戴禮記・帝繫》，黃帝產昌意，昌意產顓頊，顓頊產老童，老童產吳回，吳回產陸終，陸終第六子為季連[36]；《史記・楚世家》則說吳回為帝嚳時火正，生陸終，陸終長子為昆吾，「昆吾氏，夏之時嘗為侯伯」[37]。

但我們並不能以此否定簡文「盤庚」即商王盤庚之說。因為根據〈楚居〉，我們可以確定穴酓（熊）即鬻熊，而〈楚居〉穴熊以下的世次，大體與文獻相應，可知他大約是周文王時代的人。據趙平安研究，〈楚居〉中季連與穴熊應為兄弟關係[38]。因此，〈楚居〉季連的時代，並不能如文

[34] 李學勤：〈論清華簡《楚居》中的古史傳說〉，頁 54～57。
[35] 守彬：〈讀清華簡《楚居》季連故事〉。
[36] （清）王聘珍：《大戴禮記解詁》，卷 7，頁 127～128。
[37] （漢）司馬遷撰、（南朝宋）裴駰集解、（唐）司馬貞索隱、（唐）張守節正義：《史記》，卷 40，頁 1690。
[38] 參看：趙平安：〈「三楚先」何以不包括季連〉，第三屆「古文字與古代史」國際學術研討會論文（臺北市：中央研究院歷史語言研究所，2011 年 3 月 25～27 日），頁 133～138。

獻般上推至虞夏之際，但李學勤認為妣隹是商王盤庚的孫女，時代上也是不合的。

簡文的「子」，似應訓為子孫、後代，《荀子・正論》：「聖王之子也，有天下之後也。」楊注：「子，子孫也[39]。」盤庚為遷都於殷的名王，故〈楚居〉稱妣隹為盤庚的後代。

宋華強說：

> 楚人先祖與上古帝王之女相結合，這種傳說幷非只見於〈楚居〉，著名的高唐神女故事也屬於此類。這個故事見於《文選》宋玉〈高唐賦〉，又見於《文選》江淹〈雜體詩〉李善注所引《宋玉集》，但是唐余知古《渚宮舊事》引《襄陽耆舊傳》所述比前引二書都要詳細，提供了更多重要的細節。其說如下：「……王悅而問之，曰：『我夏帝之季女也，名曰瑤姬……今遇君之靈，幸妾之搴，將撫君苗裔，藩乎江漢之間……。』」孫華娟博士指出：「此版本中神女對楚王所說『今遇君之靈，幸妾之搴，將撫君苗裔，藩乎江漢之間』這句話，特別值得我們注意，它表示楚人認爲楚國的強大受到了神女的福祐，有楚人自命爲上天選民的意味，這個故事中的神女應當就是對楚國女性始祖記憶的變形，它成爲了楚人的集體記憶，〈離騷〉中的『求女』一段也應向此中求解。」[40]

妣隹應非盤庚之孫女，其餘意見則皆值得參考。

宋華強還有一個比較特別的意見，他認為「比、隹」有可能是兩個女子名。此說是由簡三「妣[illegible]」的兩次寫法談起的：

---

[39] （清）王先謙：《荀子集解》（臺北市：華正書局，1993 年 9 月），卷 12，頁 215。

[40] 宋華強：〈清華簡《楚居》「比隹」小議〉，「簡帛網」網站論文 http://www.bsm.org.cn/show_article.php?id=1393（2011 年 1 月 20 日）。

第一個「戲」上之字作[illegible]，書後〈字形表〉中該字作[illegible]，是技術處理過的，並不完全準確，但也不難看出其右旁與同簡「妣」字明顯不同，而是從「從」或「㼌」。該字若是從「從」得聲，則疑是「⿰女從」字異體，《集韻·鍾韻》：「⿰女從，女字。」若是從「㼌」得聲，則疑是「⿰女㼌」字異體，《集韻·麻韻》：「⿰女㼌，女名。」「⿰女從戲」或「⿰女㼌戲」當是穴熊配偶的生稱……簡文說穴熊「爰得⿰女從/⿰女㼌戲」，其時「⿰女從/⿰女㼌戲」既是生人，而且尚非穴熊之妻，固不得稱「妣」；下文說「乃妻之」，始爲穴熊之妻；又說「妣戲賓於天」，整理者指出「賓於天」是「死的婉稱」，其說正確可從，「⿰女從/⿰女㼌戲」已死，故改稱「妣戲」。這和西周金文中貴族的稱謂可以隨其身份變化而變化〔作者原註：如班簋（《集成》4341）「王命毛伯賡虢城公服」，此以下銘文中的「毛伯」即改稱爲「毛公」；又如宜侯夨簋（《集成》4320）始稱「虞侯夨」，自「王令虞侯夨曰：『□侯於宜』」之後，則改稱「宜侯夨」〕，是同類現象。由此可知，「比隹」也應該是生稱，「比」不當讀爲「妣」。疑「比隹」有可能是兩個女子的名。上古姐妹二人同嫁一夫是很常見的。[41]

案：宋華強注意到字形表中「妣」字的寫法，是很細心的觀察。不過，既然「並不完全準確」，字形又相近，且所指為同一人，恐怕應該還是「妣」字。對〈楚居〉記述者而言，「妣戲」即是楚人的女性祖先，並沒有未嫁、已婚或在世、已死的差別。其所舉西周金文，則就是在記錄冊命之事，因而前後稱謂不同，不宜與簡文視為同類現象。〈離騷〉：「皇覽揆余初度兮」，清代吳世尚《楚辭疏》：「蒙上皇考文，此時父在，故不曰考[42]。」其實，「皇考」省略為「皇」，應該只是一種特別的省稱，就像〈湘夫人〉：

[41] 宋華強：〈清華簡《楚居》「比隹」小議〉。

[42] 遊國恩主編：《離騷纂義》，頁 19。

「與佳期兮夕張」[43]中的「佳」為「佳人」之省一樣。宋華強之說就像吳世尚的注解一樣，似乎都求之過深了。

另外，時代較晚的字書或韻書，如宋華強所舉《集韻》，雖然有時也保留了時代較早的古字。但若字形並不相同，而說古文字中某字疑是《集韻》中某字異體，則恐怕缺乏依據。

還應該討論的，是葛陵簡中與楚國世系所出及其居處有關的一支簡。整理者說：

> 新蔡葛陵簡甲三・一一十二四：「昔我祖（引案：應為「先」）出自郿追，宅茲沮（睢）、章（漳）。」「郿追」之郿疑與此訓水有關。

李學勤說：

> 〈楚居〉中的妣隹，我認為即是葛陵簡中的郿追……「昔我先出自」一句，在傳世文獻中可以找出不少足與對比的例子……而所「出自」的一般是人名……「追」實是「追」字……清華簡〈保訓〉有「追」字，讀為「歸」，與「假」對稱，是明確的證據……〈楚居〉傳說中處於訓水地域的「妣隹」，就是葛陵簡的「郿追」，她正是楚王室所自出。[44]

子居也以為葛陵簡「郿追」與〈楚居〉「訓水」有關，但他認為「當是地名」：

[43] （宋）洪興祖：《楚辭補注》（臺北市：藝文印書館，2000 年 10 月，影印清道光二十六年惜陰軒叢書本），卷 2，頁 114。

[44] 李學勤：〈論清華簡《楚居》中的古史傳說〉，頁 55。

> 新蔡葛陵簡甲三 11＋24：「昔我先出自邖追，宅茲沚（雎）、章（漳）。」……由雎漳可以推測，新蔡簡前文的「邖追」亦當是地名，今以〈楚居〉對觀，則「邖追」似可讀為「邖瀆」。[45]

王偉則討論了過去董珊對新蔡葛陵簡[illegible][illegible]的讀法：

> 當然，將「[illegible][illegible]」讀為「顓頊」在語音上可以成立，但現據〈楚居〉簡文所述楚人直系先祖季連「逆上汌水」的故事來看，新蔡簡的[illegible]字很可能即指〈楚居〉簡的「汌水」，因為二者在字形上更具一致性。楚簡中的「顓頊」之名還見於上博楚竹書〈武王踐阼〉簡 1 中的「顓頊」寫作「耑（[illegible]）琂（[illegible]）」，「琂」為從言玉聲之字，與新蔡簡[illegible][illegible]在字形上差距甚大。若可據字形釋義，且符合文意的話，則不必假手於聲韻通假之說。上文所引何琳儀先生在[illegible][illegible]二字中間點斷的讀法也有一定道理。我們認為《包山楚簡》「訓[illegible]」之「訓」、《新蔡葛陵楚簡》「[illegible]（[illegible]、邖）」即〈楚居〉之「汌水」。首先，由《包山楚簡》和《新蔡葛陵楚簡》中所見的蔔筮用具「x靈」的格式例之，「訓」可理解做地名或水名……「訓[illegible]」可以理解做「訓」地或「汌水」出產的龜。[46]

案：李學勤說：「『昔我先出自』一句，在傳世文獻中可以找出不少足與對比的例子」，「而所『出自』的一般是人名」。然而，文獻上所見相關句例，多為純粹追述世系，與葛陵簡後文說：「宅茲沚、章，以選遷處」，敘述居處有別。且類似的文句，也有「出自」地名的例子。例如：

---

[45] 子居：〈清華簡《楚居》解析〉。

[46] 王偉：〈清華簡《楚居》地名箚記（二則）〉。

金鄉長侯成碑：「其先出自豳、岐，周文之後，封於鄭[47]。」可見[illegible][illegible]未必是人名。

李學勤認為：「〈楚居〉傳說中處於川水地域的『妣隹』，就是葛陵簡的『⿰川阝追』。」似有待商榷。因為「處于方山」的「妣隹」是否可稱為「⿰川阝追」，需要存疑；且〈楚居〉中更重要的女性祖先是「妣𠭯」，而非「妣隹」。根據簡 3，「妣𠭯」是楚人所以稱「楚」的由來，其夫「穴酓」是季連的弟弟，而「穴酓」、「麗季」一系，才是楚王室真正所「出自」。

簡文說：「季連初降於鄂山」，接著出現的地名有「穴窮」、「喬山」、「爰波」、「汌水」、「方山」，最後說「先處于京宗」。楚人述其先祖之所「出自」，是否會特別強調「汌水」，其實是值得懷疑的。

另外，王偉對於董珊「顓頊」讀法的討論，也有道理。我認為「顓頊」說或「汌水」說的證據都還不夠充分，葛陵簡[illegible][illegible]二字的確切釋讀，尚待研究。

五　秉茲⿴行率相，詈冑四方

回到〈楚居〉來看，簡文接下去有兩句話：「秉茲⿴行率相，詈冑四方」，應該是對「妣隹」的描述，但確切涵義，卻頗費解。學者們的意見，大致可分為三類。第一類認為：兩句分別是稱讚妣隹的內在與外貌。整理者說：

> 秉茲，秉慈愛之德。率，奉順……相，品質。《詩・桑柔》「秉心宣猶，考慎其相」，毛傳：「相，質也。」……詈，來母歌部字，

[47] （清）嚴可均校輯：《全上古三代秦漢三國六朝文》（北京市：中華書局，1995 年 11 月，影印清光緒年間王毓藻校刻本），全後漢文，卷 101，頁 1019 上左。

疑讀為同音之「麗」，美麗。曺，從由聲，喻母幽部字，疑讀為心母幽部之「秀」……句意是說妣隹貌美，勝於四方女子。

陳民鎮則對「相」字有不同的解說，將「秉茲[illegible]相」讀作「秉慈率將（臧）」：

「秉」與「率」對舉，二者義近，均有遵循義。若此說不誤，「茲」與「相」亦當是同類事物，「秉茲」與「率相」均強調妣隹之德。愚意以爲，「秉茲率相」或可讀作「秉慈率臧」……「相」與「將」相通，均隸陽部，上博簡〈民之父母〉「日逑月相」即「日就月將」。《廣雅·釋詁一》云：「將，美也。」《詩經·豳風·破斧》曰：「哀我人斯，亦孔之將。」毛傳云：「將，大也。」〈破斧〉中「將」可與後文的「嘉」、「休」對勘，王引之《經義述聞》引王念孫語，謂「將、臧聲相近，『亦孔之將』，猶言亦孔之臧耳」……上博簡〈孔子詩論〉述及〈[illegible]大車〉，「[illegible]」，今本作「將」，其所從「戕」即「臧」字。「臧」訓美、善，《廣雅·釋詁一》亦認爲「將」有「美」義。將、臧音義均通。筆者以爲「秉茲率相」的「相」便讀作「將」或「臧」，美、善之義，與「茲（慈）」對言……「秉慈率將（臧）」謂妣隹有美善之德……另蒙程少軒先生見告，「慈」與「臧」對應不甚嚴密，「相」或可讀作「祥」或「讓」，「慈祥」或「慈讓」對應更順。[48]

第二類認為：兩句都是在稱讚妣隹的外貌。孟蓬生將「秉茲[illegible]相」讀作「秉茲俊相」：

[48] 陳民鎮：〈讀清華簡《楚居》劄記（二則）〉，「復旦大學出土文獻與古文字研究中心」網站論文 http://www.gwz.fudan.edu.cn/SrcShow.asp?Src_ID=1509（2011年5月31日）。

> 「秉茲率相」即「秉茲俊相」……「俊」實來源於「峻」，本義為高，引申為出類拔萃的意思……過去多為描寫材智的，其實並不限於材智。「秉茲俊相」即「憑著她那出眾的相貌」的意思。整理者解為「秉慈愛之德」云云，蓋求之過深，反失其真也。[49]

王寧則讀作「秉茲類相」：

> 率或可讀爲類……王弼《周易略例》：「率相比而無應。率，音類，又如字。」《爾雅·釋詁》：「類，善也。」……率相即類相，也就是善相，相當於孟先生所說的「出衆的相貌」。[50]

第三類認為：兩句是在寫妣隹出遊。單育辰將「詈由」讀爲「盤遊」：

> 「詈由」，疑讀爲「盤遊」。《尚書·五子之歌》「乃盤遊無度，畋於有洛之表，十旬弗反。」「盤遊」是連綿詞，又可作「遊盤」，如《文選·西征賦》「厭紫極之閑敞，甘微行以遊盤。」[51]

蔡偉則讀爲「歷遊」：

> 詈由，似讀爲歷遊。詈、歷古音相近。《釋名·釋言語》「詈，歷也。以惡言相彌歷。」歷、遊皆行也。[52]

宋華強說得比較詳細，他將這兩句讀為「秉芷巡相，歷游四方」：

---

49 任攀、程少軒整理：〈網摘·《清華一》專輯〉，「復旦大學出土文獻與古文字研究中心」網站論文 http://www.gwz.fudan.edu.cn/SrcShow.asp?Src_ID=1393（2011 年 2 月 2 日）。

50 同前註。

51 單育辰：〈佔畢隨錄之十三 〉，「復旦大學出土文獻與古文字研究中心」網站論文 http://www.gwz.fudan.edu.cn/SrcShow.asp?Src_ID=1363（2011 年 1 月 8 日）

52 任攀、程少軒整理：〈網摘·《清華一》專輯〉。

> 「茲」疑當讀爲「芷」，指一種香草。字又作「茝」或「芝」……手持香草，是士女出遊時的舉動，如《詩·鄭風·溱洧》「溱與洧，方渙渙兮。士與女，方秉蕳兮」，鄭箋：「感春氣并出，托采芬香之草，而爲淫泆之行。」「蕳」是蘭草，「蘭芷」常并稱，上文已引，「秉芷」和「秉蕳」是一樣的行爲。〈洛神賦〉「攘皓腕於神滸兮，采湍瀨之玄芝」，「采芝」也可以和簡文「秉芷」參照。「衜」即「逹」，疑當讀爲「巡」……「巡」，行也，歷也，與下文「罿」讀爲「歷」義同。「相」，疑即〈離騷〉「覽相觀於四極兮」之「相」，《說文》：「相，省視也。」「巡相」指巡遊觀覽……「歷遊」亦見於古書，如《楚辭·天問》「河海應龍，何盡何歷」，王逸注：「歷，過也。言河海所出至遠，應龍過歷遊之。」《梁書·謝幾卿傳》：「或乘露車歷遊郊野。」[53]

案：第二類說法，是把「相」訓為容貌，但這樣的訓解未見於先秦文獻。《史記·高祖本紀》:「無如季相」、「君相貴不可言」[54]，指的是面相，「相」字後來的容貌之義，或即由此引申。第三類說法，則是把「相」訓為觀覽，但「相」為省視、察看之意，是仔細地看，也與隨意觀覽有別。

本文暫從整理者之說，這兩句分別是稱讚妣隹的內在與外貌。《尚書·酒誥》:「經德秉哲」[55]，〈橘頌〉:「秉德無私」[56]，所秉持的是明智、道德，可與簡文「秉慈」參看。「率」可訓為循順，《史記·管蔡世家》:「其子曰胡，胡乃改行，率德馴善[57]。」言「率德」，也可與簡文「率相」參照。「秉

---

[53] 宋華強：〈清華簡《楚居》1—2 號釋讀〉。

[54] （漢）司馬遷撰、（南朝宋）裴駰集解、（唐）司馬貞索隱、（唐）張守節正義：《史記》，卷 8，頁 91 下左、92 上左。

[55] 舊題（漢）孔安國傳、（唐）孔穎達等正義：《尚書正義》（臺北市：藝文印書館，1993 年 9 月，影印清嘉慶二十一年阮元重刊宋版十三經注疏本）卷 14，頁 209 上右。

[56] （宋）洪興祖：《楚辭補注》，卷 4，頁 266。

[57] （漢）司馬遷撰、（南朝宋）裴駰集解、（唐）司馬貞索隱、（唐）張守節正義：《史記》，

慈率相，麗秀四方」大意是：秉慈愛之德，循順其天賦本質，且貌美勝於四方女子。

六　季連的婚配、產子與定居

〈楚居〉季連傳說的最後，提到了他與妣隹婚配，以及產子、定居之事。簡文先說：「季䜌䎽亓又[illegible]，從，及之盤，爰生[illegible]白、遠中。」整理者說：

> 聘，媒聘……從，追趕。及，追上。盤，讀為「泮」，水涯。

其他學者則有不同的意見，陳偉說：

> 䎽，疑讀爲「婚」。從及之盤，疑作一句讀。盤，讀爲「班」，返還義。[58]

守彬說：

> 「䎽」當從整理者讀「聞」。陳偉先生將「從及之盤」作一句讀，甚是。「盤」當讀如本字，與前文「盤庚」呼應。[59]

劉樂賢說：

卷 35，頁 398 下右。

[58] 陳偉：〈讀清華簡《楚居》劄記〉，「簡帛網」網站論文 http://www.bsm.org.cn/show_article.php?id=1371（2011 年 1 月 8 日）。

[59] 守彬：〈讀清華簡《楚居》季連故事〉。

此處「盤」似可以讀為「姘」……《廣韻・耕韻》引《蒼頡篇》：「男女私合曰姘。」簡文可能是說，季連聽說妣隹已有婚約，追過去與之私合，生了緹白（伯）和遠中（仲）兩個孩子。[60]

宋華強說：

「盤」疑當訓爲「樂」……「盤游（遊）」經常並言，如《逸周書・柔武》「盤游安居」，僞古文《書・五子之歌》「乃盤遊無度」。字又作「般」……上文說比隹好游，故季連「及之盤」，蓋謂季連和比隹一起盤遊享樂。頗疑「及之盤」是男女交媾的一種委婉語，故下文接著說「爰生緹伯、遠仲」。[61]

程浩說：

此處「盤」應讀為「泮」，意為消散。「及之泮」，即為等到汌水之冰溶解之時。《詩・邶風・匏有苦葉》：「士如歸妻，迨冰未泮。」毛傳曰：「迨，及。泮，散也。」三代嫁娶以秋冬為期，尤其以「冰泮」作為時間節點。《荀子・大略》曰：「霜降逆女，冰泮殺止。」是說從霜降後開始行嫁娶之事，到冰淩消融的時候為止。《孔子家語・本命》曰：「霜降而婦功成，嫁娶者行焉，冰泮而農業起，昏禮殺於此。」〈楚居〉中的「及之泮」，即是嫁娶之期行將「殺止」之時。但是，季連追求妣隹為何要選在這一時刻呢？《周禮・地官・媒氏》有載：「中春之月，令會男女於是時也，奔者不禁。」原來，在此時男女自由結合是不被禮法所禁止的。從上文可知，妣隹是已

60 劉樂賢：〈讀清華簡劄記〉，「簡帛網」網站論文 http://www.bsm.org.cn/show_article.php?id=1384（2011 年 1 月 11 日）。

61 宋華強：〈清華簡《楚居》1—2 號釋讀〉。

聘之女，季連再追求她是有越禮法的。但是根據《周官》的這條記載，如果是在中春之月媾和，則「奔者不禁」了。[62]

案：守彬之說的前提為：「盤庚」是「以『盤』為氏之族人」，宋華強之說則與「比隹好遊」有關，相關簡文前面已有討論，此處不贅述。諸家意見中，較特別的是程浩的說法，他將古代行嫁娶事到「冰泮」之時為止的習俗，與《周禮・媒氏》仲春「奔者不禁」的說法相結合，以討論簡文，頗有新意。

然而，「泮」，意為消散，而非冰消融。若依其說，則「及之泮」的「之」字應為代詞，代指汌水之冰，依其語譯是：「等到汌水之冰溶解」。但前文並沒有提到汌水之冰，即使勉強視為省略，「汌水」與「及之泮」一句相距頗遠，也不能如此指代，故其說不能成立。

整理者對這幾句話的解說大體可從，下面略作修正、補充。「從」是跟隨之意，《說文》：「從，隨行也[63]。」《晏子春秋・內篇雜上》：「乘馹而自追晏子，及之國郊，請而反之[64]。」《史記・項羽本紀》：「使人追宋義子，及之齊[65]。」「及之國郊」是追到國郊，「及之齊」是追到齊國，句式皆與簡文「及之泮」相同。

〈楚居〉所載季連之子為「緄白（伯）」、「遠中（仲）」，與《大戴禮記・帝繫》：「季連產什祖氏」[66]、《世本》、《史記・楚世家》：「季

[62] 程浩：〈清華簡《楚居》「盤」字試解〉，「復旦大學出土文獻與古文字研究中心」網站論文 http://www.gwz.fudan.edu.cn/SrcShow.asp?Src_ID=1495（2011 年 5 月 10 日）。

[63] （漢）許慎撰、（宋）徐鉉校定：《說文解字》（北京市：中華書局，1978 年 3 月，影印清同治十二年陳昌治刊本），卷 8 上，頁 169 上右。

[64] 吳則虞編著：《晏子春秋集釋》（北京市：中華書局，1962 年 1 月），卷 5，頁 362。

[65] （漢）司馬遷撰、（南朝宋）裴駰集解、（唐）司馬貞索隱、（唐）張守節正義：《史記》，卷 7，頁 81 下右。

[66] （清）王聘珍：《大戴禮記解詁》，卷 7，頁 128。。

連生附沮」[67]不同。宋華強、趙平安分別對於這兩種記載差異的可能原因作了討論，可以參考[68]。

簡文接著說：「㝅䢜羊，先尻于京宗。」整理者說：

> 㝅，即「毓」字，喻母覺部，在此讀為幽部之「遊」。䢜，雙聲符字，與「羊」構成聯綿詞，《廣雅·釋訓》作「徜徉」，云：「戲蕩也。」《楚辭·惜誓》作「尚羊」，注云：「遊戲也。」或疑「毓」讀本字，毓徜徉，意為生育順暢。

守彬說：

> 疑讀為「毓長祥」。可參〈牆盤〉：「亞祖祖丁（引案：應為「辛」），𢾊毓子孫。」及《詩經·商頌·長發》：「濬哲維商，長發其祥。」[69]

宋華強則說：

> 「毓」讀本字可從，但不是指生育，而是指長養……「毓䢜羊」等於「毓於䢜羊」，「䢜羊」是地名，介詞「於」省略。郭店簡〈窮達以時〉4—5 號「呂望爲臧棘津，守監門逨地」，「爲臧棘津」即「爲臧於棘津」，「守監門逨地」即「守監門於逨地」，並省「於」。又《漢書·敘傳上》「譬猶中木之殖山林，鳥魚之毓川澤」，師古曰：「殖，生也，長也。毓與育同。」「毓川澤」即「毓於川澤」，

[67] （漢）宋衷注、（清）秦嘉謨等輯：《世本八種》；（漢）司馬遷撰、（南朝宋）裴駰集解、（唐）司馬貞索隱、（唐）張守節正義：《史記》，卷 40，頁 429 下左。

[68] 參看：宋華強：〈清華簡《楚居》1—2 號釋讀〉、趙平安：〈「三楚先」何以不包括季連〉。

[69] 守彬：〈讀清華簡《楚居》季連故事〉。

> 句式與「毓□羊」相同。「□」、「羊」疑當讀爲「漳」、「陽」，二水名……《漢書・地理志》南郡「臨沮」下云：「〈禹貢〉南條荊山在東北，漳水所出，東至江陵入陽水。」簡文「毓漳、陽」接續上文「爰生□伯、遠仲」而言，是說□伯、遠仲生長於漳水、陽水一帶。[70]

案：「徜徉」不能用來指生育順暢；而若讀為「毓長祥」，則應譯為生育或養育長久福祥，亦不甚通順。簡文說：「□□羊，先凥于京宗。」「京宗」已是地名，宋華強將「□羊」又當作地名，似乎也不妥切。

「□□羊」疑應讀為「育長養」，指生育長養。《左傳・昭公二十五年》：「以效天之生殖長育[71]。」《春秋繁露・諸侯》：「生育養長，成而更生[72]。」《漢書・孔光傳》：

> 光素聞傅太后為人剛暴，長於權謀，自帝在繈褓而養長教道至於成人，帝之立又有力。[73]

皆有類似的文句，可與簡文相參看。

最後的地名「京宗」，整理者認爲與《山海經・中山經・中次八經》「荊山之首曰景山」有關。李學勤同意此說，並進一步考證如下：

> 鬻熊、熊麗都居於京宗，簡文還說，「至熊狂亦居京宗」。對照葛陵簡的「宅茲雎漳」，不難推想京宗所在的範圍。《墨子・非攻下》：

---

[70] 宋華強：〈清華簡《楚居》1—2 號釋讀〉。

[71] （晉）杜預集解、（唐）孔穎達等正義：《春秋左傳正義》（臺北市：藝文印書館，1993 年 9 月，影印清嘉慶二十一年阮元重刊宋版十三經注疏本），卷 51，頁 891 下右。

[72] 蘇輿撰：《春秋繁露義證》（北京市：中華書局，1996 年 9 月），卷 10，頁 313。

[73] （漢）班固撰、（唐）顏師古注：《漢書》（北京市：中華書局，1995 年 3 月），卷 81，頁 853 上左。

> 「昔者楚熊麗始討此雎山之間。」「討」《說文》訓爲「治」，可知熊麗是在雎水一帶的山間，所以京宗之名有可能與《中山經》的景山有關。《水經・沮（雎）水注》：「沮水出汶陽郡沮陽縣西北景山，即荊山首也。」《讀史方輿紀要》云山在湖北房縣西南二百里。京宗得名疑與該山有關。[74]

其他學者，則有不同的意見。復旦讀書會說：

> 「京宗」整理者疑與荊山之首景山有關。荊山是漳水發源地，與古厲人活動的區域相去不遠。又，此「京宗」也有可能在今湖北京山一帶，其地有京源山，或與「京宗」有關。[75]

宋華強說：

> 〈楚居〉「先處於京宗」是接續上文「𦀚伯、遠仲毓漳、陽」而言，則京宗當和漳水、陽水相近。〈中山經〉所云「景山」即《水經・沮水注》「沮水出漢中房陵縣景山」之「景山」，在今陝西上雒西南，距離漳水、陽水稍遠，恐非此地。而且簡文說自𦀚伯、遠仲、穴熊先後居於京宗，直到熊狂、熊繹皆居於此地，則京宗一定是楚國歷史上的重要地名，然而古書從未見到楚人提到「景山」。頗疑「京宗」就是指荊山。荊山是楚人先祖創業的著名地點，如《左傳》昭公十二年：「昔我先王熊繹辟在荊山，篳路藍縷，以處草莽。」……李家浩先生曾提出𠫑羌鐘銘文「懾奪楚京」的「楚京」可能當讀爲

---

74 李學勤：〈論清華簡《楚居》中的古史傳說〉，頁 57。

75 復旦大學出土文獻與古文字研究中心研究生讀書會：〈清華簡《楚居》研讀劄記〉。

> 「楚荊」……荊山之所以稱爲「京宗」大概和《尚書・堯典》稱「岱宗」一樣，意思是荊山爲四方所宗。[76]

凡國棟說：

> 京宗與方山、湍水都應該相距不遠。而上述諸位所考之京宗都與方山相去甚遠。石泉先生曾據〈中次十一經〉考證一處古荊山地望……石先生指出翼望山被稱為「荊山之首」，則這一帶的山脈必曾有以「荊山」爲名的一座山。其結論是該荊山位於今鄧縣西北九十里、與內鄉縣交界的山區。這一處荊山位於湍水之源，與方山比鄰。極有可能就是〈楚居〉所載之京宗。[77]

案：宋華強認為「景山」距離稍遠，「京宗」「恐非此地」，而「頗疑『京宗』就是指荊山」。其實，景山為荊山之首，《水經・沮水注》：「沮水出汶陽郡沮陽縣西北景山，即荊山首也[78]。」位於荊山的西側，並非如宋氏所言，「在今陝西上雒西南[79]」。

李學勤結合〈楚居〉「至熊狂亦居京宗」、葛陵簡的「宅茲雎漳」及《墨子・非攻下》：「昔者楚熊麗始討此雎山之間」的說法，認為「京宗」應位在沮水一帶，很有道理。唯一需要稍作解釋的是：〈非攻下〉：「楚熊麗始討此雎山之間」，似與〈楚居〉說季連已「先處於京宗」相衝突。根據〈楚居〉，楚人名「楚」與麗季（即熊麗）之母有關，在此之前並沒有「楚」的稱號，這或許就是〈非攻下〉說法的由來。

---

[76] 宋華強：〈清華簡《楚居》1—2 號釋讀〉。

[77] 凡國棟：〈清華簡《楚居》中與季連有關的幾個地名〉。

[78] （北魏）酈道元注；楊守敬、熊會貞疏：《水經注疏》，卷 32，頁 2695。

[79] 宋華強的說法，本於《太平御覽》卷四十九引南朝盛弘之《荊州記》，原文說：「景山在上洛縣西南二百里，東與荊山接。」所提到的「上洛縣」應為南朝所置，在今湖北鄖西縣西北，而非西漢初置，在今陝西商洛市的「上洛縣」。參看：同前註，卷 32，頁 2695。

復旦讀書會一說的京源山，及凡國棟所主張的翼望山，則皆與沮水相距較遠，應非「京宗」之所在。從地理位置及相關文獻來看，「京宗」應即景山或荊山，景山為荊山之首，屬於荊山山脈的一部分，兩說並非不能並存。

七　結論

本文對學者們研究清華簡〈楚居〉的成果加以討論，以下歸納所得主要結論，以清眉目：

（一）　簡文的「[illegible]山」應是《山海經・中山經》的騩山（即今河南省具茨山），而非〈西山經〉中的騩山，也與包山簡的「坐山」無關。

（二）　簡文的「汌水」其實就是古籍中的順水、均水、鈞水，也就是今天源於河南省西南部的淅水及會合淅水以下的丹江。簡文的「喬山」和「方山」是《山海經》的「驕山」和「柄山」，「喬山」約在今湖北省荊山一帶，「方山」則在今河南省熊耳山一帶。至於「爰波」及「穴窮」，諸家所考，證據均嫌不足，實際地望待考。

（三）　簡文的「盤庚」應即商王盤庚，從年代來看，「盤庚之子」的「子」，似應訓為子孫、後代。盤庚為遷都於殷的名王，故〈楚居〉稱「妣隹」為盤庚的後代。或以為「比、隹」有可能是兩個女子名，不可從。與之相關的葛陵簡[illegible][illegible]二字，「顓頊」說或「汌水」說的證據都還不夠充分，其確切釋讀尚待研究。

（四）　簡文「秉茲[illegible]相，詈[illegible]四方」，是對「妣隹」的描述，但確切涵義，卻頗費解，學者們的意見，大致可分為三類。由訓詁方面來看，「相」字訓為容貌或觀覽的二類說法，都值得商榷。這兩句應該分別是稱讚妣隹的內在與外貌，可讀作「秉慈率相，麗秀四方」，意思是秉慈愛之德，循順其天賦本質，且貌美勝於四方女子。

（五）　簡文「從，及之盤（泮）」，是跟隨著到水邊的意思，或將「及之盤（泮）」解作「等到汌水之冰溶解之時」，不可從。諸家對於「㜅襄羊」的釋讀皆不妥切，疑應讀為「育長養」，指生育長養。最後的地名「京宗」，應即景山或荊山，景山為荊山之首，屬於荊山山脈的一部分，兩說並非不能並存。

傳世文獻中，關於楚國先祖季連的相關記載頗為簡略。清華簡〈楚居〉為楚人自己記述的第一手資料，篇中詳細敘述了有關季連居處、遷徙乃至與妣隹有後的古史傳說。這些珍貴的新內容，對我們進一步研究楚國世系、源流等問題，有很大的助益。

參考書目

一　古籍整理本（依四部分類編排）

舊題（漢）孔安國傳、（唐）孔穎達等正義：《尚書正義》（臺北：藝文印書館，1993 年 9 月，影印清嘉慶二十一年阮元重刊宋版十三經注疏本）

（清）王聘珍：《大戴禮記解詁》（北京：中華書局，1998 年 12 月）

（晉）杜預集解、（唐）孔穎達等正義：《春秋左傳正義》（臺北：藝文印書館，1993 年 9 月，影印清嘉慶二十一年阮元重刊宋版十三經注疏本）

（漢）許慎撰、（宋）徐鉉校定：《說文解字》（北京：中華書局，1978 年 3 月，影印清同治十二年陳昌治刊本）

（漢）司馬遷撰、（南朝宋）裴駰集解、（唐）司馬貞索隱、（唐）張守節正義：《史記》（北京：中華書局，1997 年 11 月）

（漢）班固撰、（唐）顏師古注：《漢書》（北京：中華書局，1995 年 3 月）

（漢）宋衷注、（清）秦嘉謨等輯：《世本八種》（上海：商務印書館，1957 年 12 月）

上海師範大學古籍整理組校點：《國語》（臺北：里仁書局，1981 年 12 月）

（北魏）酈道元注、楊守敬、熊會貞疏：《水經注疏》（南京：江蘇古籍出版社，1999 年 8 月）

吳則虞編著：《晏子春秋集釋》（北京：中華書局，1962 年 1 月）

（清）王先謙：《荀子集解》（臺北：華正書局，1993 年 9 月）

蘇輿撰：《春秋繁露義證》（北京：中華書局，1996 年 9 月）

（宋）洪興祖：《楚辭補注》（臺北：藝文印書館，2000 年 10 月，影印清道光二十六年惜陰軒叢書本）

遊國恩主編：《離騷纂義》（北京：中華書局，1982 年 7 月）

（清）嚴可均校輯：《全上古三代秦漢三國六朝文》（北京：中華書局，1995 年 11 月，影印清光緒年間王毓藻校刻本）

二　現代專著（依出版先後編排）

中國社會科學院考古研究所編：《殷周金文集成》（上海：中華書局，1984 年 8 月）

湖北省荊沙鐵路考古隊：《包山楚墓》（北京：文物出版社，1991 年 10 月）

湖北省文物考古研究所、北京大學中文系編：《九店楚簡》（北京：中華書局，2000 年 5 月）

馬承源主編：《上海博物館藏戰國楚竹書（一）》（上海：上海古籍出版社，2001 年 11 月）

睡虎地秦墓竹簡整理小組編：《睡虎地秦墓竹簡》（北京：文物出版社，2001 年 12 月）

馬承源主編：《上海博物館藏戰國楚竹書（二）》（上海：上海古籍出版社，2002 年 12 月）

河南省文物考古研究所編著：《新蔡葛陵楚墓》（鄭州：大象出版社，2003 年 10 月）

張正明：《秦與楚》（武漢：華中師範大學出版社，2007 年 12 月）

白於藍：《簡牘帛書通假字典》（福州：福建人民出版社，2008 年 1 月）

清華大學出土文獻研究與保護中心編：《清華大學藏戰國竹簡（壹）》（上海：中西書局，2010 年 12 月）

三　期刊論文（依發表先後編排）

李學勤：〈論清華簡《楚居》中的古史傳說〉，《中國史研究》2011 年第

1 期（2011 年 2 月）

趙平安：〈試釋《楚居》中的一組地名〉，《中國史研究》2011 年第 1 期（2011 年 2 月）

李守奎：〈根據《楚居》解讀史書中熊渠至熊延世序之混亂〉，《中國史研究》2011 年第 1 期（2011 年 2 月）

李守奎：〈《楚居》中的樊字及出土楚文獻中與樊相關文例的釋讀〉，《文物》2011 年第 3 期（2011 年 3 月）

四　研討會論文（依發表先後編排）

沈培：〈關於古文字材料中所見古人祭祀用尸的考察〉，第三屆「古文字與古代史」國際學術研討會論文（臺北：中央研究院歷史語言研究所，2011 年 3 月 25～27 日）

趙平安：〈「三楚先」何以不包括季連〉，第三屆「古文字與古代史」國際學術研討會論文（臺北：中央研究院歷史語言研究所，2011 年 3 月 25～27 日）

五　網站論文（依發表先後編排）

復旦大學出土文獻與古文字研究中心研究生讀書會：〈清華簡《楚居》研讀箚記〉，「復旦大學出土文獻與古文字研究中心」網站論文 http://www.gwz.fudan.edu.cn/SrcShow.asp?Src_ID=1353（2011 年 1 月 5 日）

陳偉：〈讀清華簡《楚居》箚記〉，「簡帛網」網站論文 http://www.bsm.org.cn/show_article.php?id=1371（2011 年 1 月 8 日）

單育辰：〈佔畢隨錄之十三〉，「復旦大學出土文獻與古文字研究中心」網站論文 http://www.gwz.fudan.edu.cn/SrcShow.asp?Src_ID=1363（2011 年 1 月 8 日）

守彬：〈從清華簡《楚居》談「×郢」〉，「簡帛網」網站論文

http://www.bsm.org.cn/show_article.php?id=1377（2011 年 1 月 9 日）
守彬：〈讀清華簡《楚居》季連故事〉，「簡帛網」網站論文 http://www.bsm.org.cn/show_article.php?id=1382（2011 年 1 月 10 日）
劉樂賢：〈讀清華簡劄記〉，「簡帛網」網站論文 http://www.bsm.org.cn/show_article.php?id=1384（2011 年 1 月 11 日）
孟蓬生：〈《楚居》所見楚武王名臆解〉，「簡帛網」網站論文 http://www.bsm.org.cn/show_article.php?id=1386（2011 年 1 月 12 日）
蘇建洲：〈《楚居》簡 7 楚武王之名補議〉，「復旦大學出土文獻與古文字研究中心」網站論文 http://www.gwz.fudan.edu.cn/SrcShow.asp?Src_ID=1380（2011 年 1 月 13 日）
宋華強：〈清華簡《楚居》1—2 號釋讀〉，「簡帛網」網站論文 http://www.bsm.org.cn/show_article.php?id=1391（2011 年 1 月 15 日）
宋華強：〈清華簡《楚居》「比隹」小議〉，「簡帛網」網站論文 http://www.bsm.org.cn/show_article.php?id=1393（2011 年 1 月 20 日）
任攀、程少軒整理：〈網摘・《清華一》專輯〉，「復旦大學出土文獻與古文字研究中心」網站論文 http://www.gwz.fudan.edu.cn/SrcShow.asp?Src_ID=1393（2011 年 2 月 2 日）
陳偉：〈清華簡《楚居》「楩室」故事小考〉，「簡帛網」網站論文 http://www.bsm.org.cn/show_article.php?id=1398（2011 年 2 月 3 日）
任攀整理：〈網摘：2011 年 1 月〉，「復旦大學出土文獻與古文字研究中心」網站論文 http://www.gwz.fudan.edu.cn/SrcShow.asp?Src_ID=1417（2011 年 3 月 1 日）
子居：〈清華簡《楚居》解析〉，「簡帛研究」網站論文 http://www.jianbo.org/admin3/2011/ziju001.htm（2011 年 3 月 30 日）
王偉：〈清華簡《楚居》地名劄記（二則）〉，「復旦大學出土文獻與古文字研究中心」網站論文

http://www.gwz.fudan.edu.cn/SrcShow.asp?Src_ID=1480（2011 年 4 月 28 日）

程浩：〈清華簡《楚居》「盤」字試解〉，「復旦大學出土文獻與古文字研究中心」網站論文 http://www.gwz.fudan.edu.cn/SrcShow.asp?Src_ID=1495（2011 年 5 月 10 日）

陳民鎮：〈讀清華簡《楚居》劄記（二則）〉，「復旦大學出土文獻與古文字研究中心」網站論文 http://www.gwz.fudan.edu.cn/SrcShow.asp?Src_ID=1509（2011 年 5 月 31 日）

凡國棟：〈清華簡《楚居》中與季連有關的幾個地名〉，「簡帛網」網站論文 http://www.bsm.org.cn/show_article.php?id=1486（2011 年 6 月 4 日）

劉濤：〈清華簡《楚居》中所見巫風考〉，「復旦大學出土文獻與古文字研究中心」網站論文 http://www.gwz.fudan.edu.cn/SrcShow.asp?Src_ID=1558（2011 年 6 月 19 日）

允中與允信——
郭店〈成之聞之〉引《書》的雙層詮釋

范麗梅 *

提要

本文考察「允」字的詞義範圍，認為郭店〈成之聞之〉中〈君子之於教〉的引《書》部份應用「允」字兩個層次的意義，建構了一套道德修養與為政導民的理論。〈君子之於教〉兩個關鍵性的「允」字是構築該篇引《書》部份中心思想的重要概念，藉由從「允合中道」到「允信於眾」的雙層解釋，強調在上位者必須先反己修身，做到允合中道的標準，由此以身作則，方能允信於民眾，進而引導民眾使之真心服從，達致無災無病、安居樂業的生活。

〈君子之於教〉以《尚書》思想為背景建構理論，除了明確徵引〈君奭〉、〈冏命〉等篇外，還立足於類似〈洪範〉、〈梓材〉等其他篇章所共具的思想背景，論述「極」之中道，顯示了先秦儒家依傍經典文獻的解釋以建立思想理論的方法。

關鍵字：郭店楚簡、成之聞之、尚書、經典詮釋

* 中央研究院中國文哲研究所助研究員。

一　前言

上古經典文本經由漢字書寫而成，各個漢字記錄著漢語中的語詞，由本義逐步引申或假借開展出一個詞義涵蓋或大或小的範圍，這個詞義範圍是上古經典解釋得以準確考察，或深入推闡的重要基礎。就上古經典的流傳而言，這個詞義範圍更是與經典解釋者相互激盪，相輔相成而逐步形成某些「哲學範疇」[1]不可或缺的一環。因此解讀或闡釋上古經典文獻，有必要深入探討其中關鍵字詞的詞義範圍。本文以新出土的郭店楚簡〈成之聞之〉為討論對象，嘗試說明上古文獻如何應用漢語、漢字中若干詞義的豐富性，以《尚書》思想為背景，進行層次不同的詮釋，從而構建出一套道德修養與為政導民的理論。

郭店〈成之聞之〉的簡序在公佈以後，尚存在許多編連的問題，目前經過多位學者的努力，可說已達到一個初步的共識[2]，亦即〈成之聞之〉可以分為兩個獨立的篇章，一是李學勤所稱的〈天常章〉，包括簡 31-33 與 37-40[3]。另一是其餘簡的重新編連，分別是簡 4-20、34-36、29、23、22、30、1-3、24-28、21，據廖名春所說以篇首命名的古書慣例，可稱為〈君子之於教〉。在〈君子之於教〉中，似又可分成兩大部份，一是簡 4-20 的部份，

[1] 有關「哲學範疇」的討論，可參看張岱年：《中國古典哲學概念範疇要論》（北京市：中國社會科學，1989 年）。張立文：《中國哲學範疇發展史（天道篇）》（臺北市：五南出版社，1996 年）。張立文：《中國哲學範疇發展史（人道篇）》（臺北市：五南出版社，1997 年）。溫特爾班（Wilhelm Windelband）著，羅達仁譯：《哲學史教程 ：特別關於哲學問題和哲學概念的形成和發展》（北京市：商務印書館，2009 年）。

[2] 詳細討論與總結的意見可參廖名春：〈郭店簡〈成之聞之〉的編連和命名問題〉，《新出楚簡試論》（臺北市：臺灣古籍出版有限公司，2001 年）。顧史考：〈郭店楚簡〈成之〉等篇雜志〉，《郭店楚簡先秦儒書宏微觀》（臺北市：學生書局，2006 年）。陳劍：〈郭店簡〈尊德義〉和〈成之聞之〉的簡背數字與其簡序關係的考察〉，收入武漢大學簡帛研究中心編：《簡帛（第二輯）》（上海市：上海古籍出版社，2007 年）。鄧少平：〈由簡背數字論郭店〈成之聞之〉「天常」章的位置〉，「復旦大學出土文獻與古文字研究中心網站」（2010 年 3 月 22 日）。

[3] 李學勤：〈試說郭店簡〈成之聞之〉兩章〉，《清華簡帛研究》第 1 期（2000 年 8 月）。

此部份的宗旨在於反本求己，以身作則。二是簡 34 以後的部份，此部份是〈君子之於教〉中集中徵引《尚書》的部份，但在簡序的編連與字詞的釋讀上，都存在不少問題，本文即以此關涉到徵引《尚書》的部份作為研究的重點。

二 〈君子之於教〉引《書》部份的行文邏輯

經過多位學者的努力，〈成之聞之〉簡 34-36、29、23、22、30、1-3、24-28、21 的排序已經達到一個共識，即上述所稱〈君子之於教〉的下半部，亦是集中徵引《尚書》的部份，本文先列釋文如下：

> 君子曰：從允惥悊，則先者余，來者信。曰：「襄我二人，毋有合哉言！」蓋道不悅之詞也。
>
> 君子曰：雖有其丞而行之不疾，未有能深之者也。勉之遂也，強之功也，惰之淹也，怠之功也。[4]是故凡物在疾之。〈君奭〉曰：「唯冒，丕單稱德！」蓋言疾也。
>
> 君子曰：疾之可能，終之為難。「槁木三年，不必為邦旗！」蓋言挾之也。[5]是以君子貴成之。
>
> 聞之曰：古之用民者，求之於己為丞。行不信則命不從。信不著則

[4] 「勉之遂也，強之功也，惰之淹也，怠之功也」一句根據鄧少平：〈郭店楚簡〈成之聞之〉〈尊德義〉補釋〉，《中國文字》新 36 期（2011 年），頁 81-85。

[5] 「挾」字根據周鳳五：〈郭店竹簡文字補釋〉，《古墓新知—紀念郭店楚簡出土十周年論文專輯》（香港：香港國際炎黃文化出版社，2003 年 11 月），頁 66-67。

> 言不樂。民不從上之命，不信其言，而能含德者，未之有也。故君子之莅民也，身服善以先之，敬慎以導之，其所在者入矣。民孰弗從？型於中，發於色，其審也固矣，民孰弗信？是以上之亙務在信於眾。〈冏命〉曰：「允師濟德。」此言也，言信於眾之可以濟德也。聖人之性與中人之性，其生而未有分之，節於而也，則猶是也。雖其於善道也，亦非有譯婁以多也。及其尃長而厚大也，則聖人不可由與墠之。此以民皆有性而聖人不可莫也。是以知而求之不疾，其去人弗遠矣。勇而行之不果，其疑也弗往矣。[6]

以上釋文是依據簡文的行文邏輯所作的分段，行文邏輯參考顧史考（Scott Cook）的說法，顧史考根據陳偉所引《禮記・祭義》：「教曰孝，其行曰養。養可能也，敬為難；敬可能也，安為難；安可能也，卒為難。父母既沒慎行其身，不遺父母惡名，可謂能終矣。」認為簡文亦用此遞增累進的過程為文[7]。根據這個邏輯可以列表如下：

君子曰	從允悞怹，則先者余，來者信。	從允悞怹之亙
	〈君奭〉曰：「襄我二人，毋有合哉言！」蓋道不悅之詞也。	
君子曰	雖有其亙而行之不疾，未有能深之者也。勉之遂也，強之功也，惰之淹也，怠之功也。是故凡物在疾之。	亙之可能疾之為難
	〈君奭〉曰：「唯冒，丕單稱德！」蓋言疾也。	
君子曰	疾之可能，終之為難。	疾之可能終之為難
	「槁木三年，不必為邦旗！」蓋言挾之也。是以	

[6] 荊門市博物館：《郭店楚墓竹簡》（北京市：文物出版社，1998 年 5 月），頁 49-51。

[7] 唯顧史考以為簡 36 與簡 29 的連讀是以文章形式的考慮姑且相連的，並且還指出二者無必然關係。見顧史考：〈郭店楚簡〈成之〉等篇雜志〉，頁 188。

	君子貴成之。	
聞之曰	古之用民者，求之於己為亙。……是以上之亙務在信於眾。	
	〈冏命〉曰：「允師濟德。」此言也，言信於眾之可以濟德也。	亙在信於眾

簡文此部份經過這樣的調整與說解，邏輯變得非常清楚，也使得簡文中多個字詞的考釋有了比較可靠的行文脈絡的依據。其行文方式是先引「君子曰」或「聞之曰」，後引《尚書》，一步步推進論述的主題，先是「亙」，其次「疾」，再者「終」，最後又回到「亙」。在這三個主題中，「疾」與「終」二者的意涵比較清楚，前者指的是道德修養必須趕緊努力勉強為之，不能怠惰拖延；後者則指道德修養必須及身而成，不能只是一時的激勵奮發而已，而貴在能夠及身看到成就。與「疾」、「終」二主題相比，「亙」字的意涵就比較不好理解了，然而它卻又是簡文這個部份中非常重要的關鍵，因為它是三個主題中的第一主題。簡文的論述由「亙」出發，而後又回到「亙」，亦即由「聞之曰」開始即以較長的段落回過頭來討論「亙」。之後再開啟另一段敘述「聖人之性與中人之性」的比較，這一段話主要講的是道德如何及時成就的問題，也就是還回到「疾」與「終」這二個主題上，因為及時成就道德的重要關鍵就在「疾」，而能「疾」之後還必須完成，就是「終」，所以最後總結說「是以知而求之不疾，其去人弗遠矣。勇而行之不果，其疑也弗往矣」，指的就是知「亙」之後必須能「疾」，否則其距離一般人亦不遠，而能「疾」之勇敢的去執行之後必須求「終」之成果，否則就如同疑止不前，而不能完成道德的修養，簡文即依此循環反覆的方式來推闡思想。

那麼「亙」字究竟所指為何？仍須結合簡文的行文邏輯來說明。由上表可知「雖有其亙」的具體內容就是「從允[忄臭]怹」，其中「允」字是一個重要的關鍵詞。同時下文「上之丞務在信於眾」之後引〈冏命〉「允師濟德」，也提到「允」字，可見「允」字是簡文整個段落中不可或缺的重要概念，因此有必要作深入的討論。

三　「允」字的詞義範圍

「允」字是〈君子之於教〉引《書》部份論述的重要關鍵，欲了解這個部份，應先考察「允」字在先秦兩漢文獻中所使用的詞義範圍。

有關「允」字，筆者曾經整理相關的古文字材料，就字形、音韻、語義、語法等多個層面論證其與「矣」應是關係密切的兩個字[8]。現簡述如下：首先，就字形而言，「允」、「矣」兩字的上半部份，在金文、簡牘等文獻中都出現相近或交涉的寫法，尤其在文字使用的過程中，「允」、「矣」二字皆由原本的象形字發展成形聲字，其上部的頭形皆與同音的「㠯」字同化而成聲符，「㠯」字餘紐之部，與「允」、「矣」聲韻（詳下）關係密切。這個演變在楚簡中明顯可見，例如楚簡的「矣」字本有與甲骨文一致的寫法，然而又出現上部寫法與「允」字上部同樣聲化成聲符「㠯」的「矣」，造成楚簡有「矣」、「矣」字的兩種寫法，二者其實是同一字。此外，兩字的下半部寫法亦有相對之處，「允」字描摹人的側面之形，尤其〈秦公鎛〉從「允」的字「[illegible]」，其下部具體加上「止」，表達與行走有關。而「矣（矣）」字描摹人的正面之形，〈伯疑父簋〉從「矣（矣）」的「[illegible]」，下部亦加上「止」，也表示與行走有關。二者所摹最大的差別即在側面或正面，其區別在甲骨字形看得非常清楚，亦即「允」字所描繪的是一人側面之形，上部頭首放大，描繪其臉部向前的樣子，與「矣（矣）」字描繪頭首四顧的樣子恰恰相

8　參范麗梅：〈《詩經・大雅・生民》「克岐克嶷」解──兼論古文字「允」、「矣」同源〉，臺灣大學中文系「先秦文本與出土文獻國際學術研討會」（臺北市：臺灣大學，2008 年 12 月 27-28 日）。

對。因此若就造字初形而言，「允」與「𠤕（矣）」字實具備相同的造字概念，二者皆從人行走之義出發，前者作人側面形，上部重點標示人頭前視之形；後者則作人正面形，上部標示人頭四顧之形。因此「允」字應象人行前進之貌，而「𠤕（矣）」字則象人行走拄杖轉頭四顧停止前進或張口疑問之形，二者明顯是字源相關而傳寫交互影響的兩個字，以上是從「允」、「𠤕」二字的使用演變溯其形義關係。其次，就音韻而言，「允」字在餘紐文部；「𠤕（矣）」字在匣紐之部，二者聲紐相近，韻部則主要元音相同，具備對轉關係，因此二字很可能由同一語源發展出來。至於語義，「允」與「𠤕（矣）」既然是由與行走相關的同一概念發展出來的兩個相對的語義，很自然的，前者就由行進前視引申出義無反顧的確信義；後者則由停頓四顧引申出疑惑義，唯傳世文獻多作「疑」字。同時「允」與「矣」亦皆出現由動詞轉為虛詞的用法，例如「允」之「確信」義轉為副詞，表達「誠然」之義，多用於句首或動詞之前；「矣」之「疑惑」義轉為表達「疑問」語氣的虛詞，則多用於句末，或用在複句中前一分句之後，表示「停頓」。

據此，可以進一步概括「允」字在先秦兩漢文獻中所常用的詞義範圍，根據典籍傳注的訓釋或是文獻的語意脈絡，可以歸納出四大類別：

第一是由行進前視引申出「前進上升」義，如《尚書・君陳》：「爾克敬典在德，時乃罔不變，允升于大猷[9]。」另外，李富孫《易經異文釋》：「允升，《說文・本部》引作『𡴘升』，云『進也』[10]。」柳榮宗《說文引經考異》：「允，篆文作[illegible]，從㠯從儿。儿，古文奇字人也。㠯，用也。用人進之也，進而用之，信之也[11]。」又林義光提出：「㠯非聲。允當與𡴘同字。

[9] 孔安國傳，孔穎達等正義：《尚書正義》，《十三經注疏》（臺北市：藝文印書館，1955 年），頁 275。

[10] 李富孫：《易經異文釋》，收入嚴靈峰：《無求備齋易經集成》（臺北市：成文出版社，1976 年），頁 120。

[11] 柳榮宗：《說文引經考異》，收入丁福保：《說文解字詁林》（臺北市：臺灣商務印書館，1976 年），頁 4606。

進也。……𠃌象人。上象其頭，丨進而益上之形[12]。」

第二是由行進前視、義無反顧引申出「允當」義，如《周易・升卦・初六》:「允升大吉。」王《注》:「允，當也[13]。」或由行進前視、義無反顧引申出「允合」義，如《文選・王儉褚淵碑文》:「忠貞允亮。」李周翰《注》:「允，合[14]。」《尚書・說命中》:「允協于先王成德。」《尚書・太甲中》:「伊尹拜手稽首曰:『修厥身，允德協于下，惟明后[15]。』」或由行進前視、義無反顧引申出「允若順從」義，如《尚書・大禹謨》:「祗載見瞽瞍，夔夔齋慄。瞽亦允若。」《孔傳》:「言舜負罪引惡，敬以事見于父，悚懼齋莊，父亦信順之，言能以至誠感頑父[16]。」《孟子・萬章上》:「孝子之至莫大乎尊親；尊親之至莫大乎以天下養。為天子父，尊之至也；以天下養，養之至也。《詩》曰：『永言孝思，孝思惟則。』此之謂也。《書》曰：『祗載見瞽瞍，夔夔齋栗，瞽瞍亦允若。』是為父不得而子也。」趙《注》:「舜既為天子，敬事嚴父，戰栗以見瞽瞍，瞍亦信知舜之大孝，若是為父不得而子也，以此解咸丘蒙之疑[17]。」

第三是由行進前視、義無反顧引申出「誠信」義，如《周易・晉卦・六三》:「眾允。」李鼎祚《周易集解》引虞翻《注》:「允，信也[18]。」又《左傳・文公十八年》:「明允篤誠。」《孔疏》:「允者，信也，終始不愆，言行相副也[19]。」另外，又由「誠信」義出現反訓的「巧佞」義，如《爾雅・釋詁下》:「允，佞也。」邵晉涵《正義》:「允訓為信，又訓為佞者，《逸

[12] 林義光：《文源》卷七，收入劉慶柱、段志洪主編：《金文文獻集成（第十七冊）》（香港：明石文化，2004 年），頁 526。

[13] 王弼，韓康伯注，孔穎達等正義：《周易正義》，《十三經注疏》（臺北市：藝文印書館，1955 年），頁 107。

[14] 蕭統編，李善等注：《增補六臣註文選》（臺北市：華正書局，1974 年 10 月），頁 1079。

[15] 孔安國傳，孔穎達等正義：《尚書正義》，《十三經注疏》，頁 141、118。

[16] 同前註，頁 58。

[17] 趙岐注，孫奭疏：《孟子注疏》，《十三經注疏》（臺北市：藝文印書館，1955 年），頁 164。

[18] 李鼎祚輯：《周易集解》（臺北市：臺灣商務印書館，1996 年 12 月），頁 175。

[19] 杜預注，孔穎達等正義：《左傳正義》，《十三經注疏》（臺北市：藝文印書館，1955 年），頁 353。

周書・寶典解》云『展允干信』，是允為不信，反覆相訓也[20]。」

第四是由詞義虛化後用作虛詞，表達「誠如」義，如《尚書・堯典》：「允恭克讓。」《孔傳》：「允，信[21]。」在此「允」與「克」都是副詞，「克」表示能夠，「允」表示誠如，是由詞義「誠信」虛化而來的。或用於句首的發語詞，也是由「前進」的詞義虛化而來，如《經傳釋詞》卷一：「允，發語詞也。《詩・時邁》曰：『允王維后』，言『王維后』也。又曰『允王保之』，言『王保之』也，允，語詞耳[22]。」

在先秦兩漢諸家的訓釋著作中，將「允」訓作「信」，是最普遍的說法。然而這個訓釋如何取得？卻並不清楚。本文通過「允」與「矣」比對，即能較好的說明「允」字在先秦兩漢文獻中所使用的詞義範圍，基本上是由「允」的行進前視的詞義引申出「前進上升」、「允當」、「允合」、「允若順從」、「誠信」等實詞意義。查考文獻中若干「允」字的用法，倘若都解作「信」，雖未嘗不可，然而了解到「允」具有「信」的意涵實由義無反顧的「前進」義而來，則比較能精準掌握某些文句的意思，例如文獻中有「允德」一詞，《大戴禮記・衛將軍文子》：「孝子慈幼，允德稟義，約貨去怨，蓋柳下惠之行也[23]。」《孔子家語・弟子行》：「孝恭慈仁，允德圖義，約貨去怨，輕財不匱，蓋柳下惠之行也[24]。」其「允德」與「稟義」或「圖義」對句，「稟」、「圖」二字在此為動詞，則「允」或可解為動詞的「進」或「合」，「允德」即「進德」、「合德」，指進修符合道德之義。

了解了「允」字所表的詞義範圍，有助於〈君子之於教〉徵引《尚書》

---

20 邵晉涵：《爾雅正義》（合肥：安徽教育出版社，2002 年），頁 577。

21 孔安國傳，孔穎達等正義：《尚書正義》，《十三經注疏》，頁 19。

22 王引之：《經傳釋詞》（南京市：江蘇古籍出版社，2000 年 9 月），頁 13。另，「允」字作為虛詞尚有與「用」、「以」相通，或與「聿」相通的用法，唯與本文關係較遠，在此不贅。

23 王聘珍撰，王文錦點校：《大戴禮記解詁》（臺北市：漢京文化事業有限公司，1987 年 10 月），頁 115。

24 陳士軻輯：《孔子家語疏證》（上海市：上海書店，1987 年 1 月），頁 77。

部份的理解，因為此部份正是利用「允」字所覆蓋的詞義範圍去進行經典解釋的，並從而發展出一套道德理論的敘述。

四　〈君子之於教〉「允師濟德」之「允」

了解「允」字在先秦兩漢文獻所使用的詞義範圍，則能較好的理解〈君子之於教〉的相關段落，首先討論有關「允師濟德」中的「允」字，為便於討論，先列釋文如下：

> 聞之曰：古之用民者，求之於己為死。行不信則命不從。信不著則言不樂。民不從上之命，不信其言，而能含德者，未之有也。故君子之莅民也，身服善以先之，敬慎以導之，其所在者入矣。民孰弗從？型於中，發於色，其審也固矣，民孰弗信？是以上之死務在信於眾。〈冏命〉曰：「允師濟德。」此言也，言信於眾之可以濟德也。

在此段中「允師濟德」是作為《尚書》的佚文——〈冏命〉的文句被引用的[25]。簡文在引用此句後，又接著對之進行訓解以加強自己的論述，所作的訓解即「言信於眾之可以濟德也」，因此對於「允」字的意思，可以據此肯定就是「信」，學者亦依此說明，例如廖名春訓「允」為「信」；訓「師」為「眾」；訓「濟」為「成」，認為全句是強調取信於民才能成就德行[26]。而劉釗訓「允」為「信」；訓「師」為「眾」；訓「濟」為「成」，而「濟德」

[25] 有關〈冏命〉的「冏」字釋讀，見周鳳五：〈讀郭店竹簡〈成之聞之〉劄記〉，《古文字與古文獻（試刊號）》（1999 年 10 月），頁 51-52。李學勤又釋讀作〈說命〉之「說」，見李學勤：〈試論楚簡中的〈說命〉佚文〉，《煙臺大學學報》第 21 卷，第 2 期（2008 年 2 月）。

[26] 廖名春：〈郭店楚簡〈成之聞之〉、〈唐虞之道〉篇與《尚書》〉，《中國史研究》第 3 期（1999 年），頁 36。

意為成就道德[27]。此外，丁原植、涂宗流、郭沂等皆作此解[28]。李學勤亦指出：「『允』訓為信，『師』訓為眾，均系《尚書》常見。……『允師濟德』意云信於眾而成德，文句古雅，與《尚書》其他篇和諧[29]。」因此「允」字在「允師濟德」中作「誠信」義解，可以肯定，且此「誠信」義也能與簡文此段所言「行不信則命不從」、「信不著則言不樂」、「不信其言」、「民孰弗信」、「務在信於眾」等不斷強調「信」的宗旨緊密相扣。

然而在此段簡文中，提到「誠信」是作為在上位者必須具備的道德時，其前後兩次都提到「丞」，即「古之用民者，求之於己為丞」，與「是以上之丞務在信於眾」指的都是在上位者必須具備的修養，而「丞」到底該作何解釋，必須回到簡文上段所談「從允懊怹」的部份作全面的考察，也就是必須再討論另外一個「允」字應當作何解釋。

五　〈君子之於教〉「從允懊怹」之「允」

有關「從允懊怹」中「允」字的解釋，及其相關文句的說解，自竹簡公佈以來，出現了好幾種說法，為便於討論，先列相關釋文如下：

> 君子曰：從允懊怹，則先者余，來者信。〈君奭〉曰：「襄我二人，毋有合哉言！」蓋道不悅之詞也。

第一種說法是依從先秦兩漢文獻「允」字的常訓，將之訓作「信」，如丁原

---

27 劉釗：《郭店楚簡校釋》（福州市：福建人民出版社，2003 年 12 月），頁 145。

28 丁原植：〈〈成之聞之〉篇釋析〉，《郭店楚簡儒家佚籍四種釋析》（臺北市：臺灣古籍出版社，2000 年 12 月），頁 165。涂宗流：《郭店楚簡先秦儒家佚書校釋》（臺北市：萬卷樓圖書有限公司，2001 年 2 月），頁 92-93。郭沂：〈〈大常〉（原題〈成之聞之〉）考釋〉，《郭店竹簡與先秦學術思想》（上海市：上海世紀出版集團，2001 年 2 月），頁 216。

29 李學勤：〈試論楚簡中的〈說命〉佚文〉，頁 90。

植訓「從」為依順；訓「允」為信，「從允」似指採取誠信的態度。訓「釋」為消除，「釋過」似指消除過失。「先者」疑指君子所治理的人民，訓「舍」為止息，得到安置。「來者」疑指欲歸附於君子者，訓「信」為信服[30]。又如涂宗流訓「從」為聽從，順從；訓「允」為信，為誠。訓「釋」為釋去怨恨而服，訓「過」為過失、錯誤。訓「先者」為前導，前驅，訓「餘」為長久。訓「來者」為後來者，訓「信」為取信[31]。又如崔永東訓「允」為信，「從允」指服從信德，亦即講信用。以為「余」與身、親含義相通，當有親近的意思。以為簡文「是說統治者講信用，改過錯，先前的人（原有的臣民）則會親近他，親近歸服的人相信他[32]」。又如劉釗訓「允」為誠信，訓「釋」為消除、赦宥。簡文指「從誠信出發寬宥過錯，則除去以前之過錯，今後才能使人相信[33]」。又如顏世鉉訓「允」為信，「從允」指趨就誠信。以為「釋過」猶「赦過」，指原諒人民無心的小過失。以「先者」為「舊者」，指原先已歸其治理的百姓，讀「余」為「豫」，訓為喜樂之意。以為「來者信」指治外之民信其仁德而前來歸附[34]。又如王連成讀「恣」為「惑」，意指以誠信來消除他人的疑惑[35]。

第二種說法是將「允」解為「適當」或「公允」，前者如周鳳五師訓「從」為遵從，依循；訓「允」為適當，指適當的行為。訓「釋」為除去、捨棄，訓「過」為過分、過度，指過度的行為。指出簡文意指「人的行為必須恰如其分方為適當」。訓「先者」為領先，讀「余」為舒，訓作「緩」，指緩行。訓「來者」為未至、落後，讀「信」為「迅」或「侚」或「徇」或

[30] 丁原植：〈〈成之聞之〉篇釋析〉，頁 157。

[31] 涂宗流：《郭店楚簡先秦儒家佚書校釋》，頁 102-103。

[32] 崔永東：〈讀郭店楚簡〈成之聞之〉與《老子》劄記〉，《簡帛研究 2001》（桂林市：廣西師範大學出版社，2001 年 9 月），頁 70。

[33] 劉釗：《郭店楚簡校釋》，頁 143-144。

[34] 顏世鉉：〈郭店楚墓竹簡儒家典籍文字考釋〉，《經學研究論叢》第 6 期（1999 年 3 月），頁 179-180。

[35] 王連成：〈也談〈太一生水〉「名字」章及其與《老子》之間的關係〉，「簡帛研究網」（2007 年 9 月 12 日）。

「迿」，訓作迅速、超前。並指出「此句承上文『從允釋過』，以行路為喻，指出領先者要放慢腳步，緩緩而行；落後者要加緊趕上，努力超前，如此方能『從允釋過』，避免『過猶不及』的缺失[36]。」後者如郭沂讀「余」為「虛」，以為與下句「信」對文，指空無淡化的意思。將簡文理解為「先者虛之，來者信之」，指「一個人如以公允的態度解釋其過錯，那麼就要淡化其以往的過錯，而其未來的過錯則需實際地對待」[37]。

第三種說法是將「允」解作「悔改」，如陳偉讀「允」為「悛」，訓為悔改。訓「釋」為放過、赦宥。「先」疑為「往」字之誤。讀「余」為「舒」，訓為伸展；讀「信」為「伸」，與「舒」義近[38]。

現將各家說法列如下表，以清眉目：

	從	允	⿰忄臭	𢘍	先者	余	來者	信
丁原植	依順	信	消除（釋）	過失	治民	止息（舍）	歸附者	信服
涂宗流	聽從	信	服（釋）	過失	前導	長久（餘）	後來者	取信
崔永東	服從	信	改	過錯	原臣民	親近	歸服者	相信
劉釗	從	誠信	赦宥（釋）	過錯	前錯	除去	今後	相信
顏世鉉	趨就	誠信	原諒（赦）	小過失	原百姓	喜樂（豫）	治外之民	信

[36] 周鳳五：〈楚簡文字考釋〉，《第一屆簡牘學術研討會論文集》（嘉義市：嘉義大學，2003年7月），頁126-127。

[37] 郭沂：〈〈大常〉（原題〈成之聞之〉）考釋〉，頁212。

[38] 陳偉：〈郭店簡書〈德義〉校釋〉，《楚地出土簡帛文獻思想研究（一）》（武漢市：湖北教育出版社，2002年12月），頁81。

王連成	以	誠信	消除	疑惑（惑）				
周鳳五	依循	適當	捨棄（釋）	過度	領先	緩行（舒）	落後	迅速（迅）
郭沂	以	公允	解釋	過錯	以往過錯	淡化（虛）	未來過錯	實際對待
陳偉		悔改（悛）	赦宥（釋）		往之誤	伸展（舒）		伸展（伸）

由上表可見，各家所釋「允」字基本上只有三種說法，然而對「允」以下文句的解讀卻各不相同，即便是將「允」都解釋為「信」的說法，其下文的解讀也各不相同。這些釋讀基本上都符合上古漢語漢字通讀的規律，唯各說似多將相關文句抽離了全文意旨，未能與〈君子之於教〉相關段落的邏輯或文意脈絡相符。

在〈成之聞之〉簡序重編的研究過程中，「從允⿰忄臭⿱化心」所在的簡 36 是否與引用《尚書·君奭》「襄我二人」所在的簡 29 相連，是學者無法確定的一個問題，此或許正是上述某些學者只能孤立的釋讀「從允⿰忄臭⿱化心」這一文句的主要原因。即便在簡序重編逐步取得共識的最後階段，學者仍提出簡 36 與簡 29 是否能相連的問題，例如顧史考以為簡 36 與簡 29 的連讀是以文章形式的考慮姑且相連的，並且還指出二者無必然關係[39]。又如陳劍以為「此第 36 號簡很有可能當與下第 29 號簡連讀，但缺乏確證[40]。」都對這兩簡是否相連，作出若干保留的態度。這之後也有學者嘗試調動簡序以說明這個問題，例如鄧少平則將簡 36 接簡 21，再接簡 29，認為三者「確乎有著意義上的關聯。只不過簡 36 和簡 21 是從正面立論，而簡 29 引周公

[39] 顧史考：〈郭店楚簡〈成之〉等篇雜志〉，頁 188。
[40] 陳劍：〈郭店簡〈尊德義〉和〈成之聞之〉的簡背數字與其簡序關係的考察〉，頁 4。

的『不悅之詞』則是從反面強調[41]。」事實上，根據上文所述〈君子之於教〉徵引《尚書》部份的行文邏輯，可知簡 36 與簡 29 在行文模式上可以連接，應是沒有問題的，只是學者們一時缺乏連繫二者的證據。就行文邏輯與簡文中若干重要的關鍵字而言，「從允惸怭」這句話應與《尚書・君奭》「襄我二人」有密切的連繫。這一點廖名春也指出過，以為「襄我二人，毋有合哉言」是「周公指責君奭不能與更多的人合作」，因此認為簡 36 是從正面立論，講寬以待人、團結人的重要，而簡 29 則是引證《尚書》批評不團結之語，來支持上述論點[42]。唯廖說僅寬泛的比對內容後指出簡 36 與 29 二者應相聯，事實上二者的連繫尚有更多明確的證據可以支持。

簡文引《尚書・君奭》「襄我二人，毋有合哉言！」並作評價說「蓋道不悅之詞也」。如同廖名春所言，《尚書・君奭》這句話是周公指責君奭不能與更多的人合作，總的而言是周公與召公二人意見不一致。《尚書・君奭序》:「召公為保，周公為師，相成王為左右，召公不說，周公作〈君奭〉[43]。」這與簡文所謂「蓋道不悅之詞也」的評價一致[44]。簡文所引「毋有合哉言」的「合」事實上是扣緊「從允」的「允」字而言的，前者以周公希望君奭能與他人合作，意見允合一致，這即已扣緊「允」有「允合」一類的意思。同時，眾人的意見若都能「允合」，則往往此意見就是最「允當」的意見，因此「從允惸怭」的「允」字在此應結合〈君奭〉的引文「毋有合哉言」的「合」來解釋，當作「允合」、「允當」來理解。

簡文「從允」作「允合」、「允當」解釋，表面上看雖與下文「允師」

---

41 鄧少平:〈郭店〈成之聞之〉21 號簡新解新編〉,「復旦大學出土文獻與古文字研究中心網站」(2009 年 12 月 17 日)。

42 廖名春:〈郭店簡〈成之聞之〉的編連和命名問題〉，頁 240-241。

43 孔安國傳，孔穎達等正義:《尚書正義》,《十三經注疏》，頁 244。

44 關於《尚書・君奭》這句話，夏含夷(Edward Shaughnessy)對其歷史背景也作過討論，提出不同的意見，但解釋「合」字亦不出允合、同意、合作的詞義。參夏含夷:〈重寫儒家經典：談談在中國古代寫本文化中抄寫的詮釋作用〉,《興與象：中國古代文化史論集》(上海市：上海古籍出版社，2012 年 6 月)，頁 95-98。

將「允」解為「信」不一致，然而考慮到簡文所引〈君奭〉的「合」，以及下文將要討論的「丞」，都能與「允合」、「允當」的意思配合，可知這一情況正好反映了簡文有意以不同的意義來詮釋「允」字，以此方法來詮釋經典，並建構理論。

六　〈君子之於教〉之「丞」

確定了「允」字的釋讀，可以進一步討論上述作為三個主題中第一主題的「丞」，到底具備那些內涵？有關「丞」的釋讀，學者基本有四種意見：

第一是訓作「急切急速」義，如陳偉讀為「亟」，訓作「急切」[45]。周鳳五師讀作「亟」，訓作「疾速」，引申為積極、努力[46]。此說已有學者指出不確，因為「丞」若讀作訓為急切努力的「亟」，則與三個主題之第二主題「疾」的意思重覆。

第二是訓作「敬愛」義，如李銳讀為「亟」，訓作「敬愛」[47]。此說似僅配合簡文「是故欲人之愛己也，則必先愛人；欲人之敬己也，則必先敬人」一句立論，一則與〈君子之於教〉全篇意旨無法全面配合；二則與「從允釋過」、〈君奭〉「襄我二人」在文意上無法連接；三則若置於「求之於己為丞」、「上之丞務在信於眾」二句中也難以通順的解釋。

第三是讀作「恆」，訓作「永恆」，如顧史考認為「不管是召公『不悅』抑是周公『不悅』，且無論簡序如何排列，都很難看出此『不悅之詞』與任何上下文的可能關係。依筆者之見，此文所言應該是跟同簡下面所云『恆』的概念有直接的瓜葛才是。……下面既言『恆』，那麼『不說之司』所指應

[45] 陳偉：〈郭店簡書〈德義〉校釋〉，頁 84。
[46] 周鳳五：〈郭店竹簡文字補釋〉，頁 66。
[47] 李銳：〈郭店楚墓竹簡補釋〉，《華學（第八輯）》（北京市：紫禁城出版社，2006 年 8 月），頁 173。

該便是『恆』的意思，因而在此做個猜測，將彼句讀為『不輟之治』[48]。」若依此說讀作「道不輟不治」，是指「恆」的話，則此永恆之意，似乎不能直接從前引〈君奭〉的話中得出，〈君奭〉這句話主要是提到「毋有合在言」，這句話不能直接引導出不輟或永恆的結論。且若讀作「恆」，有恆心才能終成之，又與「終之」的意思重覆，因為言「終之」，其實就含有需要恆心的意思了。這一點李學勤也已指出「如果仍讀為『亙（恆）』，前面說『有其恆』，後面又講『終之為難』，就互相矛盾了[49]。」因此此說也難以成立。

第四是讀作「極」，訓作「中」，如李學勤以為「亙」當為「亟（極）」的誤字，指出戰國至漢初文字，「亙」與「亟」每相淆混。而簡文的「極」應訓作「中」[50]。但李說並未加以申論。此說是四種說法中最為可取的，應可肯定。理由有四點：

（一）「𢀜」若讀作「極」，訓作中道，能夠完全與上文「從允」以及〈君奭〉的「合」緊密相扣，「從允」與「合」指允當、允合、適當的意思，這正是所謂的中道。

（二）「極」能夠訓作中道，也有中正、標準的意思。就先秦儒家思想而言，在上位者應守中道，此中道足以作為民眾的標準，讓在上位者由此以身作則，這樣符合〈君子之於教〉全篇意旨。

（三）「極」訓作中道，訓作標準，置於「求之於己為𢀜」、「上之𢀜務在信於眾」也能通順的解釋，前者意旨在上位應以「求之於己」作為應守的中道或是應有的標準；後者則指在上位者所守的中道或所持的標準應當在取信於民眾。

（四）「極」作為〈君子之於教〉三個主題中的第一主題，與後面的「疾」與「終」足以形成一個論述的理路：即指出在上位者應守中道以治

[48] 顧史考：〈郭店楚簡〈成之〉等篇雜志〉，頁 190。
[49] 李學勤：〈郭店簡「君子貴誠之」試解〉，《中國古代文明研究》（上海市：華東師範大學出版社，2005 年 4 月），頁 232。
[50] 同前註。

民，但雖有中道還必須積極努力的去執行；雖努力的執行，還必須及身去完成，以取得最後的成就，使人民相信此中道，依此標準而行事。層層推進，完全符合邏輯理據。

同時，在《尚書·洪範》以及《孔傳》、《孔疏》中有與簡文類似的論述，所言與簡文可相互參照：

> 次五曰建用皇極。……次九曰嚮用五福，威用六極。……五、皇極。皇建其有極。……惟時厥庶民于汝極，錫汝保極。凡厥庶民，無有淫朋，人無有比德，惟皇作極。[51]

此處所言的「極」，與簡文所說的「極」內涵基本一致，亦即以「中道」的內涵作為所建立的「標準」。這一點《孔傳》說得很清楚：

> 皇，大。極，中也。凡立事當用大中之道。……大中之道，大立其有中。……眾民於君取中，與君以安中之善言從化。民有安中之善，則無淫過朋黨之惡，比周之德，為天下皆大為中正。[52]

將「皇極」解作「大中之道」，「極」即中道之意。立事當用中道，與簡文「從允」的意思相當，就是要以允當、中道的方式行事。又說「眾民於君取中」以及「與君以安中之善言從化」皆與簡文所言「古之用民者，求之於己為極」、「故君子之莅民也，身服善以先之，敬慎以導之，其所在者入矣。民孰弗從？型於中，發於色，其審也固矣，民孰弗信」的意思相符，即在上之君必須以身作則，為民表率，以中道行事，且使民從善安中，內化到性命之中。此外，《孔疏》也就此思路進一步說明：

---

[51] 孔安國傳，孔穎達等正義：《尚書正義》，《十三經注疏》，頁 168、172。

[52] 同前註。

「皇，大」，〈釋詁〉文。「極」之為中，常訓也。凡所立事，王者所行皆是，無得過與不及，常用大中之道也。《詩》云：「莫匪爾極。」《周禮》：「以為民極。」《論語》：「允執其中。」皆謂用大中也。……「皇」，大也。「極」，中也。施政教，治下民，當使大得其中，無有邪僻。故演之云，大中者，人君為民之主，當大自立其有中之道，以施教於民。當先敬用五事，以斂聚五福之道，用此為教，布與眾民，使眾民慕而行之。在上能教如此，惟是其眾民皆效上所為，無不於汝人君取其中道而行。積久漸以成性，乃更與汝人君以安中之道。言皆化也。若能化如是，凡其眾民無有淫過朋黨之行，人無有惡相阿比之德，惟皆大為中正之道，言天下眾民盡得中也。……「大中之道，大立其有中」，欲使人主先自立其大中，乃以大中教民也。凡行不迂僻則謂之「中」，〈中庸〉所謂「從容中道」，《論語》「允執其中」，皆謂此也。」[53]

《孔疏》在此舉《周禮》「以為民極」和《論語》「允執其中」來說明「皆謂用大中」，亦是以標準和中道兩層意思來解釋「極」，與簡文如出一轍。此外又提到「惟是其眾民皆效上所為」與簡文提到「是故上苟身服之，則民必有甚焉者」、「上不以其道，民之從之也難」的思路一致。另外，「積久漸以成性」也與簡文下文言「聖人之性與中人之性」之逐漸博長厚大等內容相當，唯簡文對於性的養成有比《孔疏》更深一層的思考而已。

以上的對比旨在說明〈君子之於教〉的「極」事實上講的就是「中道」，此與簡文全篇的思想符合。此外，李學勤也已論證過〈成之聞之〉與〈中庸〉的關係密切[54]，在此可以進一步肯定。「中道」思想不僅出現在〈中庸〉，同時也普遍出現於上古儒家典籍之中，上述引文也還提到「允執其中」，見

[53] 孔安國傳，孔穎達等正義：《尚書正義》，《十三經注疏》，頁 168、172。
[54] 李學勤：〈郭店簡「君子貴誠之」試解〉。

於《論語・堯曰》:「允執其中，四海困窮，天祿永終[55]。」以及《尚書・大禹謨》:「人心惟危，道心惟微，惟精惟一，允執厥中[56]。」是下開中古以下儒學思想的重要命題，尤其〈堯曰〉提到「允執其中」、「永終」，亦與〈君子之於教〉所強調的「從允」以及第一主題「極」和第三主題「終之」相當。唯其中「允」字，注解多訓做「信」，如何《注》:「包曰:『允，信也。......言為政信執其中[57]。』」《孔傳》:「信執其中[58]。」則僅取「允」的一部份詞義為說。現根據〈君子之於教〉「從允」、「合」與「極」三者關係密切的論述，可知此一命題所涵蓋「允」的詞義範圍不僅止於「信」而已，還包括允「合」、允「中」等引申諸義的多個層次，同時由此建構的思想內涵也更加豐富。

了解〈君子之於教〉「允」、「極」等幾個關鍵字之後，則簡文「從允𢙇怟」一句話就比較好理解了。根據楚簡用字的習慣，「𢙇怟」讀作「釋過」，是非常普遍的釋讀。「從允釋過」，依周鳳五師的說法，依循合適的行為，捨棄過度的行為，即「人的行為必須恰如其分方為適當」的意見[59]。而本文上引《孔疏》所言「無得過與不及，常用大中之道也」，也能很好的解釋「從允釋過」。此外，其實「𢙇怟」若結合《尚書》的其他篇章來解讀的話，還可能掘發出更加豐富的內涵，本文末後將以「附論」再嘗試討論。

七　結語

通過以上解讀，可列郭店楚簡〈成之聞之〉中〈君子之於教〉徵引《尚書》部份的釋文如下：

---

[55] 何晏等注，邢昺疏：《論語注疏》，《十三經注疏》（臺北市：藝文印書館，1955 年），頁 178。
[56] 孔安國傳，孔穎達等正義：《尚書正義》，《十三經注疏》，頁 55。
[57] 何晏等注，邢昺疏：《論語注疏》，《十三經注疏》，頁 178。
[58] 孔安國傳，孔穎達等正義：《尚書正義》，《十三經注疏》，頁 56。
[59] 周鳳五：〈楚簡文字考釋〉，頁 126。

> **君子曰**：從允釋過，則先者余，來者信。〈君奭〉曰：「襄我二人，毋有合哉言！」蓋道不悅之詞也。**君子曰**：雖有其極而行之不疾，……〈君奭〉曰：……。**君子曰**：疾之可能……「槁木三年……。**聞之曰**：古之用民者，求之於己為極。……是以上之極務在信於眾。〈冏命〉曰：「允師濟德。」此言也，言信於眾之可以濟德也。

在此段釋文中，關鍵性的兩個「允」字，前者「從允」應訓作允合、允當，與所引〈君奭〉的「合」字緊密相扣，同時因為「從允」作為「極」的具體內容，「允」若訓作允合，也與訓作中道的「極」含義相配合。後者「允師」訓作誠信，這是簡文本身已作的明確訓釋。其中「上之極務在信於眾」是連接前後二者的關鍵句子，「極」作為中道，以「允」的允合義為具體內容，而在上位者所守的中道又務在信於眾，亦即是務在於「允」的誠信義，因此兩個關鍵性的「允」字是構築〈君子之於教〉徵引《尚書》部份中心思想的重要概念。

本文經過對「允」字詞義範圍的考察，以及對〈君子之於教〉相關段落的解讀，可知〈君子之於教〉應用了「允」字兩個層次的意義，建構了一套道德修養與為政導民的理論。亦即從允合中道到允信於眾的雙層次解釋，來強調在上位者必須先反己修身，做到允合中道的標準，據此以身作則，方能允信於大眾，進而引導大眾人民，使之真心服從跟隨，以致一切皆恰如其分，合適而不過當。

這樣的一套理論是利用漢語漢字一字形多詞義的特點所建構起來的，在建構過程中，並以類似《尚書》的思想為背景，在解釋的每個環節皆扣緊類似《尚書》的不同篇章思想作論述，以〈君子之於教〉而言，明確徵引的是〈君奭〉、〈冏命〉，而內容可連繫的還包括類似〈洪範〉等的其他篇章，由此開展了「極」之中道的思想。

附論：〈君子之於教〉之「悬怭」

考慮到〈君子之於教〉在「從允悬怭」後又言「則先者余，來者信」，以及結合上古儒家文獻相關思想，則「悬怭」一詞或許還有其他釋讀的可能，在此以附論方式嘗試提出一個新的說法。在提出新說以前，有必要明確「先者」與「來者」的意思，在上述各家說法中，往往以二者為相對意義的兩個詞，或以為是原有治理的人民與後來歸附的外人相對；或領先者與後來者相對；或以往與未來相對；或前與後相對等等。然而查考「先」在上古典籍的用法，往往與「後」相對，表達的多是時間或位置上的順序關係，而「來」則多與「去」相對，表達的是空間的遠近關係。以《尚書》為例，如〈召誥〉:「茲殷多先哲王在天，越厥後王後民。」〈西伯戡黎〉:「非先王不相我後人。」〈大禹謨〉:「無怠無荒，四夷來王[60]。」因此簡文中的「先者」，應是指時間上先依附的人民，而其實也概括了後來的人民；而「來者」則指空間上遠來的人民，但也概括了近身的人民。總得而言，是指在上位者所治理或領導的前後四方之民。

因此，簡文「從允悬怭，則先者余，來者信」的「先者余，來者信」互文見義，指的是在上位者能夠「從允悬怭」的話，那麼前後四方之民將會「余」、將會「信」。因此「從允悬怭」應是指在上位者應具備的道德，「從允」在上文已詳細說明。而「悬怭」若據上文所說，解成「釋過」，實與「從允」所要表達的中道、無過與不及意涵相同，就沒有更加豐富的意思了。這裡提出一個值得進一步思考的解讀，在《尚書·梓材》中有一段話：

> 今王惟曰：先王既勤用明德，懷為夾；庶邦享作，兄弟方來。亦既用明德，后式典集，庶邦丕享。皇天既付中國民越厥疆土于先王，肆王惟德用，和懌先後迷民，用懌先王受命。已！若茲監。惟曰：

[60] 孔安國傳，孔穎達等正義：《尚書正義》，《十三經注疏》，頁 220、145、53。

欲至于萬年惟王，子子孫孫永保民。[61]

《孔傳》的解釋是：

言文武已勤用明德，懷遠為近，汝治國當法之。眾國朝享於王，又親仁善鄰，為兄弟之國，萬方皆來賓服，亦已奉用先王之明德。君天下能用常法，則和集眾國大來朝享。……今王惟用德，和悅先後天下迷愚之民，先後謂教訓，所以悅先王受命之義。[62]

這段話首先敘述先王勤勞努力，以明德懷柔諸侯，輔佐王室，使庶邦兄弟等皆來朝進貢。接著說明上天既已將人民與疆土交付給先王，因此王應以美德「和懌」先後的「迷民」，用以終成先王之天命。在此「和懌」指的是安樂和悅的意思，而「迷民」指的是迷惑的民眾，意即使迷愚之民眾能安居樂業的意思。

據此，頗疑〈君子之於教〉的「懌惑」應讀作「懌惑」，「懌」讀作「懌」，完全可以通假，而「惑」讀作「惑」，前舉王連成已有此說。而簡文「從允懌惑，則先者余，來者信」即〈梓材〉所謂的「和懌先後迷民」，即依循允合適當的方式行事，使迷惑的民眾能安樂和悅，那麼前後四方之民皆能「余」、能「信」了。在此「余」讀作「豫」，解作喜樂的意思，上引顏世鉉也已指出[63]。唯「豫」在此實扣緊「懌」而言的，二字在《尚書》中多通用，如《尚書．金縢》：「既克商二年，王有疾弗豫。」《孔傳》：「伐紂明年，武王有疾不悅豫。」《釋文》：「豫本又作忬。」《孔疏》：「〈顧命〉云：『王有疾不懌』，懌，悅也，故不豫為不悅豫也。」《尚書．金縢序》：「武王有疾，

[61] 孔安國傳，孔穎達等正義：《尚書正義》，《十三經注疏》，頁213。
[62] 同前註。
[63] 顏世鉉：〈郭店楚墓竹簡儒家典籍文字考釋〉，頁179-180。

周公作〈金縢〉。」《釋文》:「『武王有疾』，馬本作『有疾不豫』。」《校勘記》:「弗豫，陸氏曰:『豫本又作忬』。按，《說文》引作『有疾不悆』，《釋文》別本作忬，蓋即悆字也。」《尚書・顧命》:「惟四月，哉生魄，王不懌。」《孔傳》:「王有疾，故不悅懌。」《釋文》:「懌音亦。馬本作『不釋』，云:『不釋，疾不解也[64]。』」是解作喜樂的這個詞，可以用「豫」、「忬」、「懌」、「釋」、「悆」等字來表示，簡文用「余」，完全可通。新出清華簡〈保訓〉「惟王五十年，不瘵」的「瘵」從「余」聲，亦讀作「豫」或「懌」[65]。因此可知「豫」指喜樂義，實因其無病無災的關係，因此簡文所說的「先者豫」當指前後四方之民皆能無病無災的安樂和悅。

綜上所述，簡文應釋作「從允懌惑，則先者豫，來者信」，指依循允合適當的方式行事，使迷惑的民眾能安樂和悅，那麼前後四方之民皆能安樂也能信任他了。〈君子之於教〉的「懌」、「豫」可解作喜樂義，還可以從其下文中找到呼應，即「行不信則命不從，信不著則言不樂」，所謂「信」與「樂」正是「從允懌惑」的先者豫樂，來者信服所要達至的目標。

同時，考慮到簡文在此段中所引的《尚書・君奭》，似應也配合起來說明:

> 公曰:「嗚呼，君！肆其監于茲。我受命無疆惟休，亦大惟艱。告君乃猷裕，我不以後人迷。」公曰:「前人敷乃心，乃悉命汝，作汝民極。……」公曰:「……予不允惟若茲誥，予惟曰襄我二人，汝有合哉言，曰:『在時二人。』天休滋至，惟時二人弗戡。」[66]

---

[64] 孔安國傳，孔穎達等正義:《尚書正義》,《十三經注疏》，頁 185、186、197、275。

[65] 見孟蓬生:〈〈保訓〉釋文商補〉,「復旦大學出土文獻與古文字研究中心網站」(2009 年 6 月 23 日)。周鳳五:〈北京清華大學藏戰國竹書〈保訓〉新探〉，收入國立臺灣大學中國文學系主編:《孔德成先生學術與薪傳研討會論文集 》(臺北市:國立臺灣大學中國文學系，2009 年)，頁 193。

[66] 孔安國傳，孔穎達等正義:《尚書正義》,《十三經注疏》，頁 248-249。

在〈君奭〉中提到周公說「汝有合哉言」的一句話之前，周公還提到「告君乃猷裕，我不以後人迷」，所謂「不以後人迷」似即〈梓材〉所謂「和懌先後迷民」以及簡文所謂的「懌惑」。據此，簡文君子曰「從允懌惑，則先者豫，來者信」的一段話似也對應著〈君奭〉的全文脈絡而言。總的來說，簡文基本上似以類似《尚書》各篇作為整體思想背景來進行論述的。

此外，「懌」在上古儒學思想中其實是一個重要的概念，它是君子成德的表現。這個概念屢屢出現在上古儒學文獻中，除了本篇〈君子之於教〉之外，在此另舉一、二例說明。首先如〈緇衣〉，目前所見〈緇衣〉有三種文本，即郭店、上博與傳世本，其中有一則提到：

> 子曰：苟有車，必見其軾。苟有衣，必見其敝。人苟有言，必聞其聲；苟有行，必見其成。《詩》云：「服之無懌。」（郭店〈緇衣〉）[67]

> 子曰：苟有車，必見其軾。苟有衣，必□□□。□□□□，□□□□；□□□，必見其成。《詩》云：「服之無臭。」（上博〈緇衣〉）[68]

> 子曰：苟有車，必見其軾。苟有衣，必見其敝。人苟或言之，必聞其聲；苟或行之，必見其成。〈葛覃〉曰：「服之無射。」（《禮記．緇衣》）[69]

在此徵引《詩經．葛覃》的一句詩「服之無射」，郭店作「懌」；上博作「臭」；《禮記》本作「射」，而《毛詩》作「斁」，諸字其實都應讀作上述的「懌」字，各字皆在餘紐鐸部，相轉可通。鄭《注》：「射，厭也。言己願采葛以

---

[67] 荊門市博物館：《郭店楚墓竹簡》，頁 20。

[68] 馬承源主編：《上海博物館藏戰國楚竹書（一）》（上海市：上海古籍出版社，2001 年 11 月），頁 64-65。

[69] 鄭玄注，孔穎達等正義：《禮記正義》，《十三經注疏》（臺北市：藝文印書館，1955 年），頁 934。

為君子之衣，令君子服之無厭，言不虛也[70]。」而《毛傳》:「斁，厭也[71]。」都將之訓為厭滿之意，與上述「懌」為喜悅之意恰恰相反。然而厭滿與喜悅往往是一線之隔的感受，由此在同一組聲符的詞義上指示出相對的訓釋，在上古典籍中二個詞義皆見，例如「豫」，《周易·豫卦》李鼎祚《集解》引鄭玄:「豫，喜逸悅樂之貌也[72]。」《孟子·公孫丑下》:「夫子若有不豫色然。」焦循《正義》:「《易·豫卦》鄭氏《注》云:『豫，喜豫悅樂之貌也[73]。』」《楚辭·九章·惜誦》:「行婞直而不豫兮。」王《注》:「豫，厭也[74]。」是「豫」兼有喜悅與厭滿兩個相對的意思。而就上古儒學所論的道德修養中，往往以無「厭懌」作為成德必要的手段，而以「悅懌」表達成德的見證。

除了「懌」之外，〈緇衣〉引〈葛覃〉「服之無懌」旨在說明「必見其成」，這與〈君子之於教〉言「終之為難」或「君子貴成之」的思路也一致。《禮記·緇衣》孔《疏》:「此明人言行必慎其所終也，將欲明之，故先以二事為譬喻也。……『〈葛覃〉曰:服之無射』者，此〈周南·葛覃〉之篇，美后妃之德也。詩之本意言后妃習絺綌之事而無厭倦之心，此則斷章云采葛為君子之衣，君子得而服之，無厭倦也。言君子實得其服而不虛也，引之者証人之所行終須有效也[75]。」亦指出「慎其所終」或「所行終須有效」的宗旨。

其次，徵引〈葛覃〉表達由「懌」而「成」的思想又見於上博〈孔子詩論〉:

> 孔子曰:「吾以〈葛覃〉得厥初之詩，民性固然。見其美，必欲反

---

[70] 鄭玄注，孔穎達等正義:《禮記正義》,《十三經注疏》，頁 934。

[71] 毛氏傳，鄭玄箋，孔穎達等正義:《毛詩正義》,《十三經注疏》(臺北市:藝文印書館，1955 年)，頁 30。

[72] 李鼎祚輯:《周易集解》，頁 96。

[73] 焦循:《孟子正義》(北京市:中華書局，1998 年 12 月)，頁 309。

[74] 洪興祖撰:《楚辭補注》(臺北市:藝文印書館，1986 年 12 月)，頁 210。

[75] 鄭玄注，孔穎達等正義:《禮記正義》,《十三經注疏》，頁 934-935。

其本。夫葛之見歌也，則以絺綌之故也。后稷之見貴也，則以文武之德也。」[76]

由上舉〈緇衣〉引〈葛覃〉以及此處以〈葛覃〉為論述對象的情況，可知〈葛覃〉一詩在上古儒家文獻的徵引中所塑造的中心概念就在「懌」，進一步推闡的重要主題就在「終成」，這一概念、主題與〈君子之於教〉「懌」所表達的思想一致。尤其〈孔子詩論〉談到「見其美，必欲反其本」的反本、成美的思想與〈君子之於教〉「窮源反本者之貴」與「君子貴成之」的論述更是如出一轍。

[76] 馬承源主編：《上海博物館藏戰國楚竹書（一）》，頁 28、36。

參考文獻

丁原植：〈〈成之聞之〉篇釋析〉，《郭店楚簡儒家佚籍四種釋析》（臺北：臺灣古籍出版社，2000 年 12 月）。

孔安國傳，孔穎達等正義：《尚書正義》，《十三經注疏》（臺北：藝文印書館，1955 年）。

毛氏傳，鄭玄箋，孔穎達等正義：《毛詩正義》，《十三經注疏》（臺北：藝文印書館，1955 年）。

王引之：《經傳釋詞》（南京：江蘇古籍出版社，2000 年 9 月）。

王連成：〈也談〈太一生水〉「名字」章及其與《老子》之間的關係〉，「簡帛研究網」（2007 年 9 月 12 日）。

王弼，韓康伯注，孔穎達等正義：《周易正義》，《十三經注疏》（臺北：藝文印書館，1955 年）。

王聘珍撰，王文錦點校：《大戴禮記解詁》（臺北：漢京文化事業有限公司，1987 年 10 月）。

李富孫：《易經異文釋》，嚴靈峰：《無求備齋易經集成》（臺北：成文出版社，1976 年）。

李鼎祚輯：《周易集解》（臺北：臺灣商務印書館，1996 年 12 月）。

李銳：〈郭店楚墓竹簡補釋〉，《華學（第八輯）》（北京：紫禁城出版社，2006 年 8 月）。

李學勤：〈郭店簡「君子貴誠之」試解〉，《中國古代文明研究》（上海：華東師範大學出版社，2005 年 4 月）。

李學勤：〈試說郭店簡〈成之聞之〉兩章〉，《清華簡帛研究》第 1 期（2000 年 8 月）。

李學勤：〈試論楚簡中的〈說命〉佚文〉，《煙臺大學學報》第 2 期（2008 年）。

杜預注，孔穎達等正義：《左傳正義》，《十三經注疏》（臺北：藝文印書館，1955 年）。

周鳳五：〈北京清華大學藏戰國竹書〈保訓〉新探〉，收入國立臺灣大學中國文學系主編：《孔德成先生學術與薪傳研討會論文集 》（臺北：國立臺灣大學中國文學系，2009 年）。

周鳳五：〈郭店竹簡文字補釋〉，《古墓新知——紀念郭店楚簡出土十周年論文專輯》（香港：香港國際炎黃文化出版社，2003 年 11 月）。

周鳳五：〈楚簡文字考釋〉，《第一屆簡牘學術研討會論文集》（嘉義：嘉義大學出版，2003 年 7 月）。

周鳳五：〈讀郭店竹簡〈成之聞之〉劄記〉，《古文字與古文獻（試刊號）》1999 年 10 月）。

孟蓬生：〈〈保訓〉釋文商補〉，「復旦大學出土文獻與古文字研究中心網站」（2009 年 6 月 23 日）。

林義光：《文源》，劉慶柱、段志洪主編：《金文文獻集成（第十七册）》（香港：明石文化，2004 年）。

邵晉涵：《爾雅正義》（合肥：安徽教育出版社，2002 年）。

柳榮宗：《說文引經考異》，丁福保：《說文解字詁林》（臺北：臺灣商務印書館，1976 年）。

洪興祖撰：《楚辭補注》（臺北：藝文印書館，1986 年 12 月）。

范麗梅：〈《詩經・大雅・生民》「克岐克嶷」解——兼論古文字「允」、「矣」同源〉，臺灣大學中文系「先秦文本與出土文獻國際學術研討會」（臺北：臺灣大學，2008 年 12 月 27-28 日）。

荊門市博物館：《郭店楚墓竹簡》（北京：文物出版社，1998 年 5 月）。

馬承源主編：《上海博物館藏戰國楚竹書（一）》（上海：上海古籍出版社，2001 年 11 月）。

涂宗流：《郭店楚簡先秦儒家佚書校釋》（臺北：萬卷樓圖書有限公司，2001

年 2 月）。

崔永東：〈讀郭店楚簡〈成之聞之〉與《老子》劄記〉，《簡帛研究 2001》（桂林：廣西師範大學出版社，2001 年 9 月）。

張立文：《中國哲學範疇發展史（人道篇）》（臺北：五南出版社，1997 年）。

張立文：《中國哲學範疇發展史（天道篇）》（臺北：五南出版社，1996 年）。

張岱年：《中國古典哲學概念範疇要論》（北京：中國社會科學，1989 年）。

郭沂：〈〈大常〉（原題〈成之聞之〉）考釋〉，《郭店竹簡與先秦學術思想》（上海：上海世紀出版集團，2001 年 2 月）。

陳士軻輯：《孔子家語疏證》（上海：上海書店，1987 年 1 月）。

陳偉：〈郭店簡書〈德義〉校釋〉，《楚地出土簡帛文獻思想研究（一）》（武漢：湖北教育出版社，2002 年 12 月）。

陳劍：〈郭店簡〈尊德義〉和〈成之聞之〉的簡背數字與其簡序關係的考察〉，收入武漢大學簡帛研究中心編：《簡帛（第二輯）》（上海：上海古籍出版社，2007 年）。

焦循：《孟子正義》（北京：中華書局，1998 年 12 月）。

溫特爾班（Wilhelm Windelband）著，羅達仁譯：《哲學史教程：特別關於哲學問題和哲學概念的形成和發展》（北京：商務印書館，2009 年）。

廖名春：〈郭店楚簡〈成之聞之〉、〈唐虞之道〉篇與《尚書》〉，《中國史研究》第 3 期（1999 年）。

廖名春：〈郭店簡〈成之聞之〉的編連和命名問題〉，《新出楚簡試論》（臺北：臺灣古籍出版有限公司，2001 年）。

趙岐注，孫奭疏：《孟子注疏》，《十三經注疏》（臺北：藝文印書館，1955 年）。

劉釗：《郭店楚簡校釋》（福州：福建人民出版社，2003 年 12 月）。

鄭玄注，孔穎達等正義：《禮記正義》，《十三經注疏》（臺北：藝文印書館，1955 年）。

鄧少平：〈由簡背數字論郭店〈成之聞之〉「天常」章的位置〉，「復旦大學出土文獻與古文字研究中心網站」（2010 年 3 月 22 日）。

鄧少平：〈郭店〈成之聞之〉21 號簡新解新編〉，「復旦大學出土文獻與古文字研究中心網站」（2009 年 12 月 17 日）。

鄧少平：〈郭店楚簡〈成之聞之〉〈尊德義〉補釋〉，《中國文字》新 36 期（2011 年）。

蕭統編，李善等注：《增補六臣註文選》（台北：華正書局，1974 年 10 月）。

顏世鉉：〈郭店楚墓竹簡儒家典籍文字考釋〉，《經學研究論叢》第 6 期（1999 年 3 月）。

顧史考：〈郭店楚簡〈成之〉等篇雜志〉，《郭店楚簡先秦儒書宏微觀》（臺北：學生書局，2006 年）。

《上博》釋讀疑例辨析六則

何昆益、呂佩珊 *

摘要

本文重新探究《上海博物館藏戰國楚竹書》中的通假字例，秉持「楚書楚讀」的原則，作重新的檢視，發現其中有若干通假有釋讀錯誤的現象，必須加以釐清，提出「竺與篤」、「內與入」、「迵與通」、「奠與定」、「戰（獸）與守」、「泊與薄」等六組誤為通假的字例，提出較為正確的釋讀成果。

藉由對《上博》通假字的整理，能對戰國通假情形又更進一步的了解與認識，能使楚文字的釋讀有更正確的方向，亦能對戰國文字的研究，略盡個人綿薄之力。由於筆者學識簡陋，文中所論，疑闕必多，尚祈專家學者、師長不吝教正，則感幸甚。

關鍵詞：通假、上博、楚簡、戰國文字

* 作者何昆益現為慈濟大學東方語文學系助理教授；呂佩珊現為慈濟技術學院通識教育中心兼任助理教授。

一　前言

一般對於戰國文字的說法，可能會有「戰國文字，異體勃興，通假泛濫」的印象。在多數情況中，這種說法基本是可以成立的。然而，目前學界常有濫用通假的現象，將異體字、古今字皆因辨別不易而統歸入通假字例之中；如果不能把這些界限區分清楚，那麼在釋讀中可能會引起一些混淆。洪颺即提出三種討論古文字通假應該避免的傾向：

> 一　照字面意思已能解釋得通，就應該避免再用通假迂迴解釋。
>
> 二　要綜合考慮其他方面的因素，避免只是根據音韻來確定問題。
>
> 三　要有闕疑精神，避免牽強附會，似是而非。[1]

強調論證通假的字音、字義方面的嚴謹。這也是本文論證「通假」關係的原則。

目前戰國文字的研究以楚文字為顯學，而在楚文字研究中，又以近年出土的《上海博物館藏戰國楚竹書》[2]（以下簡稱為《上博》）的相關研究為大宗，對古文字研究有重大的影響；然而，仔細精確分析《上博》中的

---

[1] 參見洪颺：《古文字考釋通假關係研究》（福州市：福建人民出版社，2008 年），頁 165-185。

[2] 《上博》目前共有九冊，分別為：
馬承源主編：《上海博物館藏戰國楚竹書（一）》（上海市：上海古籍出版社，2001 年）；
馬承源主編：《上海博物館藏戰國楚竹書（二）》（上海市：上海古籍出版社，2002 年）；
馬承源主編：《上海博物館藏戰國楚竹書（三）》（上海市：上海古籍出版社，2003 年）；
馬承源主編：《上海博物館藏戰國楚竹書（四）》（上海市：上海古籍出版社，2004 年）；
馬承源主編：《上海博物館藏戰國楚竹書（五）》（上海市：上海古籍出版社，2005 年）；
馬承源主編：《上海博物館藏戰國楚竹書（六）》（上海市：上海古籍出版社，2007 年）；
馬承源主編：《上海博物館藏戰國楚竹書（七）》（上海市：上海古籍出版社，2008 年）；
馬承源主編：《上海博物館藏戰國楚竹書（八）》（上海市：上海古籍出版社，2011 年）；
馬承源主編：《上海博物館藏戰國楚竹書（九）》（上海市：上海古籍出版社，2012 年）。

通假字例後，發現其中有若干通假有釋讀錯誤的現象，必須加以釐清。

因此，本文重新探究六組《上博》的通假字例，做出正確的釋讀；更希望能夠藉由通假字的整理，對楚文字的釋讀能有更正確的方向。本文所主要依據的古音標準以　先師陳伯元先生的古聲、古韻為主[3]，以下不另註明。

由於筆者學識簡陋，所見不廣，文中所論，疑闕必多，掛一漏萬之處、謬幽之說皆所在多有，尚祈專家學者、師長不吝教正，則感幸甚。

二　字例重探

本文共收六組字例，分別為「竺與篤」、「內與入」、「迵與通」、「奠與定」、「戰（獸）與守」、「泊與薄」，皆為應讀作本字的例子，以下試論之。

（一）　竺與篤

《上博二・容成氏》：「竺（篤）義與信【9】」

「竺」，整理者讀作「篤」[4]，諸家從之。

「篤」字見於《說文・馬部》：「篤，馬行頓遲也。从馬、竹聲。」（10B.4）「篤」最早見於秦簡，作「 」之形（《睡虎地秦簡文字編》雜【29】），關於其本義，諸家未有定論[5]。清・段玉裁・注：

> 馬行箸實而遲緩也，古叚借篤爲竺字，以皆竹聲也。二部曰：「竺，厚也。」篤行而竺廢矣。〈釋詁〉曰：「篤，固也。」又曰：「篤，厚

[3] 先師陳新雄先生：《古音研究》（臺北市：五南，1999 年），頁 303-687。

[4] 馬承源主編：《上海博物館藏戰國楚竹書（二）》，頁 257。

[5] 參見李圃主編：《古文字詁林》第八冊（上海市：上海教育出版社，2003 年），頁 482-483。

> 也。」《毛詩》〈椒聊〉、〈大明〉、〈公劉〉傳皆曰：「篤，厚也。凡經傳篤字，固厚二訓足包之。」〈釋詁〉篤、竺並列，皆訓厚。〈釋名〉曰：「篤，築也。築，堅實稱也。厚，後也。有終後也。」蓋篤字之代竺久矣。[6]

段注認為「竺」為「厚」義之本字，「篤」為其假借字。「竺」字見於《說文解字・二部》：「竺，厚也。从二、竹聲。」（13B.6）清・段玉裁・注：

> 《爾雅》、《毛傳》皆曰：「篤，厚也。」今經典絕少作「竺」者，惟〈釋詁〉尚存其舊。叚借之字行而眞字廢矣。篤，馬行鈍遲也。聲同而義略相近。故叚借之字專行焉。[7]

是則段注從許慎之說，以「竺」字本義為「厚」。然而，馬序倫以為「竺之本義亡矣，或厚也非本訓[8]。」何琳儀則認為「竺」與「竹」古本一字，許慎誤析字形，誤以笪[9]之訓厚移於竺下[10]。「竺」字本義，諸家目前未有定論。而檢閱先秦文獻，實如段玉裁所指出「今經典絕少作『竺』」的現象，而用「篤」來指稱「厚薄」義。

不過，在先秦文獻中，「竺」字見於下列文獻：

> 《楚辭・天問》：「稷維元子，帝何竺之？」

---

[6] 漢・許慎著，清・段玉裁注：《新添古音說文解字注》（臺北市：洪葉文化，1999 年），頁 470。

[7] 漢・許慎著，清・段玉裁注：《新添古音說文解字注》，頁 688。

[8] 李圃主編：《古文字詁林》第十冊（上海市：上海教育出版社，2004 年），頁 174。

[9] 《說文解字・亯部》：「笪，厚也。从亯、竹聲。讀若篤。」（5B）清・段玉裁注曰：「笪與二部『竺』音義皆同。今字『篤』行而『笪』、『竺』廢矣。」（漢・許慎著，清・段玉裁注：《新添古音說文解字注》，頁 232。）

[10] 何琳儀：《戰國古文字典—戰國文字聲系》（北京市：中華書局，1998 年），上冊，頁 192。

《爾雅·釋詁》:「篤，掔，仍，肶，埤，竺，腹，厚也。」

《爾雅·釋訓》:「竺，厚也。」[11]

而仍保留「厚」義，可見「竺」有「厚」義是確定的。至兩漢時，「竺」字已用作人名或國名，失卻「厚」之義項，如《新序·雜事五》:「楚莊王學孫叔敖沈尹竺，吳王闔閭學伍子胥文之儀，越王勾踐學范蠡大夫種，此皆聖王之所學也。」、《後漢書·孝桓帝紀》:「冬十月，天竺國來獻。」因此，我們可以知道雖然在多數文獻中，「竺」字失落了「厚」義，不過在《楚辭》、《爾雅》等書中，仍保留了下來。

再如《汗簡》:「 ，篤，出《論語》[12]。」「 」實即「篤」字，可見宋人郭忠恕當時所見的《論語》有以「竺」為「篤」字者。這種現象，與《字彙·竹部》:「竺，又與篤同。」所反映的意思是相同的。因此，清·王念孫《廣雅疏證》云:「竺，本《說文解字》篤厚字。」(頁 322)

由以上討論，可以知道「竺」、「篤」應屬於同源字[13]，而「竺」字本有「篤厚」義；因此，〈容成氏〉:「竺義與信」【9】」之「竺」讀作本字即可，厚也，義同於「篤」。「竺」字的這種用法，可以想見戰國時楚文字仍保留「竺」字的本義用法，正可與傳世文獻如《楚辭·天問》:「稷維元子，帝何竺之?」、《爾雅·釋訓》:「竺，厚也。」相互映證。

(二) 內與入

〈競公瘧〉:「公內安(晏)字而告之【3B】」

《上博四·內豊》:「【1】」

[11] 宋·邢昺·疏:「與篤同。」

[12] 黃錫全:《汗簡注釋》(臺北市:臺灣古籍出版社，2005 年)，頁 453。

[13] 「同源字」，指字音、字義相同或相近，且屬同一語源的字；參見王力:《同源字典》(北京市:商務印書館，1982 年)，頁 3。

《上博一．性情論》：「智（知）義者能內之【2】」
《上博一．性情論》：「里（理）丌（其）情而出內之【10】」
《上博一．性情論》：「丌（其）出內丌（其）也訓（順）【16】」
《上博二．昔者》：「㠯（以）告＝人＝（寺人，寺人）內告于君＝（君。君）【2】」
《上博二．昔者》：「大（太）子內見【2】」
《上博二．昔者》：「外言不㠯（以）內【3】」
《上博二．容成氏》：「內安（焉）㠯（以）行正（政）【32】」
《上博二．容成氏》：「內自北【39】門【40】」
《上博二．容成氏》：「內而死【44】」
《上博四．昭王》：「王內𨠭（將）袼（落）【1】」
《上博四．昭王》：「君王台（始）內室【2】」
《上博四．昭王》：「大尹內告王【6】」
《上博四．柬大王》：「王內【7】」[14]
《上博四．柬大王》：「君內而語僕之言于君＝王＝（君王：君王）【20】」
《上博四．曹沫之陳》：「散（曹）蔑（沫）內見曰【1】」
《上博五．姑》：「敂（拘）人於百豫㠯（以）內【9】」
《上博五．三德》：「內虛（墟）母（毋）樂【11】」
《上博六．競公瘧》：「公內安（晏）子而告之【3】」
《上博八．命》：「不㠯（以）厶（私）思〈惠〉厶（私）悁（怨）內于王門【5】」
《上博八．命》：「必內（入）𠨷（偶）之於十客（友）又厽（三）【9】」
《上博八．陳公治兵》：「述（遂）內（入）王𢀜（卒）【7】」
《上博八．陳公治兵》：「女（如）內（入）王𢀜（卒）【8】」

---

[14] 據陳劍〈讀上博竹書〈昭王與龔之脽〉和〈柬大王泊旱〉讀後記〉，簡帛研究網，2005年2月15日。

《上博八・陳公治兵》:「深內王卒(卒),【14】」

「內」讀作「入」的字例,為數不少,整理者多逕讀作「入」,而諸家無說。李守奎主編《上海博物館藏(一-五)文字編》則讀作「入」,並謂:「楚之『入』、『內』同字,字形與『矢』旁相同[15]。」,《上海博物館藏戰國楚竹書(八)文字編》:「楚簡『入、『內』形體無別[16]。」滕壬生主編《楚系簡帛文字編》:「古內入同字,楚簡帛文內即入也[17]。」

「入」字見於《說文解字・入部》:「入,內也。象从上俱下也。凡入之屬皆从入。」「內」與「入」互訓,「內」字見於《說文解字・入部》:「內,入也。从冂入,自外而入也。」(5B.7)可見「內」字本身即有進入之義,清・段玉裁・注:

> 今人謂所入之処為內,乃以其引申之義為本義也。互易之故分別讀奴荅切,又多假納為之矣。《周禮》注云:職內主入也。內府主良貨賄藏在內者,然則職內之內是本義,內府之內是引申之義。[18]

段注指出「進入」為「內」字本義,「內外」之「內」為其字引申義,而後人反以引申義為本義,其後又假「納」為納入之納。

「內」字的這種用法,常見於古籍,如《史記・范雎蔡澤列傳》:「惡內諸侯客」,司馬貞《索隱》:「內者,亦猶入也[19]。」由於「內」、「入」字義相同,字音相近,王力指出二字為同源字[20]。

---

[15] 李守奎、曲冰、孫偉龍編著:《上海博物館藏戰國楚竹書(一-五)文字編》(北京市:作家出版社,2007年),頁279,「入」字條下。

[16] 王凱博:《上海博物館藏戰國楚竹書(八)文字編》,頁55。

[17] 滕壬生:《楚系簡帛文字編(增訂本)》(武漢市:湖北教育出版社,2008年),頁512。

[18] 漢・許慎著,清・段玉裁注:《新添古音說文解字注》,頁226。

[19] 宗福邦、陳世鐃、蕭海波主編:《故訓匯纂》(北京市:商務印書館,2004年),頁183。

[20] 王力:《同源字典》,頁458-459。

陳斯鵬討論楚簡字形與音義現象時，曾指出：

> 按｛入｝為｛內｝相應的動詞，而｛納｝又為｛入｝的使動型態。「內」和「入」這兩個字形在商代甲骨中已經出現。在兩周金文中，它們都可以用來記錄｛內｝、｛入｝、｛納｝等詞，說明此三個關係極為密切的詞，在書寫記錄系統裏還未明確區分。但兩周金文用「內」的比例遠比用「入」」為小。而在楚系簡帛中，一般只用「內」字來表示｛入｝、｛內｝、｛納｝這三個音義相關的詞。[21]

已觀察出楚簡一般只用「內」字來表示「進入」這個意義。

我們利用以上的討論，檢視《上博》「內」字的釋讀，發現許多「內」字讀作本字即可。例如《上博二．容成氏》：「內而死【44】」的「內」字，整理者讀作「入」（《二》頁 284）；陳劍讀作「墜」[22]，諸家多從之[23]。

其實，此簡之「內」字釋讀，即以《說文》「內」字本義「入也」解之是也。〈容成氏〉：「能遂者遂，不能遂者，內而死。【44】」（寬式隸定）是說：能通過的人就通過，不能通過的人就掉入其下而死。

此類「內」字用法，亦見於先秦古籍。例如《孟子．萬章上》：「思天下之民，匹夫匹婦，有不被堯舜之澤者，若己推而內之溝中[24]。」、《大戴禮記．千乘》：「推而內之水火，入也弗之顧矣，而況有強適在前，有君長正之者乎？」的「內」字。

---

[21] 陳斯鵬：《楚系簡帛中字形與音義關係研究》（北京市：中國社會科學出版社，2011 年），頁 72。

[22] 陳劍：〈讀上博簡〈容成氏〉的拼合與編聯問題小議〉，簡帛研究網，2003 年 1 月 9 日。

[23] 參見蘇建洲：《《上海博物館藏戰國楚竹書（二）》校釋》，臺灣師範大學國文學系博士論文，2003 年，頁 299。惟蘇建洲：〈〈容成氏〉譯釋〉改讀為「入」而無說（收入季師旭昇主編：《《上海博物館藏戰國楚竹書（二）》讀本》（臺北市：萬卷樓，2003 年），頁 172）。

[24] 宋．朱熹．集註：「內，音納。」

「內之溝中」、「內之水火」的「內」，其實解作本義「入也」即可，和「內而死」的「內」用法相同，與《莊子・刻意》：「吹呴呼吸，吐故納新，熊經鳥申，為壽而已矣。」的「納」字意義相當。

因此，〈容成氏〉【44】「內」在此讀作本字，「內而死」為「內之臺中而死」，亦為「進入」之義。陳劍讀作「墜」，更能表達由高處（九城之臺）掉落的意思；然而以尊重文本用字習慣為原則，不以今人閱讀習慣而改讀，是很重要的。

而就「內」字本義來看，既然用本義即能讀通文義，無須改讀為「入」字，是則並無上文所引諸家所謂「『內』、『入』同字」的現象，加以楚簡中可見「入」字，如「入自此稈官之审」（《曾》207）、「所入長竑之审」（《曾》208）[25]，雖然「入」字數量遠少於「內」字，然不可否認「內」、「入」是各有其形；再者，這應當解釋為楚文字的習用讀法，在指稱「入」義時，習用「內」字，這就如同指稱「一」義時，楚文字習用「翟」字是相同的現象。

（三）迵與通

《上博二・容成氏》：「又（有）吳（無）迵【5】」

《上博二・容成氏》：「埀（禹）乃迵淮與忻（沂）【25】」

《上博二・容成氏》：「埀（禹）乃迵蔞與湯【25】」

《上博二・容成氏》：「埀（禹）乃迵三江五沽（湖）【26】」

《上博二・容成氏》：「埀（禹）乃迵泿（伊）【26】」

《上博二・容成氏》：「埀（禹）乃迵經（涇）與渭【27】」

「迵」，整理者逕讀作「通」[26]，諸家從之。

「通」字見於《說文解字・辵部》：「通，達也。从辵、甬聲。」（2B.4）

[25] 滕壬生：《楚系簡帛文字編（增訂本）》，頁 511。

[26] 馬承源主編：《上海博物館藏戰國楚竹書（二）》，頁 269。

甲金文「通」字从「用」[27]，作「𢓊」（《集成》2831）之形。「迵」字亦見於《說文解字．辵部》：「迵，迵迭也。从辵、同聲。」（2B.5），清．段玉裁．注：

> 迭當作达。《玉篇》云：「迵，通達也。』」是也。水部：「洞，疾流也。」馬部：「駧，馳馬洞去也。」義皆相同。〈倉公傳〉曰：「臣意診其脈曰迵風。」裴曰：「迵音洞。」言洞徹入四肢。[28]

段玉裁引《玉篇》、〈倉公傳〉之文，以及許慎對「洞」、「駧」二字的釋義，說明「迵」字本義為「通達」，所謂「迵迭」應為「迵达」之誤。

「达」，「達」字或體，見於《說文．辵部》：

> 達，行不相遇也。从辵、羍聲。《詩》曰：『挑兮達兮。』达，達或从大。或曰迭。
>
> 迭，更迭也。从辵、失聲。一曰达。

可知「达」為「達」、「迭」字或體。因為「通迭」不成詞，且《玉篇》引作「通達」；因此，段玉裁認為「迵迭」應正為「迵达」，即「通達」的說法，是可從的。故《說文》「迵」字下當改作「迵，迵达也。从辵、同聲。」

又如《龍龕手鑑．辵部》：「迵：今徒弄反。過也，亦通達也[29]。」、《玉篇．辵部》：「迵，通達也[30]。」等辭書，可知「迵」字本有通達之義無誤，與「通」義近。

---

[27] 李圃主編：《古文字詁林》第二冊（上海市：上海教育出版社，2000 年），頁 366。

[28] 漢．許慎著，清．段玉裁注：《新添古音說文解字注》，頁 74。

[29] 遼．釋行均編：《龍龕手鏡》（北京市：中華書局，1985 年），頁 492。

[30] 南朝梁．顧野王原編，宋．陳彭年等新編：《玉篇》（元刊本）（臺北市 ： 中央圖書館），頁 164。

另外，除《上博》簡外，如馬王堆帛書《經法．道原》：「恆先之初，迵同大虛[31]。」之「迵」，亦應讀作本字，「迵同」即通同之意。

因此，上引數簡之「迵」，應讀作本字即可，指「通達」之義，不用通假為「通」字。

（四） 奠與定

《上博一．性情論》：「寺（待）習而句（後）奠（奠）【1】」[32]

《上博二．容成氏》：「天下之民居乃奠（奠）【28】」

《上博八．子道餓》：「生（性）未有所奠【1】」

《上博一．性情論》「奠」字，整理者讀作本字而無說，諸家多從之[33]。《上博二．容成氏》「奠」字，整理者讀作「定」而無說[34]，諸家多從之而無說。《上博八．子道餓》整理者讀作本字[35]。

「奠」復見於《上博六．平王問鄭壽》：「奠（鄭）壽【1、2、3】」、《上博七．鄭子家喪》：「奠（鄭）子【甲1、甲2、甲3、乙1、乙2】」、《上博七．鄭子家喪》：「回奠（鄭）三月【甲3、乙3】」、《上博七．鄭子家喪》：「奠（鄭）人【甲3、乙3、甲5、乙5】」、《上博七．鄭子家喪》：「牆（將）救奠（鄭）【甲6、乙6】」等簡，均讀為「鄭」，本文不及論之。

「奠」字見於《說文解字．丌部》：「奠，置祭也。从酋—酋，酒也；下其丌也。《禮》有奠祭者。」（5A.10），季師旭昇指出「奠」字象置酉於

---

31 國家文物局古文獻研究室：《馬王堆漢墓帛書〔壹〕》（北京市，文物出版社，1980年），頁87。

32 《郭店．性自命出》：「寺（待）習而句（後）奠（奠）【1】」。

33 陳霖慶讀作「定」（參見陳霖慶：《郭店〈性自命出〉與上博〈性情論〉綜合研究》，國立臺灣師範大學國文學系碩士論文，2003年，頁10-12）；後改讀為本字（參見陳霖慶：〈性情論〉譯釋，收於季師旭昇主編：《《上海博物館藏戰國楚竹書（一）》讀本》（臺北市：萬卷樓，2004年），頁154。

34 馬承源主編：《上海博物館藏戰國楚竹書（二）》，頁272。

35 馬承源主編：《上海博物館藏戰國楚竹書（八）》，頁122-123。

「一」上以行奠祭；金文繁化加兩短横（如「𡙇」，《集成》4320），或訛變為「八」形（如「𡙇」，《集成》2415），與「一」形結合成「丌」（如「𡙇」，《包山》2.4），《說文》誤為从「丌」[36]，是說可從也。楚簡「𡐩」字即於「奠」字下方加「土」形飾筆，為「奠」字繁文。「奠」字古音則屬定紐耕部。

「奠」有「定」意，如《書經・禹貢》：「**禹敷土，隨山刊木，奠高山大川。**」孔傳：「**奠，定也。**」可知「奠」與「定」義近之字。《廣韻》、《集韻》、《韻會》皆云：「**堂練切，音電。定也。**」《玉篇》：「**奠，定也，薦也。**」《羣經音辨》：「奠，定也。」《而《說文解字・宀部》：「**定，安也。**」（7B.4）清・段玉裁・注：「**古亦假奠字為之**[37]。」這樣的例子，在傳世文獻中常見，如《周禮・司市》：「展成奠賈」之「奠」，漢・鄭玄・注：「奠，讀為定。」即是。

因為「奠」字本身即有「定」義，奠定也，《上博八・子道餓》整理者將「奠」字讀作本字是可從的，《上博一・性情論》、《上博二・容成氏》「奠」字，亦應讀作本字，不用通假為「定」字。

另外，〈性情論〉：「**心亡（無）正志【1】**」之「正」，整理者讀作本字（《一》頁221），此說是也；此簡「正」字，亦可與《郭店・性自命出》：「**心亡（無）奠（定）志【1】**」之「奠」對讀。

（五）　戰（獸）與守

《上博二・從政》：「**夫事戰㠯（以）之信【甲1】**」

《上博二・容成氏》：「**岥（跛）皇（躃）戰門【2】**」

《上博四・昭王》：「**老臣為君王戰視之臣【8】**」

《上博四・曹沫》：「**戰鄾（邊）城系（奚）女（如）【13】**」

[36] 季旭昇師：《《說文》新證》上冊（臺北市：藝文印書館，2002年），頁373。

[37] 漢・許慎著，清・段玉裁：《說文解字注》（臺北市：洪葉文化，1999年），頁342。

《上博四・曹沫》:「必又(有)(戰)心㠯(以)戰【18】」
《上博四・曹沫》:「善戰者系(奚)女(如)【57△】」
《上博五・季庚子》:「句(苟)能𠤳(固)戰而行之【22A】」
《上博五・季庚子》:「疋(疏)言而竀(密)戰之【19】」
《上博五・三德》:「戰虛□【20】」
《上博七・武王踐祚》:「悬(仁)㠯(以)戰之【4、5】」
《上博七・武王踐祚》:「不悬(仁)㠯(以)戰之【4、5】」
《上博八・成王既邦》:「不悬(仁)㠯(以)戰之【10】」
《上博八・桐賦[38]》:「戰勿(物)弜(強)榦(幹)【2】」
《上博九・舉治王天下》:「道又(有)戰乎【17】」

《上博二・從政》「戰」,整理者僅云:「『戰』讀作『守』[39]。」,諸家從之。《上博二・容成氏》「戰」,整理者讀作「守」而無說[40],諸家從之。《上博四・昭王》「戰」,整理者云:「《戰後滬寧新獲甲骨集》二・一一一及青銅器《史戰鼎》銘文皆作『戰』,與『獸』同。《說文・嘼部》:『獸,守備者[41]。』」《上博四・曹沫》「戰」,整理者讀作「守」而無說[42],諸家從之。《上博五・季庚子》整理者僅云:「『戰』讀為『守』[43]。」《上博五・三德》整理者讀「戰」作「守」而無說[44]。《上博八・成王既邦》「戰」字,整理者釋為「戰」[45],復旦讀書會指出其字右旁從犬,當為「獸」字,讀為「守」[46]。《上

[38] 整理者原名為「李頌」(《上博八》,頁 229),季師旭昇改名之曰「桐賦」(〈《上海博物館藏戰國楚竹書(八)》詠物賦研究〉,《第二十三屆中國文字學國際學術研討會論文集,2012 年 6 月 1、2 日,頁 441-456),本文從之。
[39] 馬承源主編:《上海博物館藏戰國楚竹書(二)》,頁 216。
[40] 同前註,頁 251。
[41] 馬承源主編:《上海博物館藏戰國楚竹書(三)》,頁 189。
[42] 馬承源主編:《上海博物館藏戰國楚竹書(四)》,頁 251、254、281。
[43] 馬承源主編:《上海博物館藏戰國楚竹書(五)》,頁 229。
[44] 同前註,頁 302。
[45] 馬承源主編:《上海博物館藏戰國楚竹書(八)》,頁 182。
[46] 復旦吉大古文字專業研究生聯合讀書會:〈上博八《成王既邦》校讀〉,復旦大學出土文

博八．桐賦》整理者謂：「『戰』即『獸』，讀為『守』」[47]。《上博九．舉治王天下》整理者謂：「『戰』，同『獸』，讀為『守』，雙聲疊韻[48]。」

「戰」字的這種讀法，不僅見於《上博》，亦見於如：《郭店．老子甲》：「侯王女（如）能戰（守）之【19】」、《郭店．老子甲》：「戰（守）中【24】」、《郭店．老子甲》：「莫能戰（守）也【38】」、《郭店．六德》：「能戰（守）弌（一）曲安（焉）【43】」、《郭店．緇衣》：「齊而戰（守）之【38】」等簡，整理者亦作如是讀。而劉釗校釋《郭店》簡時，指出「『獸』讀為『守』，古音『獸』、『守』皆在書紐幽部，於音可通[49]。」

「戰」，从單、从犬。「單」，舊多誤釋其繁體為「嘼」，裘錫圭釋《郭店．成之聞之》【22】「唯冒不嘼爯悳」時，指出「『嘼』在古文字中即『單』字繁文，《說文》說此字不可信。」季師認為可從，並云：「《說文》之『嘼』應為『獸』之簡省分化字。或者『嘼』字竟為《說文》錯析『獸』字而離析出的部首[50]。」「戰」即「獸」字異體，「獸」字見於《說文解字．嘼部》：「獸，守備者也。从嘼、从犬。」（14B.8），古音屬透紐幽部。許慎義指「獸」具有打獵及巡狩的功能，清．段玉裁．注：「以疊韵爲訓。能守能備，如虎豹在山是也[51]。」為許說補充說明。

而「守」字見於《說文．宀部》：「守官也。从宀、从寸。寺府之事者。从寸；寸，法度也。」（7B.5）然而，甲骨文未見「守」字，而有「戰（獸）」字[52]，羅振玉認為：「古獸狩實一字。」，並指出「禽與獸初誼皆訓田獵……許君訓獸為守備者，非初誼也[53]。」李孝定云:「田狩者以單自蔽，以犬自

獻與古文字研究中心網站，2011 年 7 月 17 日。

[47] 馬承源主編：《上海博物館藏戰國楚竹書（八）》，頁 244。

[48] 馬承源主編：《上海博物館藏戰國楚竹書（九）》，頁 212。

[49] 劉釗：《郭店楚簡校釋》（福州市：福建人民出版社，2005 年），頁 120。

[50] 季師旭昇：《說文新證 下冊》（臺北市：藝文印書館，2004 年），頁 270。

[51] 漢．許慎著，清．段玉裁：《說文解字注》，頁 747。

[52] 詳見于省吾主編《甲骨文字詁林》（北京市：中華書局，1996 年）第四冊，頁 3082。

[53] 同前註，頁 3083。

隨，故字从單从犬會意……獸之初誼謂田獵，本為動詞[54]。」至於「戰(獸)」字，當作「四足而毛為獸」之專名，則是從「狩獵」引申而來的，正如羅振玉先生所云：「禽與獸初誼皆訓田獵，此獸狩一字之證。引申之而二足而羽為禽，四足而毛為獸[55]。」吳其昌先生亦指出：「後起引申之義，斯以田獵所獲得之生物，即以獸名之矣[56]。」據此，卜辭所見「戰（獸）」字所呈現的皆是動詞，皆用為田獵之義，可知「獸」字之初誼，並非《說文》所說「守備者」之義的名詞，也不是「四足而毛為獸」的名詞，而是具有獵捕之義的動詞。

今人釋讀出土文獻，每以現代漢語的基本義進行釋讀，因此產生了不少訓詁上的問題，本例若是以「獸」字基本義「四足而毛為獸」來進行釋讀，殊不知獸字本身即可以其「初誼」之動詞義進行釋讀，而不需要再針對獸字的基本義之名詞（由「守備者」而「守備」）轉化為動詞這個步驟。

以下是我們對「獸」字進行歷時性質的語義成分分析：[57]

*〔＋郊野＋獵捕＋四足而毛〕V.

→1.*〔＋行政區域＋警戒：敵人／保衛：百姓〕（引申 V.）

　　→*〔＋事物＋守護〕（引申 V.）

→2. *〔＋四足而毛〕（引申 N.）　→　〔＋四足而毛〕（基本義 N.）

誠如上述，在獸的第 1 個引申類別屬於「間接引申」（又稱之為「連鎖式引申」[58]），它的第一層是詞義擴大的引申，首先它的概念義外延擴大，由原本的郊野擴大為行政區域，動作的內涵減少了，由原本的獵捕（由觀察

[54] 詳見于省吾主編《甲骨文字詁林》第四冊，頁 3083。

[55] 同前註。

[56] 同前註。

[57] 一般對於某字詞進行語義成分分析是以共時性質的分析，本文則是採取歷時性質的分析，由於這個方式尚未有人如此使用，因此有必要在此標示相關說明。在標示上古時期的語義特徵，我們所採取的方式是——仿照音韻學家對於上古音值構擬的符號——於語義特徵前加上＊，沒有標示符號者，大致可看做是中古時期以迄現代的語義特徵。

[58] 詳見毛遠明：《訓詁學新編》（四川：巴蜀書社，2002 年），頁 217-218。

到獵捕的整個過程）變為保衛／警戒，對象也因為動作內涵的改變，而有了相對應的受事——警戒敵人／保衛百姓；再往下屬於語義轉移的引申，它綜合了原有的中心義素「保衛／警戒」而產生了「守護」這個義素，關於這一點，《廣雅》正好可以當成我們的有力證據，《廣雅》:「主、戍、門、獸，守也[59]。」；再者，語義所要概括的對象也泛指為所有事物，當人類對於客觀事務的認識層面不斷深化便有可能產生這樣的結果。我們認為是這一個引申類別的最大原因是它的詞性並沒有再引申當中遭到改變，符合「獸」字在語義方面的歷史演變規律，也符合本例所列舉的所有楚簡「戰（獸）與守」的訓解內涵。

至於第 2 個引申類別屬於詞義縮小的引申，它的下義位變成了上義位，涵蓋了整個語義，導致原本的〔＋郊野＋獵捕〕因語義層次弱化而節縮，也就是上述「斯以田獵所獲得之生物，即以獸名之矣。」的後起引申之義；若是從第 2 個引申類別（引申 N.）或是由漢語的現代基本義為「概念義」開始進行釋讀，那麼接下來再引申為第 1 個引申類別的第 2 層〔＋事物＋守護〕（引申 V.），除了有詞性不一致的情形，在詮釋上也很難讓人信服。

《禮記·曲禮上》:「鸚鵡能言，不離飛鳥；猩猩能言，不離禽獸。今人而無禮，雖能言，不亦禽獸之心乎？」唐·孔穎達·疏:「獸者，守也。言其力多不易可擒，先須圍守然後乃獲，故曰獸也。」《字彙·犬部》「獸」字下云:「〈曲禮〉注:『獸者，守也。言力多不易可擒先，須圍守然後可獲。』」由上引文獻中「獸」字釋義，知「獸」古有「守」義。

不過，用作「守」義的「獸」字在傳世文獻中相當少見，若非在楚簡中復見此義，可能難以讓人信服，這可以說是楚簡保留文字古義的例子。

《山海經·海內西經》:「面有九門，門有開明獸守之，百神之所在[60]。」、《山海經·大荒西經》:「西北海之外，大荒之隅，有山而不合，名曰不周

59 詳見徐復主編《廣雅詁林》（江蘇：江蘇古籍出版社，1998 年）卷第三下，頁 247。

60 郝懿行:《山海經箋疏》(《郝懿行集（六）》，濟南市：齊魯書社，2010 年)，頁 4936。

負子。有兩黃獸守之[61]。」中的「開明獸」、「黃獸」有「守」之用，黃獸」有「守」之用，《說文》「守備者」之「獸」，以及簡文「獸」字相證。

除了「守」義之外，「戰」字常見的用法是用作「禽獸」之「獸」，即第2個引申類別，如：《上博九・陳公治兵》：「安（焉）命帀（師）徒殺取畬（禽）戰（獸）夷（鸛）麑（兔）【1】」即是。而在楚簡中，除了以「戰」字指稱「守」義之外，亦見「守」字，如《郭店・老子甲》：「侯王能守之【13】」、《郭店・唐虞之道》：「愄（夔）守樂【12】」」《上博一・緇衣》：「齊而守之【19】」、《上博二・子羔》：「曻（得）丌（其）社（稷）百（姓）而奉守之【6】」、《上博三・彭祖》：「忎（恐）弗能守（【8】」等即是。可見在楚簡中，「戰」、「守」二字皆可指稱「守」義，簡言之，本例所舉皆可依「戰」字的引申義直接釋讀即可。

除了「守」義之外，「戰」字常見的用法是用作「禽獸」之「獸」，如：《上博九・陳公治兵》：「安（焉）命帀（師）徒殺取畬（禽）戰（獸）夷（鸛）麑（兔）【1】」即是。而在楚簡中，除了以「戰」字指稱「守」義之外，亦見「守」字，如《郭店・老子甲》：「侯王能守之【13】」、《上博一・緇衣》：「齊而守之【19】」等即是。要之，在楚簡中，「戰」除了指稱四足而毛的「獸」之外，「戰」、「守」二字皆具有守護、守備之義。

（六）　泊與薄

〈容成氏〉：「厚悉（愛）而泊（薄）（斂）安（焉）【35B】」

《上博二・容成氏》：「厚悉（愛）而泊（薄）（斂）安（焉）【35B】」

《上博四・曹沫》：「貹（重）賞泊（薄）（型）【54】」

《上博六・用曰》：「丌（其）自視之泊【7】」

《上博二・容成氏》、《上博四・曹沫》二篇整理者皆讀「泊」為「薄」[62]，

---

[61] 郝懿行：《山海經箋疏》，頁4991。

[62] 馬承源主編：《上海博物館藏戰國楚竹書（二）》，頁277；馬承源主編：《上海博物館藏

諸家從之。《上博六》〈用曰〉:「亓（其）自視之洦【7】」，此簡之「洦」字，季師旭昇以為有可能讀為「薄」[63]。

「洦」字即《說文解字》「洦」字，見於《說文解字・水部》:「洦，淺水也。从水、百聲。」清・段玉裁・注:「淺水易停，故泊又為停泊。淺作『薄』，故泊亦為厚薄字[64]。」可見「泊」、「薄」為古今字，二字非屬通假。

我們認為「洦」字不需要讀為「薄」，或是通假為「薄」;「洦」字直可就其本字本義釋讀即可。我們的理由如下：

據《說文解字・艸部》:「薄，林薄也。一曰：蠶薄。从艸、溥聲。」清・段玉裁・注:「〈吳都賦〉:『傾藪薄』。劉注曰:『薄，不入之叢也。』按：林木相迫不可入曰薄，引伸凡相迫皆曰薄。」又云:「相迫則無閒可入。凡物之單薄不厚者亦無閒可入，故引伸爲厚薄之薄[65]。」至於「蠶薄」與此處無涉，茲不贅述。

根據許慎的解說，薄的字義是林薄，段玉裁則提出進一步說明是「林木相迫不可入」，也就是說樹林相互迫近，沒有間隙可以進入。因此「薄」字的本義，當是與「迫」有較為直接的關係，這點也反映在它們的字音上面，「薄」字旁各切，「迫」字博陌切，它們在段玉裁的古音皆是第五部，以　先師陳伯元先生的古音系統來看，「薄」字屬並母鐸部，「迫」字屬幫母鐸部，音值依次是〔*bˊak〕、〔*pak〕，一個是全濁的雙唇塞聲聲母，一個是全清的雙唇塞聲聲母，皆同屬一個韻部，如此聲近韻同的關係，可見「薄」與「迫」在音義上的關係相當密切；王力先生認為「薄」與「迫」是「並幫旁紐，鐸部疊韻」的關係[66]，在這一組的同源字列舉了偪（逼）:

戰國楚竹書（四）》，頁 279。

[63] 詳見吳珮瑜《《上海博物館藏戰國楚竹書（六）〈用曰〉研究》，臺灣師範大學國文學系碩士論文，2011 年，頁 148-150。

[64] 漢・許慎著，清・段玉裁注:《新添古音說文解字注》，頁 549。

[65] 同前註，頁 41。

[66] 詳見王力:《同源字典》，頁 264。

迫／迫：薄／偪：辟，它們具有「相迫／相依」的語義特徵，王力先生並沒有將「泊」字列入這一組之中，再從「泊」字所具有的「不厚」義來看，「泊」字的「不厚」應當不適合與「相迫／相依」置於同一組同源字例。

「薄」與「泊」字的關係，段玉裁因為「林木相迫不可入曰薄，引伸凡相迫皆曰薄。」而提出「凡物之單薄不厚者亦無閒可入，故引伸爲厚薄之薄。」可以看出，這兩個解說，雖說都是引申，但是在引申的內容與程度上是有差別的，前者是因為「林木相迫不可入曰薄」，所以引伸「凡相迫皆曰薄」，所以在這裡的薄是從「相迫」引伸來的；後者則是說「凡物之單薄不厚者亦無閒可入」，因此引伸爲厚薄之薄。前者屬於「直接引伸」，後者則是「間接引伸」，也就是說，後者的引伸，雖保留了前者的某些義素，卻也改變了其他的義素，後者的引申最具有影響的是它改變了「薄」字原本的中心義素「相迫」，使得「薄」字由原本表示林木的「相迫」，變為表示因「無間可入」的「不厚」，字義內部的語義場即產生了轉移；然而透過字義的舊義與新義的比較，我們認為在時間上，前者當然是屬於比較早出的引申，在使用的層面上，後者是因為字義概括的客觀條件產生了變化，對於該「薄」字的概括認識，因為某些因素的影響，不斷地使用「不厚」這個義素，即形成了現今具有「物之單薄」厚薄義的「薄」，這應是屬於較為後起的使用現象。

我們可以從出土文獻材料來看「泊」與「薄」字的使用情形，在甲骨文當中並沒有「薄」字的出現，而「泊」字已經出現[67]，雖釋讀為地名，但字形上从水从白確實可辨；另外，《信陽簡》：「泊組之經【2-010】」何琳儀雖云：「疑讀薄」[68]，但是並未有進一步的解說；在《馬王堆》簡文中亦有「泊」字，多與厚字對舉或是具有厚薄之薄義：

---

[67] 詳見于省吾主編：《甲骨文字詁林（第二冊）》（北京市：中華書局），頁 1304。

[68] 何琳儀：《戰國古文字典—戰國文字聲系》，頁 601。

是以大丈夫居其厚而不居其泊，居其實不居其華。故去皮取此。(《老甲》)

是以大丈夫居□□□居其泊；居其實而不居其華。故去罷而取此。(《老乙》)

忠信之泊也而亂之首也。(《老乙》)

胃所受□□有厚泊。(《德聖》463)

泊棺椁。(《稱》153)

而在傳世文獻中，例如王充《論衡》一書，則以「泊」字為厚薄之薄者，茲舉《論衡・率性》為例：[69]

稟氣有厚泊，故性有善惡也。殘則授不仁之氣泊，而怒則稟勇渥也。仁泊則戾而少愈，勇渥則猛而無義，而又和氣不足，喜怒失時，計慮輕愚。妄行之人，罪故為惡。人受五常，含五臟，皆具於身。稟之泊少，故其操行不及善人，猶或厚或泊也，非厚與泊殊其釀也，麴孽多少使之然也。是故酒之泊厚，同一麴孽；人之善惡，共一元氣。

69 除此例《論衡・率性》之外，尚有以下十例：《論衡・命義》：「稟性軟弱者，氣少泊而性羸窳。」

、「一家犯忌，口以十數，坐而死者，必祿衰命泊之人也。」、《論衡・本性》：「其生於陰陽，有渥有泊。玉生於石，有純有駁。」、《論衡・書虛》：「實論者謂夫桀、紂惡微於亡秦，亡秦過泊於王莽。」、《論衡・答佞》：「其害人也，非泊之……厚而害之，故人不疑。」、《論衡・宣漢》：「天之稟氣，豈為前世者渥，後世者泊哉？」、《論衡・薄葬》：「喪祭禮廢，則臣子恩泊；臣子恩泊，則倍死亡先。異道不相連，事生厚，化自生，雖事死泊，何損於化？」、《論衡・四諱》：「孝者怕入刑辟……少德泊行，不戒慎之所致也。」、《論衡・辨祟》：「占射事者必將復曰：『泊命壽極。』」、《論衡・自紀》：「若夫德高而名白，官卑而祿泊，非才能之過，未足以為累也。」

凡文中與厚、渥對舉者，皆作「厚泊」。

此外，《說文解字・犬部》:「**狛：如狼，善驅羊。从犬、白聲。讀若蘗。甯嚴讀之若淺泊。**」此處所云之「淺泊」即現代漢語之「淺薄」。

關於以上的「泊」字讀法，學者或以「泊」「薄」通假來解釋這個現象，但是在我們的論點認為「泊」字實可據《說文解字・水部》:「洦，**淺水也。**」之「淺」進行釋讀即可；以下是我們對於「泊」字進行歷時性質的語義成分分析：[70]

*〔＋水量＋不厚＋淺〕

→*〔＋物體＋不厚＋淺〕

→1.〔＋河水＋積聚〕（湖泊） / 2.〔＋船隻＋水淺＋停留〕（停泊）

從*〔＋水量＋不厚＋淺〕→*〔＋物體＋不厚＋淺〕這個階段，我們看到了「泊」字字義的概念外延擴大，在語義場中下義位變成了上義位，從概念上看來，是從種概念變成了屬概念，本義指的事物本質是「水量」，但是在語言使用當中，語義擴大，變成了強調「不厚」、「淺」的概念為主，所以只要是物體具有〔＋不厚＋淺〕即可稱之為「泊」（在現代的基本義的1.與2.也都是由這個概念的語義轉移所造成的結果，這一點並不是本文所要討論的主題，茲不贅述）。

據此，我們認為學者或以「泊」「薄」通假來解釋這個現象，似乎是沒有必要的，上述諸簡，皆可從「泊」字的本義進行釋讀，或是引申釋讀，實在是沒有必要通假為「薄」作為釋讀的手段，亦即「泊」由本義所指的事物本質的「水量」變成了「物體」的語義擴大之引申後，已經可以將這些簡文進行妥善的釋讀。

---

70 一般對於某字詞進行語義成分分析是以共時性質的分析，本文則是採取歷時性質的分析，由於這個方式尚未有人如此使用，因此有必要加上一些相關的說明。在標示上古時期的語義特徵，我們採取音韻學家對於上古音值構擬的符號，於其前加上＊，沒有標示符號者，大致可看做是中古時期以迄現代的語義特徵。

三　小結

本文討論「竺與篤」、「內與入」、「迵與通」、「奠與定」、「戰（獸）與守」、「泊與薄」等六組字例，發現「竺」、「內」、「迵」、「奠」、「戰」、「泊」在上引諸文中，均應讀作本字，無煩通假為「篤」、「入」、「通」、「定」、「守」、「薄」。

在進行這六組字例的討論時，這些出土文獻以及傳世文獻或直接或間接地強化了我們的看法，即當我們在釋讀出土文獻之時，並不能以現代漢語的基本義直接進行討論，所謂「**時有古今，地有南北，字有更革，音有轉移。**」（陳第《毛詩古音攷自序》）的道理一致，字音會有更革轉移，在語義理解與詮釋上面，當然必須要順著語義的發展過程，才不致發生以現代漢語的本義強為之解，或者因讀不通而逕以通假他字讀之，這樣反而無法使得文字字義得到應有的彰顯。

主要參考書目

一　簡帛類著作

馬承源主編:《上海博物館藏戰國楚竹書(一)》,上海:古籍出版社,2001.11;

馬承源主編:《上海博物館藏戰國楚竹書(二)》,上海:古籍出版社,2002.12;

馬承源主編:《上海博物館藏戰國楚竹書(三)》,上海:古籍出版社,2003.12;

馬承源主編:《上海博物館藏戰國楚竹書(四)》,上海:古籍出版社,2004.12;

馬承源主編:《上海博物館藏戰國楚竹書(五)》,上海:古籍出版社,2005.12;

馬承源主編:《上海博物館藏戰國楚竹書(六)》,上海:古籍出版社,2007.7;

馬承源主編:《上海博物館藏戰國楚竹書(七)》,上海:古籍出版社,2008.12。

馬承源主編:《上海博物館藏戰國楚竹書(八)》,上海:上海古籍出版社,2011.5。

馬承源主編:《上海博物館藏戰國楚竹書(九)》,上海:上海古籍出版社,2012.12。

季師旭昇編:《上海博物館楚竹書(一)讀本》,2004.07。

季師旭昇編:《上海博物館楚竹書(二)讀本》,2003.07。

季師旭昇編:《上海博物館楚竹書(三)讀本》,2005.07。

季師旭昇編:《上海博物館楚竹書(四)讀本》,2007.03。

二　古音著作

先師陳新雄先生:《音略證補》,臺北市:文史哲出版社,1978.9。

郭錫良:《漢字古音手冊》,北京大學出版社,1986。

先師陳新雄先生:《古音研究》,臺北市:五南,1999.4。

趙　彤:《戰國楚方言音系》,北京:中國戲劇出版社,2006.5

三　說文相關著作

漢・許慎著，清・段玉裁注：《新添古音說文解字注》，臺北市：洪葉文化，1999.11。

季旭昇師：《《說文》新證》上冊，臺北市：藝文印書館，2002.10。

季旭昇師：《《說文》新證》下冊，臺北市：藝文印書館，2004.11。

四　字典

林尹、高明：《中文大辭典》，臺北市：中國文化研究所出版（中國文化學院出版部出版），1962.11。

何琳儀：《戰國古文字典—戰國文字聲系》，北京：中華書局，1998.9。

宗福邦、陳世鐃、蕭海波主編：《故訓匯纂》，北京：商務印書館，2004.3。

李守奎：《楚文字編》，華東師範大學出版社，2003。

李守奎、曲冰、孫偉龍編著：《上海博物館藏戰國楚竹書（一-五）文字編》（北京：作家出版社），2007.12。

滕王生：《楚系簡帛文字編（增訂本）》，武漢：湖北教育出版社，2008.10。

王輝：《古文字通假字典》，北京：中華書局，2008.2。

白於藍：《簡牘帛書通假字字典》，福州：福建人民出版社，2008.1。

～本論文特別感謝慈濟大學獎助（計畫編號 TCIRP99003-06Y3：出土文獻對典籍版本之影響與發展－以簡牘為例），特此誌之，深表謝忱。

釋楚文字的「沈」及其相關諸字

高佑仁 *

摘要

楚簡的「沈」一直有兩種看法糾葛不清，一說釋作「臽」，一說釋作「冘」，可惜未曾有人系統性地探討二字的差異，導致學界對此糾葛至今不輟，筆者從字形結構出發，分析△字與甲骨文、金文、戰國文字以至秦漢篆隸中「冘」字的演變脈絡與字形關係，並且文例中都應讀作「冘」字聲系的字。除此之外，「沈」字相關字形中仍有部分問題未能辨明，筆者透過本文進行系統性的整理。本文的重要觀點有：（一）楚簡「」字學者有釋「冘」、釋「臽」兩種意見，我們認為古文字中已有「臽」，從源流上看與△字有明顯差異，況且楚簡已見「臽」之字，與△字有別，可見學界將△釋作「臽」之說，實可排除，古文字的「臽」从「人」从「臼」，寫法十分穩固，與△的構形差異很大。（二）沈前玉圭的「」應是「爪」旁孳乳而來。（三）春秋時期的徐沈尹鉦作「」，「├┤」形演變作「├═┤」，「├═┤」在人肩膀之上，直到楚系文字將「├═┤」形往下移動至人肩膀之下，這是春秋時期與戰國時期「沈」字的重要差異。（四）筆者擬構「沈」字構形演變脈絡圖，希望能廓清學界的疑義。

關鍵字：冘、臽、楚文字、演變脈絡、文字考釋

---

* 作者現為國立成功大學中國文學系專案助理教授

一　前言

今日楷書的「沉」字，其實是「沈」的分化字[1]，起源已晚到隋唐之際（見於《玉篇》）[2]，而「沈」字已見於甲骨文，字形多以會意結構从「水」从「牛（或羊）」表示。

楚簡的「沈」一直有兩種看法糾葛不清，一說釋作「臽」，一說釋作「冘」，可惜未曾有人系統性地探討二字的差異，導致學界對此糾葛至今不輟，筆者從字形結構出發，分析△字與甲骨文、金文、戰國文字以至秦漢篆隸中「冘」字的演變脈絡與字形關係，並且文例中都應讀作「冘」字聲系的字。

除此之外，「沈」字相關字形中仍有部分問題未能辨明，筆者進行有系統的整理，而有些學界釋「沈」的字，現在看來應是誤釋。

二　楚文字的「[illegible]」旁考察

首先，我們先廣泛收集楚文字中與「[illegible]」相關的字例，如下（為方便敘述，後文將這類字以△形表示）：

1 劉釗：《郭店楚簡校釋》，（福州市：福建人民出版社，2003 年 12 月），頁 173-174。

2 簡宗梧在《教育部異體字字典》「沉」字的研訂說明中云：「《金石文字辨異・平聲・侵韻》引〈隋智永千文〉及《金石文字辨異・上聲・寢韻》引〈唐馮善廓造浮圖銘〉，皆作『沉』，《玉篇零卷・水部》內文亦作『沉』。」編號 a02140-002，網址 http://140.111.1.40/yitia/fra/fra02140.htm。佑仁按：「隋智永千文」智永無「千文」而有「千字文」疑是手誤。

（1）.信陽 2.23	（2）.信陽 2.23	（3）.璽彙 0001[3]	（4）.包 138	（5）.包 165	（6）.包 177

（7）.包 260	（8）.郭・窮 9	（9）.天卜	（10）.孔子詩論.29[4]	（11）.鬼神之明融師有成氏.7	（12）.莊王既成.1

（13）.莊王既成.2	（14）.莊王既成.2	（15）.莊王既成.4	（16）.沈前玉圭[5]	（17）.新蔡甲三.322	（18）.新蔡甲三：398

[3] 該字《戰國文字編》未分系，釋作「醏」，林文彥釋作「醢（盎）」，恐非。湯餘惠：《戰國文字編》，（福州市：福建人民出版社，2001 年），頁 977；林文彥：〈古璽中的「數字印」〉，《臺南女院學報》第二十四期，2005 年 10 月，頁 314。此璽為楚國官璽，字讀「沈」，參田成方：〈從新出文字材料論楚沈尹氏之族屬源流〉，武漢網，2008 年 8 月 19 日。

[4] 此字左旁一般都釋作「市」(參季旭昇師主編、鄭玉姍撰：《上海博物館藏戰國楚竹書(一)讀本》，（北京市：北京大學出版社，2009 年），頁 74）但是「市」旁豎筆上添橫筆的寫法十分罕見，望山簡 48 有個「[illegible]」字，右半朱德熙、裘錫圭、李家浩《望山楚簡》認為右旁有可能是「𡗗（奉）」。朱德熙、裘錫圭、李家浩：《望山楚簡》，（北京市：中華書局，1995 年 6 月），頁 112、125。劉道勝：〈讀《望山楚簡文字編》札記〉也認為從原簡字形看，當隸定為从糸从奉。（《湖南大學學報（社會科學版）》第 23 卷第 2 期，2009 年 3 月，頁 24），但劉國勝：《楚喪葬簡牘集釋（修訂本）》認為似當從「糸」、「市」聲，疑讀為「韍」，指蔽膝。劉國勝：《楚喪葬簡牘集釋（修訂本）》，武漢大學博士論文，2005 年 3 月，頁 125。現在看來，該旁可與〈孔子詩論〉的「市」並參，劉國勝的釋字是可信的。

[5] 原拓錄自《雙劍誃古器物圖錄》摹本錄自《古文字譜系疏證》。于省吾編著：《雙劍誃古器物圖錄》，（臺北市：臺聯國風出版社，1976 年），卷下頁 30。黃德寬主編：《古文字譜系疏證》，（北京市：商務印書館，2007 年），頁 3925。

(19).包 85	(20).包 85	(21).醽祓想簠(器)淅川和尚嶺與徐家嶺楚墓[6]	(22).醽祓想簠(蓋)淅川和尚嶺與徐家嶺楚墓	(23).金縢.11	(24).金縢.12

△字已出現在不少簡文中，我們先整理過去學界對各簡文的看法：

（一）〈窮達以時〉簡 14、9

字形：

文例：聖之弋母之〈之，母（梅）〉白（伯）初△酭（醢），後名揚。

原整理者隸作「滔」，並以（？）表示未能確定[7]，張立文從之[8]，黃德寬、徐在國釋作「沈」，認為文例作「初沈酭，後名揚」[9]，李零隸作「滔」，認為乃「滔」字之訛[10]，周鳳五認為原隸定不誤「滔」從「臽」聲，「滔酭」應該讀為「顑頷」，表示「不飽貌」[11]，後來在〈上博五〈姑成家父〉

[6] 原整理者認為：「應為氏稱，疑讀為沈」，河南省文物考古研究所等：《淅川和尚嶺與徐家嶺楚墓》，（鄭州市：大象出版社，2004 年），頁 262。

[7] 荊門市博物館：《郭店楚墓竹簡》，（北京市：文物出版社，1998 年 5 月），頁 145。

[8] 張立文：〈論郭店竹簡的篇題和天人有分思想〉，《傳統文化與現代化》，1998 年 6 期，頁 13。

[9] 黃德寬、徐在國：〈郭店楚簡文字考釋〉，吉林大學古籍整理研究所編：《吉林大學古籍整理研究所建所十五周年紀念文集》，（長春市：吉林大學出版社，1998 年 12 月），頁 104。

[10] 李零：《郭店楚簡校讀記》，（北京市：北京大學出版社，2002 年），頁 88。

[11] 周鳳五：〈郭店楚簡識字札記〉，《張以仁先生七秩壽慶論文集》，（臺北市：臺灣學生書局，1999 年），頁 354-355。

重編新釋〉亦釋作「淊」从「臽」聲[12]，劉釗認同黃德寬、徐在國釋「沈」之說，並指出：「『湝 』為『沈』字繁寫，『酭』從『有』聲。典籍『郁』、『鬱』相通，『鬱』從『有』聲，『酭』亦從『有』聲，可證『酭』可通『鬱』。『沉鬱』即『沉滯』。『初沈鬱，後名揚』即『開始沉滯不遇，後來名聲遠揚』之意[13]。」王志平從之[14]。趙平安認爲：「湝」應即「醢」的異體字，〈窮達以時〉的「湝酭」應讀作「醢醢」，與《楚辭・九章・涉江》「伍子逢殃兮，比干菹醢」之「菹醢」意義接近[15]，王寧則認為「趙平安先生認為此字當釋『醓』，『醓尹』即《周禮》中的『醢人』，然據《說文》『醓』字本作『監』，是從血眈聲，訓『血醢也』，與簡文字形構造差異較大，釋為『醢人』似乎也不十分準確[16]。」上述的意見都是將「△酭」的主詞視為比干。

後來陳劍指出〈窮達以時〉簡 9 應接在簡 14 之後，簡 9「母之」的「之」字右上有訛誤符號，「母之」當是「之母」的倒訛，「母」和後文的「白」

[12] 周鳳五：〈上博五〈姑成家父〉重編新釋〉，《臺大中文學報》第 25 期，2006 年 12 月，頁 7。

[13] 劉釗：《郭店楚簡校釋》，頁 173-174。

[14] 王志平：〈《窮達以時》箋釋〉，收入《簡帛拾零－簡帛文獻語言研究叢稿》，（臺北市：臺灣古籍出版社，2009 年 4 月），頁 160。

[15] 趙平安並歸納職官「醓」有五個特點：一、至少從西周一直延續到戰國時代；二、不同時期、不同地域用字有別，但各有理據可以尋繹；三、中央和地方都有醓，中央政府設立的醓地位尊寵，曾由太子擔任；四、醓有左右之分；五、主管曰醓尹（或只說醓），副官曰醓佐。參趙平安：〈〈窮達以時〉第九號簡考論——兼及先秦兩漢文獻中比干故事的衍變〉，《古籍整理研究學刊》，2002 年第 2 期，頁 18-21。趙平安：〈釋「㕣」及相關諸字——論兩周時代的職官「醓」〉，《古文字研究》第二十四輯，（北京市：中華書局，2002 年 7 月），頁 282-285；又載於趙平安：《新出簡帛與古文字古文獻研究》，（北京市：商務印書館，2009 年 12 月），頁 124-130。趙平安之說曾受到孟蓬生之啟發，見孟蓬生於代生文章後之跟帖。代生：〈《窮達以時》第 14、9 簡補說——兼釋《天問》「何聖人之一德」〉，復旦大學出土文獻與古文字研究中心，2010 年 10 月 4 日。

[16] 王寧：〈上博六《莊王既成》中「酖」字詳解〉，武漢網 2009 年 10 月 30 日。

讀為「梅伯」，古籍多有梅伯受醓之事[17]，郭碧娟釋「淊」[18]，劉嬌釋作「淊（醓）」[19]，《楚系簡帛文字編.增訂本》釋作「沈」，嚴式隸定作「湭」[20]，陳偉《楚系簡帛文字編》釋作「沈」嚴式隸定作「醓」[21]。

佑仁按：「湭酭」當從趙平安讀「醓醢」，但對象並非比干而是梅伯，〈窮達以時〉簡 9 之字从水从△，陳劍指出「母之白」的「之」字右邊有短横，此處應是「之母（梅）白（伯）」的倒抄，說法很有道理。但是在宥（復旦網之網名）表示李銳在 2003 年元旦在荊門市博物館「郭店楚簡考察·高級研究班」上指出，他曾檢示郭店楚簡〈窮達以時〉第 14 號實物，發現「之」字右旁沒有小墨點。月下聽泉（郭永秉於復旦網之網名）表示有無小墨點似並無大礙，如不以抄倒解釋，讀作「母之白初醓醢，後名揚」也可說通。《越絕書·越絕吳內傳》云：「湯獻牛荊之伯。之伯者，荊州之君也。」「荊之伯」即「荊伯」，則「梅之伯」同於「梅伯」[22]，「之」字右邊是否有小點，只能請湖北荊門市博物館再詳加考察，但若排除墨點的疑慮，郭永秉的說法可能更為允當，無論如何「醓醢」的對象是梅伯，應可成為定論。

（二）　〈孔子詩論〉簡 29

字形：

[17] 陳劍：〈郭店簡〈窮達以時〉、〈語叢四〉的幾處簡序調整〉，見《國際簡帛研究通訊》第二卷第五期，2002 年 6 月，頁 1-6。

[18] 郭碧娟：《郭店楚簡文字研究－以偏旁構形為主》，政治大學碩士論文，2003 年，編號 822 頁 41。

[19] 劉嬌：《西漢以前古籍中相同或類似內容重複出現現象的研究》，復旦大學博士論文，2009 年 6 月，頁 142。

[20] 滕壬生：《楚系簡帛文字編.增訂本》，（武漢市：湖北教育出版社，2008 年），頁 945。

[21] 陳偉：《楚地出土戰國簡冊[十四種]》，（北京市：經濟科學出版社，2009 年），頁 177。

[22] 在宥與月下聽泉的意見參代生〈《窮達以時》第 14、9 簡補說——兼釋《天問》「何聖人之一德」〉文後之跟帖，代生：〈《窮達以時》第 14、9 簡補說——兼釋《天問》「何聖人之一德」〉。

文例：〈角△〉婦 ▬。〈河水〉智。

馬承源認為「角幡，篇名。今本所無[23]。」馮勝君認為：「角下一字，從市從釆從臼，似可理解為從臼，幣省聲。我們懷疑《角幡》相當於今本〈陳風·澤陂〉」[24]，李零認為是佚詩[25]，周鳳五認為：「此字左旁從『市』，右旁疑『臽』之訛，當讀為『艷』」[26]，何琳儀釋作「幡」讀「關卝」[27]。許全勝認為：「簡文『枕』字，左從巾，右上從釆，右下從臼。……而『審』字，《說文》作『宷』，『審』、『沈』通。李學勤先生指出青銅器中習見的『番尹』『番君』，即文獻中楚國之『沈尹』。」故疑此字从宷（審）省聲，乃枕頭之枕的專字，其所从之臼，正像枕凹陷之狀[28]。魏宜輝認為：「我們懷疑這個字可能是『宷』的訛體字。『宷』、『冘』皆為書母侵部字。『幡』，可以讀為『枕』。『角幡』即『角枕』[29]。」廖名春認為：「『角幡』，讀為『角枕』」[30]。

許全勝引李學勤之說，以為青銅器習見的「番尹」、「番君」即文獻中楚國之「沈尹」。季旭昇師認為「審」並不從釆聲，從聲音來通讀，恐怕是有問題的。且李學勤並未主張「番」可以讀為「瀋」或「沈」，故其對李說的理解有偏差。季旭昇師並指出「我們贊成本詩可能是『角枕』，

---

[23] 馬承源主編：《上海博物館藏戰國楚竹書（一）》，（上海市：上海古籍出版社，2001 年 11 月），頁 159。

[24] 馮勝君：〈讀上博簡《孔子詩論》箚記〉，簡帛研究網，2002 年 1 月 1 日。

[25] 李零：〈上博楚簡校讀記（之一）《子羔》篇「孔子詩論」部分〉，簡帛研究網，2002 年 1 月 4 日。

[26] 周鳳五：〈《孔子詩論》新釋文及注解〉，簡帛研究網，2002 年 1 月 16 日。

[27] 何琳儀：〈滬簡詩論選釋〉，簡帛研究網，2002 年 1 月 17 日。

[28] 許全勝：〈《孔子詩論》零拾〉，上海大學古代文明研究中心、清華大學思想文化研究所編：《上博館藏戰國楚竹書研究》，（上海市：上海書店出版社，2002 年 3 月），頁 369-370，

[29] 魏宜輝：〈讀上博簡文字箚記〉，上海大學古代文明研究中心、清華大學思想文化研究所編：《上博館藏戰國楚竹書研究》，頁 392-393。

[30] 廖名春：〈上海博物館藏詩論簡校釋箚記〉，簡帛研究網，2002 年 7 月 3 日。

即《唐風・葛生》，但認為『䆮』是『枕』字的誤寫，〈信陽〉2.23『枕』字作，本簡此字作，二形相似，確有寫錯字的可能。左旁『木』旁替換成『市』，右上的『冘』訛作『釆』。以婦人寡居思夫，諷刺獻公好戰多亡，因此是『角枕婦』」[31]，鄭玉姍贊成此說[32]。

佑仁按：此處讀「角枕」，可信。但與字表其他諸字來看，字形較為特殊，因此筆者也認同△字宜應釋為「枕」的訛字，但字形與習見「釆」字不同，是否應隸定作「釆」，筆者較為保留。

（三）　〈鬼神之明 融師有成氏〉簡 7

字形：

文例：△坐念惟，發揚驕儥。

原整理者曹錦炎釋作「湆」字，並認為是「楚文字『沈』字繁構，『沈』，義同『沉』，本一字分化，訓為沉沒、低下，此處引申為低頭沉默」[33]，鍾明[34]、李守奎、曲冰、孫偉龍[35]從之。

禤健聰認為此字與郭店〈窮達以時〉簡 9「滔」字形同讀作「陷」[36]。單育辰認為：「（〈融師有成氏〉7）右旁上部應從人，人形上加的『』是飾筆，下從的『臼』象坑阱之形，『臽』早先的字形來源應該是甲骨文的

---

[31] 季旭昇師：〈〈孔子詩論〉新詮〉，《經學研究論叢》13 輯，（臺北市：學生書局，2005 年 12 月），頁 94-95。

[32] 季旭昇師主編、鄭玉姍撰：《上海博物館藏戰國楚竹書（一）讀本》，頁 74-75。

[33] 馬承源主編：《上海博物館藏戰國楚竹書》（五），（上海市：上海古籍出版社，2005 年 12 月），頁 326。

[34] 鍾明：《《上海博物館藏戰國楚竹書（五）》研究概況及文字編》，吉林大學碩士論文，2007 年，頁 116。

[35] 李守奎、曲冰、孫偉龍：《上海博物館藏戰國楚竹書（1-5）文字編》，（北京市：作家出版社，2007 年 12 月），頁 509。

[36] 禤健聰：〈上博楚簡（五）零札（二）〉，武漢網，2006 年 2 月 26 日。

『』(《合集》22277)、『』(《合集》22278)之形[37]。」祝升業釋作「沈(沉)」[38]。

佑仁按:「沈坐」從原考釋者所釋。單育辰釋字為「𠭹」,並認為「」、「」為其源流,但此二例甲骨現在看來都是「陷」字,至於「」形是否為飾筆,後文亦一併有詳細討論。

(四)〈莊王既成〉諸字

字形:(1.簡 1)(2.簡 2)(3.簡 2)

文例:臧(莊)王既成亡(無)鼢(鐸/射),以昏(問)△1 尹子桱(莖),曰:「虗(吾)既果成無鼢(鐸/射),以共(供)春秋之祟(嘗),以【簡 1】時(待)四㗊(鄰)之賓客,後之人幾可(何)保之?」△2 尹固(固)辭,王固(固)圉(問)之,△3 尹子桱(莖)答【簡 2】

原考釋者陳佩芬認為「『𩑝尹』為官名,『子桱』為人名,疑即『尹巫』,春秋楚人,沈縣大夫,為楚莊王之師」[39]。

陳偉指出:「這樣寫法的字,亦見於金文和其他楚簡。對於包山簡中的這種字,黃德寬、徐在國先生釋為『酖』,讀為『沈』。酖尹即典籍中習見的『沈尹』。趙平安先生對此作有比較系統的討論。整理者已經提到,『子桱』疑即沈尹莖,在『沈』字認識之後,這一點應該沒有問題。此人之名有不同異寫,現在看來,當以作『莖』或『桱』為是[40]。」具體的將字讀為「沈」,並認為人名正確的寫法應作「莖」或「桱」。

---

[37] 單育辰:《楚地戰國簡帛與傳世文獻對讀之研究》,吉林大學博士論文,2010 年 4 月,頁 94。

[38] 祝升業:《上博(五)《鮑叔牙與隰朋之諫》等五篇竹書集釋》,武漢大學碩士論文,2007 年 5 月,頁 128。

[39] 馬承源主編:《上海博物館藏戰國楚竹書(六)》,(上海市:上海古籍出版社,2007 年),頁 242。

[40] 陳偉:〈讀《上博六》條記〉,武漢網,2007 年 7 月 9 日。

何有祖認為：「此字除去『酉』的部分也見于郭店《窮達以時》9號簡：黃德寬、徐在國、劉釗等先生讀『湁酭』為『沈鬱』。趙平安先生讀『湁酭』為『醓醢』，本義為肉醬，引申為把人剁成肉醬的酷刑。可見，與之聲符相同的讀作『沈』當是沒有問題的。《墨子·經下》：『荊之大，其沈淺也。』高亨校詮：『荊者， 楚國之別名也。沈者，楚國之大縣也。』『桱』以『巠』爲聲符，以聲類求之，讀作『莖』是應該可以的[41]。」指出原考釋者在隸定上的錯誤，字下半實不从「皿」，並據學者將〈窮達以時〉「湁酭」讀作「沈鬱」或「醓醢」來說明讀「沈」是沒有問題的。

李學勤指出：「『醓尹』，從『臽』之『窞』、『啗』、『萏』等字均在定母侵部，與『沈』同，故『醓尹子桱』即『沈尹子莖』[42]。」將字釋作从「臽」聲。

田成方隸定作「醓」，讀為「沈」，他認為：「包山楚簡官稱中有『尹』（簡165、177），字曾隸定為從酉從臽字，後改隸成醓，讀為『沈』。上博六《莊王既成》篇可證實醓尹即沈尹，醓是本字，《左傳》通假作沈。包山簡85、97、186、193另有氏稱寫作，從沓從邑，或釋作邥，據《廣韻》『寑』韻：『沈，國名，古作邥』，認為是姬姓沈國後裔。沈尹氏與邥氏的楚簡寫法不同，又別為單字氏和雙字氏，當是兩個不同的家族。邥氏出自沈國，以國為氏，邥是本字，《左傳》亦通假作沈，如昭公二十三年『沈子逞』、定公四年『沈子嘉』，均是以國為氏之例。邥字從邑旁，疑與其得氏方式有關。與沈尹相關的文字材料，根據性質不同可劃分『沈尹之官及其佐官』與『沈尹氏』，前者是官名後者為氏稱[43]。」

李佳興認為「整理者將『醓尹子桱』疑為『沈尹莖』的推測是正確的，

---

[41] 何有祖：〈讀《上博六》劄記〉，武漢網，2007年7月9日。

[42] 李學勤：〈讀上博簡《莊王既成》兩章筆記〉，孔子2000網，2007年7月16日。

[43] 田成方：〈從新出文字材料論楚沈尹氏之族屬源流〉。又見《江漢考古》2008年第2期（總第107期），頁187-188。

但說『巫』亦作『莁』、『莖』則可商榷。『巫』與『巠』二字字義無相關係。…二字字形也不相同。『巫』明紐魚部；『巠』見紐耕部，音韻不近。整理者說『巫』亦作『莁』、『莖』，所从證據不明。」並認為原考釋者以「子桱」為人名，疑即「尹巫」的意見有誤。進一步對「盬」字進行分析，認為「『盬』字形作，簡 4 作。字形上左从酉，上右从身（？），下則从臼（臽）形。所以整理者隸定可能多了『皿』部件。該字隸作『醓』即可。《包山楚簡》『陷』字作（包山文書簡 85），另外有隸作『醓』字作：『醓差蔡惑』(包山文書簡 138)『纍醓尹之州』(包山文書簡 165)『大室醓尹』（包出文書簡 177）　『邨醓尹』（天卜）　以上的詞例中，『醓差蔡惑』在簡文中是被告的身份，官職不高；另外的『醓尹』官名前都加上了名稱，如『纍』『大室』『邨』，這些或可能是工作場所的限制，或可能是地名。按『醓』字若从『臽』得聲。『臽』，匣紐談母；『沈』，書紐侵母。侵談通假例，如：《馬王堆帛書・六十四卦・習贛卦》九二：『贛（坎）有醓，求少（小）得。』『醓』（禪紐侵母）這個字，通行本作『險』（談母曉紐）。侵談旁轉故通假。而『醓／沈』與『險／訦』二組字的聲紐，恰巧又是『影』系字和『章』系字的關係。所以『醓、沈』可以通假。『醓尹子桱』即是『沈尹莖』豁然得解 [44]。」認為〈莊王既成〉之字从酉从身从臼形，隸作「醓」即可。

王輝則指出：「說『盬尹』即『沈尹』，殆是，然盬實不應讀為沈。盬從皿，醓聲。包山楚簡 165 有『纍醓尹』，177 有『大室醓尹』，155 有『醓差』。何琳儀《古文字典》引《七國考》云：『《通志·氏族略》云，藍尹氏，楚大夫尹亹之後也。《楚書》云，藍尹、陵尹分掌山澤，位在朝庭。』又《說文》監，『從衉省聲。』何氏說楚官名『藍尹』、『監尹』均源於『醓尹』；『醓差』讀『監佐』，乃『監尹』之副職，是。《國語·楚語下》：『聖王正端冕，以其

44 李佳興：〈上博六〈莊王既成〉的「盬尹子桱」〉，簡帛研究網，2008 年 8 月 20 日。

不違心，帥其群臣精物以臨監享祀，無有苛慝於神者，謂之一絕。』『藍尹』之職可能是監視祭祀。酯從酉，臽聲，臽之本義為陷；沈有深、沒、下等義，與陷義近。『沈尹』之沈殆酯義之誤解。桱、莖皆從巠得聲，木艸義近，例得通用。巫為巠傳寫之訛[45]。」認為簡文「醓尹」即是沈尹，但「醓尹」應讀作「監尹」而不能讀作「沈尹」。

王寧認為「『沓』在金文中已有之，《三代吉金文存》5·11·2著錄的一個甗上就有『王人沓輔歸雚鑄其寶』的銘文，趙平安先生認為『沓輔』『為人名或官名加人名結構』。筆者認為這個字應該就是《周易・坎卦・六三》『坎險且枕』之『枕』的本字，《經典釋文》：『枕，古文作沈。』俞樾《群經評議》云：『枕當為沈，《釋文》謂古文作沈，是也。此從臼冘聲之字，『臼』乃是形旁義符，《說文》：『臽，小阱也，從人在臼上。』在甲骨文中，『舂』所從之『臼』與『臽』所從之『凵』在字形上殊無分別，蓋古人『臼』與『凵』均掘地為之，在形制上無別，唯大小深淺有異，後相混同，故『臽』本為坎阱陷人之形而從『臼』作，『臼』就是陷阱的象形（甲骨文有動物陷入其中之象的字），陷阱務求其深，故訓『深』之『沈』字用為形旁也。也就是說，在先秦古文中，深沈（今作『深沉』）之『沈』和沈沒（今作『沉沒』）之『沈』是有區別的，但在傳世典籍中假『枕』、『沈』、『訦』等字為之，『沓』字遂廢。既知道從臼冘聲的字為『深沈』之『沈』，那麼我們就可以斷定，《莊王既成》和《包山楚簡》中『～尹』的這個古文字實際上就是從酉沈聲，既然『酖』本從『沈』得聲，自然可以讀為『沈』，『酖尹』就是『沈尹』[46]。」

王瑜楨認為「金文『冘』字見『沈』字偏旁，沈子它簋『沈』字作『[illegible]』，其右旁所从『冘』字與甲骨文『冘』字結構完全相同，因此沈子它簋此字

[45] 王輝：〈上博楚竹書（六）讀記〉，收入中國古文字研究會、吉林大學古文字研究室：《古文字研究》第27輯，（北京市：中華書局，2008年9月），頁468-469。

[46] 王寧：〈上博六《莊王既成》中「酖」字詳解〉。

釋為『沈』，毫無疑問。楚系文字未見獨體『冘』字，偏旁見《郭店‧窮》9：『初酭，後名昜（揚），非其悳（德）加。』句中△字，原考釋隸作『滔』，並加了一個問號，表示不確定。趙平安先生〈《窮達以時》第 9 號簡考論〉一文以為將△釋為『沈』。瑜楨案：趙說可從，但嚴式隸定應作『湝』（醓）字。此字形作，與B（即『』鬼神之明 融師有成氏.7）同字，其右上所从，與C（即『』莊王既.1）同形。前引諸家對B、C二字的考釋，有釋『冘』一派，也有釋『臽』一派。我們可以從字形分析，證明釋『冘』是對的，而釋『臽』則難以成立。戰國文字的『用』形是一種『集體類化』而成的『偏旁』，它見於『方』、『旁』、『帝』、『央』、『索』、『𡆥』等字。由這些字的演變規律來看，戰國楚文字往往喜歡把帶有豎筆的『⊢⊣』、『⊨』形，連同豎筆繁化成『卌』旁（即『用』形），『冘』旁符合這個演變的條件，因此其上部繁化成『用』形是極其合理的；而『臽』旁則不具備這個條件；因此，其上部演繁化成『用』形不合理的。我們也看不到一個明確可信的『臽』旁上部繁化成『用』形的例子。據此，字右旁所从應隸為『沓』，不應隸為『臽』[47]。」認為字从「冘」而與「臽」無關。

許文獻指出「戰國『沈』字从水从冘，並無凵形，亦皆與凵無涉，而與从臽諸例分用甚明。例如：（詛楚文）、（陶彙 5.326）」，認為「冘」不从「凵」，从「凵」者為「臽」，因此〈莊王既成〉簡 4 這類「」形寫法都應該釋作从「臽」聲與「冘」有別，並推測㝬鐘的「」（臽）即此類「臽」字的本源[48]。

佑仁按：此處「△尹子莖」的△已確定即沈尹子莖之「沈」，殆無疑義，但從集釋中我們仍看到有許多學者依然是釋作从「臽」，孰是孰非後

[47] 王瑜楨：〈《上海博物館藏戰國楚竹書（一）~（六）字根研究》新收入字根四則〉，2010 年經典教學與簡帛學術研討會，嘉南藥理科技大學，2010 年 5 月 7 日，頁 9。

[48] 許文獻：〈古文字之字形依位規律與釋讀相關疑義－以凵形為例〉，中國文字會主編：《第二十一屆中國文字學研討會論文集》，（臺北市：東吳大學，2010 年 5 月，頁 298-302。

文再詳談。在此先解決「沈尹子莖」的「莖」字。孫詒讓《墨子閒詁・所染》云：「楚莊染於孫叔、沈尹」引畢沅云：「《呂氏春秋》作『沈尹蒸』，又〈贊能〉有『沈尹莖』，楚莊王欲以為令尹，沈尹莖辭曰：『期思之鄙人，有孫叔敖者，聖人也』又〈尊師〉云：『楚莊師孫叔敖、沈申巫』，高誘曰：『沈，縣大夫』，新序作『沈尹竺』・案申、尹、莖、巫、竺皆字之誤[49]。」可知畢沅認為「沈申巫」的「申巫」當是「尹莖」之誤寫，並以「沈尹蒸」為正，故「莖」、「巫」、「竺」都是「蒸」之誤，但以「沈尹蒸」為本字之說，在〈莊王既成〉出土後，這恐怕是站不住腳的。

「沈尹子莖」一名的異文，在范耕研《呂氏春秋補注》云：「『尹』、『申』、『蒸』、『莖』、『巫』、『筮』、『竺』之異者，皆傳寫之誤，不知孰為正字耳[50]。」據筆者的整理，「沈尹莖」一名在古籍中的稱呼有以下幾種異文方式，沈尹莖[51]、沈尹竺[52]、沈尹蒸[53]、沈尹巫[54]、沈尹筮[55]、沈尹[56]、沈令尹[57]、沈申巫[58]，當以「莖」為正字。

---

49 （清）孫詒讓：《墨子閒詁》，（北京市：中華書局，2001 年），頁 14-15。

50 范耕研著：《呂氏春秋補注》，（臺北市：文景出版社，1990 年），頁 20-21。

51 《呂氏春秋・贊能篇》云：「孫叔敖、沈尹莖相與友。叔敖遊於郢三年，聲問不知，修行不聞。沈尹莖謂孫叔敖曰：『說義以聽，方術信行，能令人主上至於王，下至於霸，我不若子也。耦世接俗，說義調均，以適主心，子不若我也。子何以不歸耕乎？吾將為子游。』沈尹莖遊於郢五年，荊王欲以為令尹，沈尹莖辭曰：『期思之鄙人有孫叔敖者，聖人也。王必用之，臣不若也。』荊王於是使人以王輿迎叔敖以為令尹，十二年而莊王霸，此沈尹莖之力也。功無大乎進賢。」呂不韋撰、高誘注：《呂氏春秋》，（臺北市：文景出版社，1990 年），頁 688。

52 《新序‧雜事》云:「楚莊王學孫叔敖沈尹竺」，盧元駿註譯:《新序今註今譯》，(臺北市：臺灣商務印書館，1975 年)，頁 154。

53 《呂氏春秋・當染篇》云：「荊莊王染於孫叔敖、沈尹蒸。」呂不韋撰、高誘注：《呂氏春秋》，頁 59。

54 《呂氏春秋・尊師》云：「楚莊王師孫叔敖、沈尹巫」，同前註，頁 100。

55 《呂氏春秋・察傳》云：「楚莊聞孫叔敖於沈尹筮」，同前註，頁 652。

56 《墨子・所染》云：「齊桓染于管仲、鮑叔，晉文染于舅犯、高偃，楚莊染于孫叔、沈尹，吳闔廬染于伍員、文義，越勾踐染于范蠡、大夫種。此五君者所染當，故霸諸

（五）　沈前玉圭

字形：

文例：△前玉恚（圭）。

《雙劍誃古器物圖錄》卷下頁 30 收有沈前玉圭一器，銘文作「前玉恚（圭）」[59]，黃錫全認為首字與𫎲鐘的「」（臽）及包山簡諸△字相同，因此釋「」字為从「臽」，認為字形有兩個思考角度，一是將「」下的「」看成飾筆，可用「舀」字作（包 8）為例證。二是將「」字右半看成从「大」从「臼」，「大」、「人」偏旁替換，則「」即「臽」，上从「」有可能指上有人伸手救援，也有可能是指加以陷害[60]。趙平安指出「主體部分和《窮達以時》第九簡醢上一字H形相同。为飾筆。楚文字家加爪為飾，爪又可演變為。因此I（佑仁按：即「」）可能是湝的繁化，也可以讀為盬，官名。『湝前』結構和王人𠫑輔甗的『𠫑輔』相當，都是官名後面

侯，功名傳於後世。」吳毓江：《墨子校注》，（北京市：中華書局，1993 年），頁 16。

[57] 《列女傳》云：「今沈令尹相楚數年矣，未嘗見進賢而退不肖也，又焉得為忠賢乎！」莊王旦朝，以樊姬之言告沈令尹，令尹避席而進孫叔敖。叔敖治楚，三年，而楚國霸。楚史援筆而書之於策，曰：『楚之霸，樊姬之力也。』」劉向：《列女傳》，（臺北市：廣文書局，1979 年），頁 45-46。《韓詩外傳》云：「莊王曰：『則沈令尹也！』樊姬掩口而笑。莊王曰：『姬之所笑，何也？』姬曰：『妾得於王，尚湯沐，執巾櫛，振衽席，十有一年矣；然妾未嘗不遣人之梁鄭之間，求美女而進之於王也；與妾同列者、十人，賢於妾者、二人，妾豈不欲擅王之寵哉！不敢私願蔽眾美，欲王之多見則娛。今沈令尹相楚數年矣，未嘗見進賢而退不肖也，又焉得為忠賢乎！』莊王旦朝，以樊姬之言告沈令尹，令尹避席而進孫叔敖。」賴炎元：《韓詩外傳今註今譯》，（臺北市：國立編譯館，1979 年），頁 43。

[58] 孫詒讓《墨子閒詁˙所染》云：「楚莊染於孫叔、沈尹」引畢沅的看法云：「〈尊師〉云：『楚莊師孫叔敖、沈申巫』」，然今本《呂氏春秋˙尊師》篇作「沈尹巫」。（清）孫詒讓：《墨子閒詁》，頁 15；呂不韋撰、高誘注：《呂氏春秋》，頁 100。

[59] 于省吾編著：《雙劍誃古器物圖錄》，卷下頁 30。

[60] 黃錫全：〈「湝前」玉圭跋〉，《古文字論叢》，（臺北市：藝文印書館，1999 年），頁 371-373。

綴以人名[61]。」何琳儀隸定作「」，疑為楚王名[62]。

佑仁按：該字扣除「」旁後，與前述諸△字幾無別，單就「」旁的解釋，趙平安以「家」字作比喻，認為「」是飾符恐怕有些問題，「家」字楚簡多作「豙」，例如「」（包 212）、「」（包 200），於「家」旁上添「爪」，但也偶見直接作「家」者，如〈唐虞之道〉簡 26「家」字作「」，从宀从豕，可見「家」字構形中所謂的「」應是从「爪」从「宀」之形，而不能將「」直接視為飾符（這裡其實只有「爪」是飾符），望 1 卜的「豙」字作「」，亦是从爪从宀，可提供做為平行的證據，不過古文字的「爪」確實有演變為「」的跡象，這從黃錫全所舉的「舀」字可見一斑。「稻」字作「」（陳公子叔邍父甗/集成 947），字从「爪」，「爪」旁或多添一筆，如「」（曾伯霥簠/集成 4631），又可作「」如包山簡 8 的「」、「」，若此則「」應是「爪」旁孳乳而來。

除此之外還有若干材料，例如信陽簡見兩例寫法，字形作「」（2.23）、「」（2.23），文例：「一錦終枕⋯又𣪘、尻、枕、枳」。「」字《楚系簡帛文字編》摹作「」釋作「槝」[63]，字形失真，「枕」字從李家浩讀[64]。

這類从「冘」的資料非常豐富，本文難以盡引，但透過前述學界對於△類字群的考釋，會發現雖然偏旁、訓讀不同，其偏旁所从的「」應是同一字。總結過去學者的說法，對△字的理解大抵可分成兩類說法：

A. **釋作「舀」**：如〈窮達以時〉簡 9 中劉釗、趙平安等人的看法。〈鬼神之明 融師有成氏〉簡 7 中原考釋者、單育辰的看法，〈莊王既

---

[61] 趙平安：〈釋「舀」及相關諸字——論兩周時代的職官「醓」〉，頁 284。

[62] 何琳儀：《戰國古文字典》，（北京市：中華書局，1998 年），頁 1444。

[63] 《楚系簡帛文字編》釋「槝」《楚系簡帛文字編.增訂本》則改釋「枕」，但摹本仍未變。滕壬生著：《楚系簡帛文字編》，（武漢市：湖北教育出版社，1995 年），頁 458。滕壬生：《楚系簡帛文字編.增訂本》，頁 547。楊澤生：上博簡《凡物流形》中的「一」字試解〉也引及《楚系簡帛文字編》之字形，復旦網，2009 年 2 月 15 日。

[64] 李家浩：〈信陽楚簡中的柿枳〉，《簡帛研究》第 2 輯，（北京市：法律出版社，1996 年），頁 2。

成〉簡中田成方、王寧、王瑜楨的看法。沈前玉圭中趙平安的看法。

B. **釋作「臽」**：如〈窮達以時〉簡 9 中李零、周鳳五、郭碧娟、劉嬌的看法。〈鬼神之明 融師有成氏〉簡 7 中禤健聰的看法。〈莊王既成〉簡中原考釋者、李學勤、李佳興、王輝、許文獻的看法。沈前玉圭中黃錫全的看法。

此外，可以發現幾乎每個文例都有人釋作「沓」，但也有人釋「臽」，一直到最新的材料〈莊王既成〉，縱使已經非常確定文例當讀作「△尹子莖」，但仍有不少學者將字釋作从「臽」，二說可謂僵持不下。可惜的是，學者在討論字形時很少同時通盤地考慮二字歷時的演變脈絡，並且加以比較其與△字的構形差異，此即本文試圖努力的方向。

三　甲骨文中的「沈」與「冘」

從上述文例的討論不難發現，它們與「沈」都有非常密切的關係，既然如此理當先由「冘」字入手，尋覓△與「冘」之間的聯繫。甲骨文中「沈」字已經出現，字形作：

[illegible]	[illegible]	[illegible]	[illegible]
合集 780	合集 484	甲 3660	甲 2091
[illegible]	[illegible]	[illegible]	[illegible]
掇 1.462	粹 587	鐵 42.2	屯 2667

羅振玉指出「沈」字「象沈牛於水中，殆即貍沈之沈字」[65]，周國正則指出《殷契拾掇》2.404「王子貞：其求來于河，燎三宰，三，俎牢。」其中的「『燎三宰』、『三』、『俎牢』三組顯然是平行的並列句，『燎』和『俎』之後都標明OV，但『三』之後卻不見OV，最自然的解釋就是因為『』之中已經包含牛形，具有『沈牛』的意思，所以不用再標出[66]。」小屯南地甲骨編號2232的「」，學界釋作「沈」[67]，陳劍也指出「沈玉」二字作合文[68]，以上的說法皆無疑義。

除从「牛」外，「沈」字又有作「」（後 2.41.5）、「」（林 2.14.1）「」（合集 484）等寫法，字从「羊」不从「牛」，孫海波《甲骨文編》認為「像沈羊於水之形，應與『沈』為一字，非篆文之『洋』」[69]，姚孝遂認為「卜辭多指沈牛，又有、，專指羊而言，字亦當釋沈[70]。」並認為「」是專指「沈宰」而言，說法亦頗有道理。

甲骨「沈」字从「牛」、「羊」、「玉」等例，都以會意作為構形原則，但其實甲骨文中也已出現形聲結構的「沈」字。《合集》26907 正的「」，其文例為：

---

[65] 羅振玉：《增訂殷虛書契考釋》卷中，（臺北市：藝文印書館，1984 年），頁 16-17。黃德寬認為「會沈牛羊於水中」。黃德寬主編：《古文字譜系疏證》，頁 3924。

[66] 周國正：〈卜辭兩種祭祀動詞的語法特徵及有關句子的語法分析〉，《古文字學論集初編》，（香港：香港中文大學中國語言及文學系，1983 年 9 月），頁 295。

[67] 邨笛：〈卜辭考釋數則〉，《古文字研究》第六輯，（北京市：中華書局，1981 年），頁 187-189。詹鄞鑫先生：〈讀《小屯南地甲骨》札記〉，收入考古與文物編輯部編輯：《考古與文物》，1985 年，第 6 期，頁 63。（佑仁按：「小屯南地甲骨整理小組」的成員為劉一曼、溫明榮、曹定雲、郭振祿等學者，他們常以「邨笛」（諧音「村地」）、「蕭楠」（諧音「小南」）為筆名，其實都源自「小屯村南地」一名。最近以「蕭楠」之名發表《甲骨學論文集》一書，（北京：中華書局，2010 年 7 月。）

[68] 陳劍：〈說殷墟甲骨文中的「玉戚」〉，復旦網，2009 年 9 月 11 日。

[69] 孫海波：《甲骨文編》，（北京市：中華書局，1965 年），頁 434-435。

[70] 于省吾主編、姚孝遂按語：《甲骨文字詁林》第二冊，（北京市：中華出版，1996 年），頁 1544。

（1） 其（沈）。
（2） 勿（沈）。
（3） 勿（沈）。

第三辭字形作「」（合 26907），李宗焜《殷墟甲骨文字表》第 126 頁注云：「裘錫圭疑『沉』字从何聲[71]。」疑从「何」得聲，黃天樹指出「（「」字）過去一般認為從『何』聲，古音『沉』在定紐侵部，『何』在匣紐歌部。古音稍遠。檢視拓本，我認為此字寫法跟《沈子簋》之『（沈）』相近，疑從『冘』聲，古音『沉』在定紐侵部，『冘』在余紐侵部[72]。」觀點與裘錫圭的看法相同，但更進一步引沈子簋為證，趙鵬認為「從同版此例（按：即合集 26907）來看，將『』釋爲『沉』應當是可信的[73]。」劉釗則認為是「加『何』聲的『沉』字」[74]，從同辭異文的型態來看，（3）的「」確實應等同於（1）、（2）二辭的「」，「」字本即有釋「冘」與釋「何」兩種說法，各有理據（詳後），但既然文例中讀作「沈」，則釋「冘」比較妥當。該版「䢅於河」的「河」作「」，二形幾無差異，這似乎也說明「沈」、「可」構形的密切關係。（網友「白居易」（鄭州大學劉風華之網名）則認為「」是習刻[75]。）

---

71 李宗焜《殷墟甲骨文字表》在第 126 頁編號 1410 下注云：「裘錫圭疑『沉』字从何聲」。李宗焜：《殷墟甲骨文字表》，北京大學博士論文，1993 年，頁 126。

72 黃天樹：〈商代文字的構造與「二書」說（中）〉，復旦網，2008 年 5 月 12 日。

73 趙鵬：〈《乙編》3471 中兩條卜辭釋文〉，復旦網，2009 年 12 月 12 日。

74 劉釗、洪颺、張新俊編纂：《新甲骨文編》，（福州市：福建人民出版社，2009 年 5 月），頁 604。

75 白居易（鄭州大學劉風華教授之網名）認為：「請對照一下 26907 版正反兩面的卜辭和鑽鑿，正反面卜辭皆密佈，鑽鑿僅反面見有一個。故此筆者認為這版字形雖然整齊美觀，但也應該歸為習刻卜辭，是成熟的習刻。黃組此類習刻不少見，別的組也有。筆者近期有相關小文。此版釋為沉的第三個字，可能是誤刻，與此版的祭祀對象『河』寫法一致。」參白居易（鄭州大學劉風華教授之網名）於趙鵬〈《乙編》3471 中兩條卜辭釋文〉下之跟帖，趙鵬：〈《乙編》3471 中兩條卜辭釋文〉。蒙劉風華教授之告知（2011

在西周金文中我們已經看不見从「牛」或「羊」等會意結構的「沈」字，所見者都是从「冘」聲的形聲結構。《說文》小篆「沈」字作「」，姚孝遂曾懷疑小篆寫法是由倒「牛」構形（如「」掇 1.462）譌變而來[76]，恐不可信，因為「」从「冘」，而「冘」甲骨文中所見已多，其寫法可分為如下兩類：

从「⊢⊣」（或「冂」）			从「ㄱ」		
合集 27843	輯佚 0418	合集 31336	合集 27847	合集 31304	合集 31319
合集 29730	合補 01804 正	合集 30531	合集 30528	合集 26953	合集 26953
英 0824	合集 31300	合集 27153	合集 26975	合集 27150	合集 30528

此字過去有釋「冘」與釋「何」兩種看法，王襄釋作「冘」[77]，楊樹達認為：「頃者余溫尋龜甲文字，見此字作，與許書形同。又有作者，象人荷擔，兩端有物，以手上扶擔木之形。始悟此字為『儋』字之象形初文也。《說文》八篇上人部云：『儋，何也。（何下云：儋也）从人詹聲。』今字作『擔』。按『詹』聲、『冘』聲古皆閉口音陽聲字，音最相近，从『冘』之字如『耽』、

年 4 月 16 日電郵），其所謂的文章，指〈《小屯南地甲骨》2667 版與歷草類〉，收入《古文字研究》第 28 輯，（北京市：中華書局，2010 年），頁 128。

76 于省吾主編、姚孝遂按語：《甲骨文字詁林》第二冊，頁 1528。

77 王襄：《簠室殷契類纂》正編第五，（北京市：北京圖書館出版社，2000 年），頁 26 上。

『耽』、『紞』、『酖』音讀，今皆與『儋』同，故知其為一字矣。異者，冘為象形，儋為形聲耳[78]。」李孝定從楊樹達之說，並認為「」形者為「冘」，但以形者為象人負柯釋「何」[79]，季旭昇師認為「甲骨文从人，象擔擔之形。『擔』與『荷』後世形音不同，但在甲骨文中不妨為同形字。上古文字常來自象意字，象意字在原始階段近於圖畫的時候，一個形可能有兩個以上的讀音。如女/母、月/夕、立/位、卜/外、示/主，林澐稱之為古文字的轉注[80]。」

王瑜楨〈《上海博物館藏戰國楚竹書（一）~（六）字根研究》新收入字根四則〉一文中，將卜辭中與「」相關字例分成「从人从冘」、「从人从冘，手形均多一畫」、「从人从冘，人首上加（口）形」、「从人从冘从日」等四類（「冘」已包含「人」旁，故所謂的「从冘」似應改為从「冖」為妥），並認為四類字形於卜辭意義相近，而後世分為「儋」、「荷」二字者，其初於卜辭當係同字。甲骨文同一字義往往因其施用對象而改變部件，如同一「爽」字，「大」形兩腋可以夾簋、亦可以夾豆。後世或仍為一字，或分化為不同音讀之二字[81]。

由上述諸家的討論來看，楊樹達之說頗有道理，「冘」應是「擔」（或

---

[78] 楊樹達：《積微居甲文說》，（上海市：上海古籍出版社，2006 年），頁 1。相關說法又見楊樹達：《積微居小學述林》「二十冘儋」一條，（北京市：中華書局，1983 年），頁 190。

[79] 李孝定：《甲骨文字集釋》，（臺北市：中央研究院歷史語言研究所專刊之五十，1970 年 10 月再版），頁 1824。

[80] 季旭昇師：《說文新證》（上），（臺北市：藝文印書館，2004 年 10 月），頁 448-449。

[81] 王瑜楨分成以下四類：「甲.从人从冘：（《合》27843）、（《合》31300）、（《合》31318）乙.从人从冘，手形均多一畫作形：（《合》20577）、（《合》31304）、（《合》3449）丙.从人从冘，人首上加（口）形：（《合》274 正）、（《合》26879）丁.从人从冘从日：（《合》9817）、（《合》32184）。王瑜楨：〈《上海博物館藏戰國楚竹書（一）~（六）字根研究》新收入字根四則〉，頁 8。又見王瑜楨：《上海博物館藏戰國楚竹書（一）~（六）》字根研究》，淡江大學碩士論文，2011 年。

「儋」）之初文，「沈」是定紐侵部，「擔」是端紐談部，聲紐都是端系，韻部是「侵談旁轉」，季旭昇師曾指出「侵談旁轉，文獻多有，如《詩經・陳風・澤陂》以儼（談）韻枕（侵）。漢代聲韻也是這樣，如司馬相如〈長門賦〉以心、音、臨、風、淫、陰、吟、南（以上侵）韻襜（談）；王褒〈洞簫賦〉以濫（談）韻含（侵）[82]。」《漢字通用聲素研究》【詹通冘】中收有「儋、㼜通用」、「甔、㼜通用」、「儋、耽通用」等三條[83]。另外，《韻海》「甔」字下收錄「」（㼜），左半从「冘」聲。總的來說，「」字釋作「冘」是「擔」的初文，因此可為「沈」之聲符，而它同時也是負荷之「荷」的初文，甲骨文中也可以讀作「河」，前引屯南 2677 中「沈」、「河」二字字形無別，「冘」、「詹」二者密切的關係亦由此可見一斑。

四　金文中从「冘」諸字與古文字的「陷」

先將字形羅列如下：

 西周早.沈子它簋蓋/集成 4330	 西周早.沈子它簋蓋/集成 4330	 西周早.沈子它簋蓋/集成 4330	 西周早.沈子它簋蓋/集成 4330

82 季旭昇師：〈談覃鹽〉，《龍宇純先生七秩晉五壽慶論文集》，（臺北市：臺灣學生書局，2002 年），頁 261，又發表於復旦網，2009 年 3 月 23 日。或參陳新雄師：《古音研究》，（臺北市：五南出版社，1990 年），頁 473。

83 張儒、劉毓慶：《漢字通用聲素研究》，（太原市：山西古籍出版，2002 年），頁 1045。

西周早.沈子它簋蓋/集成4330[84]	西周中.王人冘甫甗/集成941	春秋.曾子伯𠭯盤/集成10156	春秋.徐沈尹鉦/集成425

知道「冘」甲骨文「冘」字可分成从「」(或「」)與从「」兩個系統後，再看金文「」（沈子它簋蓋/集成 4330）字，很清楚中間所从的「」形無疑就是由「」一系的孳乳而來，李佳興認為右上疑从「身」，但「身」字金文作「」（獻𣪘/集成 4205）、「」（𤔲𣪘/集成 4317），楚簡作「」（包 210）、「」（包 232），恐非。

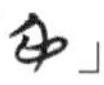

「沈」字最早添「臼」形的寫法，可上溯至西周中期之王人冘甫甗（集成 941），銘文作「王人△輔歸觀鑄其寶」，其中的「冘」作「」，高田忠周釋作从「冘」从「心」[85]，李孝定釋「𢙁」[86]，吳鎮烽釋「𠭯」[87]，趙平安認為此字下半與「齒」相去甚遠，故從吳鎮烽之說隸定作「𠭯」[88]。「」字應從吳鎮烽之說釋作从「臼」，一般「臼」字作「」（邾公華鐘/集成 245/「舊」之偏旁），我們留意到「」字「臼」旁添加一橫筆，這種型態亦見「」（即簋/集成 4250/旝）字。

金文中的「冘」字「」形後來演變成「」，見春秋徐沈尹鉦的「」，但是「」、「」形仍是置於「人」旁之上，與甲骨文的「」(合集 31336)，

[84] 董珊認為「沈人」當讀為「沖人」，指年幼的成王，董珊：〈釋西周金文的「沈子」和《逸周書·皇門》的「沈人」〉，復旦網，2010 年 6 月 7 日。

[85] 高田忠周纂述：《古籀篇》，（臺北市：大通書局，1982 年），頁 1195、1345。亦可參李孝定、周法高、張日昇編著：《金文詁林附錄》，（香港：香港中文大學出版社，1977 年），頁 2620-2621。

[86] 李孝定、周法高、張日昇編著：《金文詁林附錄》，頁 2621。

[87] 吳鎮烽編：《金文人名匯編》，（北京市：中華書局，1987 年），頁 21。

[88] 趙平安：〈釋「𠭯」及相關諸字—論兩周時代的職官「醢」〉，頁 282-285。

脈絡仍十分清晰。至於其下的「臼」形，到了戰國文字△亦从「臼」形，該偏旁是學者將△釋作「臽」最主要的理由。我們進一步考察古文字中的「臽」，「臽」字在商、周時期已見不少，其字形作：

商.臽父戊觚/7122	花東.165	合集 22277	合集 19800	合集 22374	合集 10659
		 [89]			
合集 10361	西周早.琱臽冀乍父癸簋/集成 3686	西周中.臽御事罍[90]/ 09824	西周晚.䵼鐘/集成 260	晉侯穌鐘	古徵附 14 上

璽彙 0913	璽彙 2970	璽彙 2973	璽彙 2975	璽彙 2979	璽彙 2977

璽彙 2982	璽彙 2974	璽彙 2971	璽彙 1423	璽彙 3761	秦印.沈䧟
			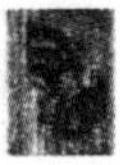		
璽彙 2296	秦印.滔柏私璽	雲夢.日乙 89	信陽 2.027		

從甲骨文來看「臽」字乃从「凵」，而甲骨文、金文又於「凵」中常有小點，

---

89 摹本據《金文編》字頭 1825，字形稍失真，「人」形下有橫筆。容庚編著、張振林、馬國權摹補：《金文編》，（北京市：中華書局，2004 年），頁 737。

90 「御事」或讀為「御史」，其職官由來已久，可參王偉《秦璽印封泥職官地理研究》之討論。參王偉：《秦璽印封泥職官地理研究》，陝西師範大學博士論文，2008 年 4 月，頁 57。

如「」、「」、「」，此小點實即「水」，在金文中「水」可寫於「凵」內，如「」，也可寫於「凵」外，如「」，這些字都該釋作「㴞」。

由字表看來「」字構形十分固定，㝬鐘的寫法从「人」旁腳跟處衍生出「夂」形，這在古文字構形中屢見不鮮（如：允夋、兇嵏等）[91]。我們認為戰國文字的△很明顯就是由西周中期的「」（王人冘甫甗）一系字形演變而來，而「」字與同時期標準的「」字則有很大的差異，那麼將△釋「」恐怕就有疑義了。有學者主張㝬鐘的「」字就是△字的來源，這種看法忽略了「冘」字存在於甲骨文、金文的事實，也很難說明「夂」形何以能變成「」、「」。

除从「人」之外，甲骨文中還有種从「㲋」从「凵」的「陷」字，羅振玉將其與「𦥑」(「」合集 13875）同釋作「阱」，認為「卜辭象獸在井上，正是阱字，或从坎中有水，與井同意」[92]，李孝定《甲骨文字集釋》從之[93]，白玉崢亦釋「阱」，贊成羅振玉釋「」字為坎中有水之說[94]。

胡厚宣不認同釋「阱」之說，認為「」應釋作「陷」，字形「象挖地為阬坎，以陷麋鹿之狀」[95]，于省吾亦釋作「陷」[96]，裘錫圭進一步補充說：「甲骨文田獵卜辭裡常見一種叫做的田獵方法，這個字有時也寫作或。羅振玉釋為阱，《甲骨文編》則把、、都當作薶的異體。從有關卜辭可以清楚地看出來，、指薶牲於坎以祭鬼神，、、則只用陷阱捕獸，《文編》把它們看做一個字是不妥的。等字的構造與象人落入

[91] 唐蘭認爲古文字「凡人形可加足形而作」，唐蘭：《古文字學導論》，（上海市：齊魯書社，1981 年 1 月），頁 239-241。

[92] 羅振玉：《增訂殷虛書契考釋》卷中，頁 50。

[93] 李孝定：《甲骨文字集釋》卷五，（臺北市：中央研究院歷史語言研究所，1970 年），頁 1744。

[94] 白玉崢：〈契文舉例校讀（八）〉，《中國文字》第四十三冊，（臺北市：國立臺灣大學古文字學研究室，1972 年 3 月），頁 6-8。

[95] 胡厚宣：〈說貴田〉，《歷史研究》1957 年第 7 期，頁 65。

[96] 于省吾：《甲骨文字釋林》，（北京市：中華書局，1979 年 6 月），頁 272。

陷阱的『臽』字同意。胡厚宣先生認為此字『象挖地為阬坎，以陷麋鹿之狀』，應讀為『陷』，這比羅氏釋阱的說法合理。『臽』、『坎』意義相近，字音也極其接近，『臽』應該就是从『坎』分化出來的一個詞[97]。」裘錫圭的說法有幾個重點，第一個是他將「[illegible]」改釋作「坎」，「臽」與「坎」造字原則相近，讀音也十分密切，「臽」是其分化字，第二他認為「[illegible]、[illegible]」的「坎」字與「[illegible]、[illegible]、[illegible]」等並非一字，前者用於祭祀，後者則用於捕獸，二者意義不同。蘇建洲、陳劍都贊同裘錫圭將「臽」釋為「坎」之分化字的觀點[98]。《新甲骨文編》將「[illegible]」類與「[illegible]」類字同置於「陷」字下[99]，這類「[illegible]」字釋作「陷」應該是可信的，只是後世承繼从「人」寫法而來，从「鹿」寫法遂亡。

楚簡中有個罕見从「臽」的字，構形作「[illegible]」（信陽 2.027），何琳儀摹作「[illegible]」，釋作「鋡」解釋作「句上連環」[100]，商承祚摹作「[illegible]」釋「鋡」[101]，田何《信陽長臺關楚簡遣策集釋》認為「左半略殘不可辨，其右邊為『臽』則是可以肯定的[102]。」陳偉從商承祚釋作「鋡」[103]，字形左半殘泐，右半亦稍感模糊，從圖版看來，釋「臽」字確實較妥。從上述說明會發現，「陷」字寫法十分穩定，從甲骨文開始即从「凵」，到金文中

97 裘錫圭：〈甲骨文字考釋八篇〉，《古文字研究》第四輯，（北京市：中華書局，1980年12月），頁162-163。對「坎」字的考釋後來又獨立成〈釋「坎」〉一文，收入裘錫圭《古文字論集》，（北京市：中華書局，1992年），頁48-49。

98 蘇建洲：〈出土文獻對《楚辭》校詁之貢獻〉，《中國學術年刊》第廿七期，（臺北市：國立臺灣師範大學國文學系，2006年3月），頁13。陳劍：〈楚簡「[illegible]」字試解〉，《簡帛》第四輯，（上海市：上海古籍出版社，2009年10月），頁149。

99 劉釗、洪颺、張新俊編纂：《新甲骨文編》，頁757-758。

100 何琳儀：《戰國古文字典》，頁1445。

101 商承祚：〈信陽常臺關一號楚墓竹簡第二組遣策考釋〉，《戰國楚竹簡匯編》，（濟南市：齊魯書社，1995年），頁13。

102 田河：《信陽長臺關楚簡遣策集釋》，吉林大學碩士論文，2004年5月，頁127。

103 陳偉：《楚地出土戰國簡冊[十四種]》，（北京市：經濟科學出版社，2009年），頁384。

「凵」演變作「臼」，歷經戰國文字、小篆、秦漢篆隸一直到楷書，字从「臼」都無改變。

回到本文所討論的「沈」字，就現有的資料來看，尚未能夠看出「沈」字中的「臼」與「臽」字有何關聯的必然性，況且楚簡中還有「臽」字出現，二者寫法不相同，那麼△字不是應釋「臽」應可確定下來。現在能接受的是「冘」、「臽」在戰國文字中都从「臼」形。

如果「」字確定應釋作「冘」，那麼接著必須交代的是△字「臼」旁在文字構形中的意義。從現有的資料來看，「冘」旁是從王人冘甫甗開始添加「臼」形，古文字中很多「臼」形都是由「凵（坎）」所演變而來，例如「」（郳公華鐘/集成 245）甲骨文作「」（合集 3522 正）以及前述的「陷」字都是很明顯的證據，「臼」本是內部下凹的舂米器具，段玉裁已指出「引申凡凹者曰臼」[104]，河水相對於平地而言即是往下凹陷，因此「沈」字的「臼」旁應當還是在「沈沒」、「下沉」這類意義下所孳乳出的義符。

綜上所述，可為「冘」字從甲骨以至金文的字形擬定其演變脈絡，如下：

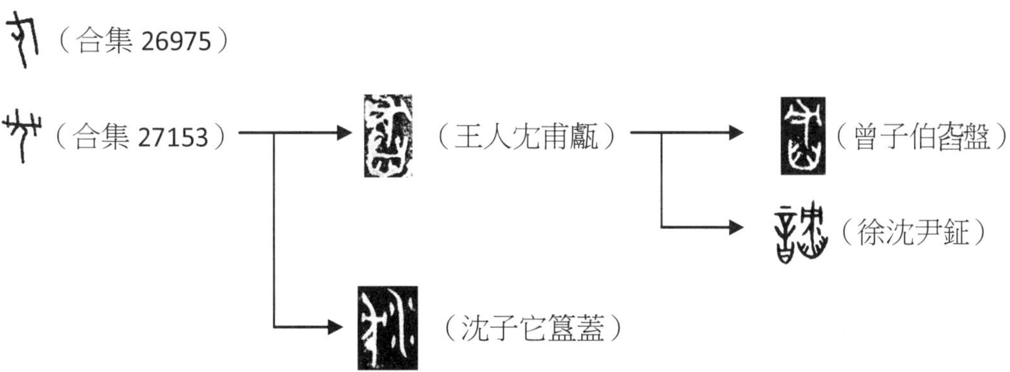

[104] （漢）許慎著、段玉裁注：《說文解字注》，（上海市：上海古籍出版社，1981 年），頁 334。

五　戰國文字及《汗簡》、《古文四聲韻》中的「冘」

目前戰國文字从「冘」之字，除先前所列的諸△字外，秦文字或《汗簡》、《古文四聲韻》等古代字書中，也有不少可以參證的字形。如下：

	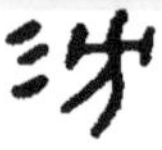		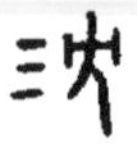		
A.秦印／黕	B 陶徵 9.48／沈	C 詛楚文／沈	D 秦印／沈	E 陶徵 5.326／沈	F 四聲韻.雲臺碑／沈

G 汗簡.沈並義雲章／沈	H 汗簡.沈華岳碑／沈	I 四聲韻.義雲章／沈	J 四聲韻.華岳碑／沈	K 四聲韻.華岳碑／沈	L 四聲韻.義雲章／沈

M 說文小篆／沈	N 漢印.沈順私印／沈	O 漢印.沈鄉私印／沈	P 漢印.沈黎太守章／沈	Q 漢印.沈延年／沈	R 漢印.劉沈／沈

S 汗簡. 義雲章/紞	T韻海/紞 [105]	U 汗簡. 義雲章/酖	V 韻海/監		

從字表中來看，秦文字的「冘」旁形體訛變程度很小，A－D 形中間从「人」，E 形「人」旁手與腳之位置同長。就「ᅵ–ᅵ」形而言，字表諸「冘」字的寫法與金文「」（沈子它簋蓋）、「」（曾子伯𠭯盤）字無別，下半不添「臼」形，有別於楚文字，我們可以將「冘」字從金文到秦漢文字（包括字書）擬構字形演變脈絡表，如下：

---

[105] 《汗簡》、《集篆古文韻海》兩個「紞」字當是假借成「紞」。

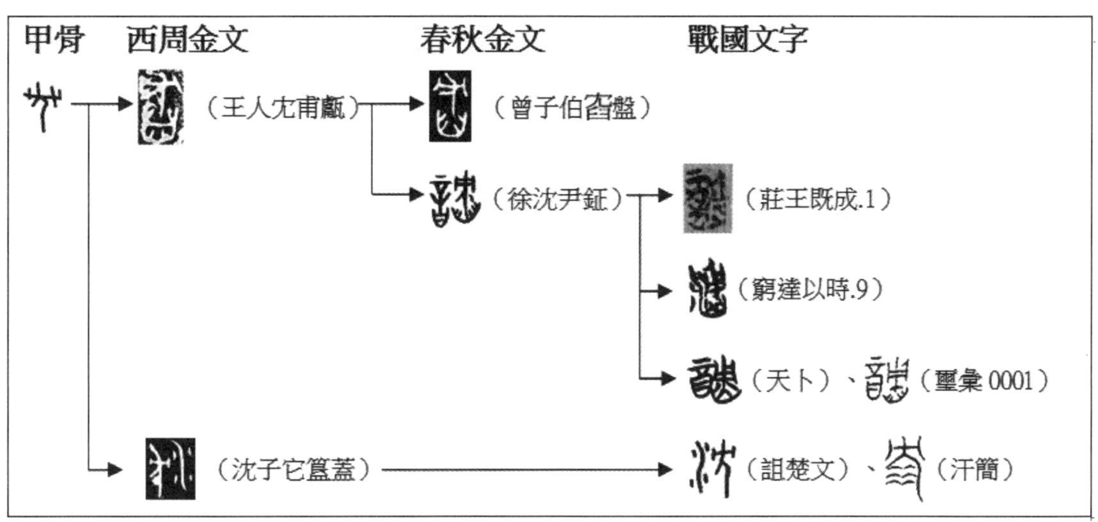

從此脈絡可清楚發現「冘」字還有個重要特徵值得討論，秦文字寫法「」形猶在人肩上項頸之處，與西周王人冘甫甗「」字上半如出一轍，仍能充分表現擔物之形，另一方面也顯示出秦文字的保守性。春秋時期的徐沈尹鉦作「」，「」形演變作「」，「」在人肩膀之上，到了楚系文字將「」形往下移動至人肩膀之下，如「」（包 165）、「」（包 138），但「人」形仍十分清楚。有些字形在「人」形右側添一橫筆，使構形類化作「用」形，如「」（鬼神之明 融師有成氏.7），單育辰曾認為「」是飾筆，李佳興認為釋作「身」，從前述的演變脈絡來看，所謂的「」，其實就是「人」與「」形的結合。〈莊王既成〉所見的「沈」字共見四例，如下：

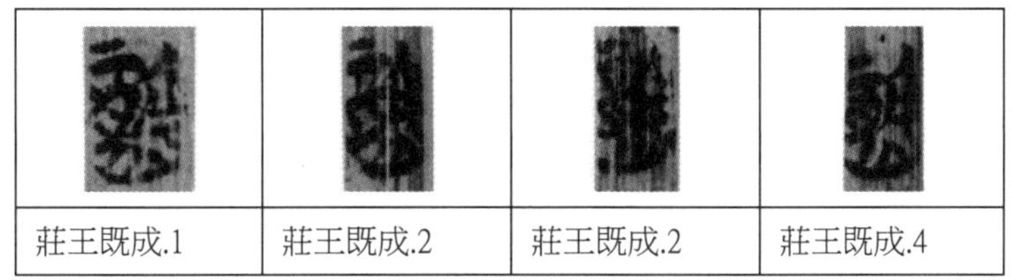

莊王既成.1	莊王既成.2	莊王既成.2	莊王既成.4

細審構形，前二例是从「」，後二例从「」，字形仍有細微的不同。接著下來，有些字形將「人」旁的首筆省略，而與「用」字幾無差別，例如天卜的「」，類似的寫法又可見於《璽彙》編號 0001 的「」（），惟「用」形豎筆下半再添加左右兩筆，這種增繁的方式可以在楚系「甬」字（「甬」、「用」同源字）上找到平行的演變例證[106]。新見兩例清華簡〈金縢〉之字形：

（金縢.12）

（金縢.11）

其上半的寫法與習見「沈」字的差異點僅在將原有「」（人）上半訛變作「」[107]，簡 12 則下半的豎筆則演變作「」。

古代字書中的構形大抵也如此，簡省訛變的幅度並不高。高明《古陶文彙編》3.1263 著錄一個「」字[108]，高明與葛英會編纂的《古陶文字徵》將之釋作「沈」[109]，葛英會在〈古陶文研習札記〉一文亦釋為「沈」，認為構形與「」（《古文四聲韻》義雲章）、「」（《汗簡》義雲章）近似[110]，何琳儀接受這個觀點，在《戰國古文字典》中置入「沈」字，列為齊系寫法[111]，黃德寬《古文字譜系疏證》的「沈」字則不收該字[112]。

---

106 字形證據見鄉陵君鑑、鄉陵君王子申豆、〈凡物流形〉甲簡 15 的「甬」字，文例中皆讀「用」，詳細論文考釋參拙文：〈讀金文札記四則（逆作父丁、舌、孝子、甬）〉，《彰化師大國文學誌》，彰化師範大學國文系，2010 年 12 月，頁 293-294。

107 古文字常將「」形演變成「」形，參蘇建洲：〈《上博（五）楚竹書》補說〉，武漢簡帛網，2006 年 2 月 23 日。

108 高明編著：《古陶文彙編》，（北京市：中華書局，1990 年），頁 325。

109 高明、葛英會：《古陶文字徵》，（北京市：中華書局，1991 年），頁 140。

110 葛英會：〈古陶文研習札記〉，收入北京大學考古系編：《考古學研究》，（北京市：文物出版社，1992 年），頁 321。

111 何琳儀：《戰國古文字典》，頁 1406。

就構形上考察，「」與傳鈔古文「」確實形近，但問題是《古文四聲韻》的「」字已具有一定程度的訛變，該書又錄義雲章的另一種寫法，字形作「」，上半添一橫筆，這與我們所習見从「水」从「冘」的「沈」字較為接近，可見「」字上半比較怪異的寫法應是由「冘」形訛變而來，而傳鈔古文的「」，則更是由「」輾轉訛寫而來（乃訛寫中之訛寫），換言之，這幾個傳鈔古文的省訛順序是：

「」（四聲韻.義雲章）→「」（四聲韻.義雲章）→「」（汗簡.義雲章）

黃錫全《汗簡注釋》已指出「」字「此形誤寫」[113]，可見「」、「」兩種寫法只存在字書，並未真實使用於某個時空環境中，更不足以成為「」字考釋的依據，「」釋「沈」恐不可信[114]。

綜上所述，我們清楚了解楚系「冘」旁與其他系別的差異，秦統一天下後，以秦文字的寫法為正統，楚簡這類从「臼」形的「冘」字偏旁遂滅。

六　結論

經過本文的討論，有幾項比較重要的結論：（一）楚簡「」字學者有釋「冘」、釋「臽」兩種意見，我們認為古文字中已有「臽」，從源流上看與△字有明顯差異，況且楚簡已見「臽」之字，與△字有別，可見學界將△釋作「臽」之說，實可排除，古文字的「臽」从「人」从「臼」，寫法十分穩

112 黃德寬主編：《古文字譜系疏證》，頁 3924。

113 黃錫全：《汗簡注釋》，（湖北省：武漢大學出版社，1990 年），頁 391。

114 孫剛改釋作「淌」，應當是正確的，孫剛：《齊文字編》，吉林大學碩士論文，2008 年 4 月，頁 223。

固，與△的構形差異很大。（二）沈前玉圭的「」應是「爪」旁孳乳而來。（三）春秋時期的徐沈尹鉦作「」，「」形演變作「」，「」在人肩膀之上，直到楚系文字將「」形往下移動至人肩膀之下，這是春秋時期與戰國時期「沈」字的重要差異。（四）筆者對擬構「沈」字構形演變脈絡圖，希望能廓清學界的疑義。

另外，杜從古《集篆古文韻海》卷 2 覃韻「欿」字下收有下列字形：

[115]

《說文》云：「欿，欲得也，从欠臽聲，讀若貪。」《漢語大字典》云：「『炊』也作『欿』」[116]，△字左半很明顯从「冘」，可隸定作「炊」字，「欿」字古籍用例很多，「炊」作為「欿」的異體字，何以要將「臽」替換成「冘」，實在費解，有可能是因「陷」、「沈」都有下陷、下沉等往下之義，而導致形符替換。

本文寫作時曾蒙沈寶春師指正，鄭州大學劉風華教授則提供寶貴資料，投稿後又蒙兩位匿名審查委員提供重要意見，在此向各位老師、先進致上最深的謝意。

附記：今年初（西元 2013 年）《上海博物館藏戰國楚竹書》第九冊公布，其中〈卜書〉裡出現兩個與「冘」有關的字例：

115 杜從古：《集篆古文韻海》，《宛委別藏》第十九冊，（臺北市：臺灣商務印書館，1980 年），頁 254。

116 漢語大字典編輯委員會：《漢語大字典》，（湖北省：四川辭書出版社，1986 年），頁 2136。

1. 季曾曰：「𠧞（兆）䭫=（頫首）納趾，是謂-【簡1-2】
2. =不沾大汙，乃沾大浴（谷），曰𠧞（兆）小，是謂𧺆。【簡3】

原整理者隸定作「臽」與「郤」讀作「陷」[117]，依據本文的研究可知：1.楚簡本有「臽」字，與此種寫法不同。2.這類寫法楚簡都讀「冘」字聲系，並無例外，因此筆者主張當隸定作「冘」讀「沈」[118]。程少軒則認為「數術文獻中『臽』、『陷』、『閻』一類的占卜術語極為常見，似不必改釋[119]。」我認為秦漢資料中的「臽」及从「臽」諸字，無法作為它們改讀「陷」的積極證據，畢竟在楚系資料中，它們並無任何讀作「臽」的用例，簡3的「」字即楚簡姓氏之「沈」，而「沈」字有沉溺、陷溺之義，以此詮解〈卜書〉，文例亦可通，林志鵬亦贊成讀作「沈」[120]。不過，學者們從「沈」、「陷」音、義皆近，近一步認為「冘」的「臼」與「臽」有關[121]，以及秦漢資料中「沈」、「陷」的密切關係，這都是日後可以進一步研究的方向。

---

117 馬承源主編：《上海博物館藏戰國楚竹書（九）》（上海市：上海古籍出版社，2012年12月），頁294-295。

118 參武漢大學簡帛網學術討論區，網址：http://www.bsm.org.cn/show_article.php?id=1841，2013年1月6日。正式論文參高佑仁：〈《上博九》初讀〉，武漢大學簡帛網，2013年1月8日。

119 參武漢大學簡帛網學術討論區，2013年1月6日，網址：http://www.bsm.org.cn/show_article.php?id=1841。程少軒：〈小議上博九《卜書》的「三族」和「三末」〉，復旦大學出土文獻與古文字研究中心網站，2013年1月16日。

120 林志鵬：〈讀上博簡第九冊《卜書》札記〉，2013年3月11日。

121 可參前述程少軒、林志鵬等學者之文章。亦可參蘇建洲：〈初讀清華三〈周公之琴舞〉〉、〈〈良臣〉札記〉，武漢大學簡帛網，2013年1月18日。

參考書目

（一）專書

1. （漢）許慎著、段玉裁注：《說文解字注》，（上海：上海古籍出版社，1981年）。
2. 于省吾編著：《雙劍誃古器物圖錄》，（台北：台聯國風，1976年）。
3. 王襄：《簠室殷契類纂》正編第五，（北京：北京圖書館出版社，2000年）。
4. 白于藍著：《殷墟甲骨刻辭摹釋總集校訂》，（福州：福建人民，2004年）。
5. 何琳儀：《戰國古文字典》，（北京：中華書局，1998年）。
6. 何寧：《淮南子集釋》，（北京：中華書局，1998年）。
7. 吳鎮烽編：《金文人名匯編》，（北京：中華書局，1987年）。
8. 李孝定、周法高、張日昇編著：《金文詁林附錄》，（香港：香港中文大學，1977年）。
9. 李孝定：《甲骨文字集釋》，（台北：中央研究院歷史語言研究所專刊之五十，1970年10月再版）。
10. 李宗焜：《殷墟甲骨文字表》，北京大學博士論文，1993年。
11. 李零：《郭店楚簡校讀記》，（北京：北京大學出版社，2002年）。
12. 李學勤主編：《周禮注疏》，（北京：北京大學出版社，2000年12月）。
13. 李學勤主編：《爾雅注疏》，（北京：北京大學出版社，1999年12月）。
14. 季旭昇師：《說文新證》（上），（台北：藝文印書館，2004年10月）。
15. 胡厚宣主編：《甲骨文合集釋文》，（北京：中國社會科學出版社，1998年）。
16. 唐蘭：《古文字學導論》，（上海：齊魯書社，1981年1月）。
17. 容庚編著、張振林、馬國權摹補：《金文編》，（北京：中華書局，2004

年）。

18. 徐中舒主編：《甲骨文字典》，（成都：四川辭書出版社，1989 年）。
19. 荊門市博物館：《郭店楚墓竹簡》，（北京：文物出版社，1998 年 5 月）。
20. 馬承源主編：《上海博物館藏戰國楚竹書（一）》，（上海：上海古籍出版社，2001 年 11 月）。
21. 馬承源主編：《上海博物館藏戰國楚竹書（五）》，（上海：上海古籍出版社，2005 年）。
22. 馬承源主編：《上海博物館藏戰國楚竹書（六）》，（上海：上海古籍出版社，2007 年）。
23. 高田忠周纂述：《古籀篇》，（台北：大通書局，1982 年）。
24. 高明、葛英會：《古陶文字徵》，（北京：中華書局，1991 年）。
25. 高明編著：《古陶文彙編》，（北京：中華書局，1990 年）。
26. 張儒、劉毓慶：《漢字通用聲素研究》，（太原：山西古籍出版發行，2002 年）。
27. 陳新雄師：《古音研究》，（台北：五南出版社，1990 年）。
28. 黃德寬主編：《古文字譜系疏證》，（北京：商務印書館，2007 年）。
29. 黃錫全：《汗簡注釋》，（湖北：武漢大學出版社，1990 年）。
30. 楊樹達：《積微居小學述林》「二十冘儋」一條，（北京：中華書局，1983 年）。
31. 裘錫圭《古文字論集》，（北京：中華書局出版，1992 年）。
32. 劉釗：《郭店楚簡校釋》，（福州：福建人民出版社，2003 年 12 月）。
33. 劉釗：《古文字構形學》，（福州：福建人民出版社，2006 年）。
34. 劉釗、洪颺、張新俊編纂：《新甲骨文編》，（福州：福建人出版社，2009 年 5 月）。
35. 滕壬生著：《楚系簡帛文字編》，（武漢：湖北教育出版社，1995 年）。
36. 羅振玉：《增訂殷虛書契考釋》卷中，（台北：藝文印書館，1984 年）。

（二）期刊、論文、網路論文

1. 于省吾主編、姚孝遂按語：《甲骨文字詁林》第二冊，（北京：中華出版，1996年）。
2. 王瑜楨：〈《上海博物館藏戰國楚竹書（一）~（六）字根研究》新收入字根四則〉，2010年經典教學與簡帛學術研討會，嘉南藥理科技大學，2010年5月7日。
3. 王寧：〈上博六《莊王既成》中「䣓」字詳解〉，武漢網，2009年10月30日。
4. 王輝：〈上博楚竹書（六）讀記〉，收入中國古文字研究會、吉林大學古文字研究室：《古文字研究》第27輯，（北京：中華書局，2008年9月）。
5. 代生：〈《窮達以時》第14、9簡補說——兼釋《天問》「何聖人之一德」〉，復旦大學出土文獻與古文字研究中心，2010年10月4日。
6. 田成方：〈從新出文字材料論楚沈尹氏之族屬源流〉，武漢網，2008年8月19日。
7. 何有祖：〈讀《上博六》箚記〉，武漢網，2007年7月9日。
8. 何琳儀：〈滬簡詩論選釋〉，簡帛研究網站，2002年1月17日。
9. 李佳興：〈上博六〈莊王既成〉的「 尹子桱」〉，簡帛研究網，2008年8月20日。
10. 李學勤：〈讀上博簡《莊王既成》兩章筆記〉，孔子2000網，2007年7月16日。
11. 周鳳五：〈《孔子詩論》新釋文及注解〉，簡帛研究網站，2002年1月16日。
12. 周鳳五：〈郭店楚簡識字札記〉，《張以仁先生七秩壽慶論文集》，（台北：台灣學生書局，1999 年）。
13. 季旭昇師：〈〈孔子詩論〉新詮〉，《經學研究論叢》13輯，（台北：學生書局，2005 年 12 月）。

14. 胡厚宣：〈說貴田〉，《歷史研究》第 7 期，1957 年。
15. 高佑仁：〈讀金文札記四則（逆作父丁、舌、孝子、甬）〉，《彰化師大國文學誌》，彰化師範大學國文系，2010 年 12 月。
16. 許文獻：〈古文字之字形依位規律與釋讀相關疑義－以凵形為例〉，中國文字總會主編：《第二十一屆中國文字學研討會論文集》，（台北：東吳大學，2010 年 5 月。
17. 許全勝：〈孔子詩論零拾〉，上海大學古代文明研究中心、清華大學思想文化研究所編：《上博館藏戰國楚竹書研究》，（上海：上海書店出版社，2002 年 3 月）。
18. 陳偉：〈讀《上博六》條記〉，武漢網，2007 年 7 月 9 日。
19. 陳劍：〈郭店簡〈窮達以時〉、〈語叢四〉的幾處簡序調整〉，見《國際簡帛研究通訊》第二卷第五期，2002 年 6 月。
20. 黃天樹：〈商代文字的構造與「二書」說（中）〉，復旦網，2008 年 5 月 12 日。
21. 黃德寬、徐在國：〈郭店楚簡文字考釋〉，吉林大學古籍整理研究所編：《吉林大學古籍整理研究所建所十五周年紀念文集》，（長春：吉林大學出版社，1998 年 12 月）。
22. 黃錫全：〈「滔前」玉圭跋〉，《古文字論叢》，（台北：藝文印書館，1999 年）。
23. 葛英會：〈古陶文研習札記〉，收入北京大學考古系編：《考古學研究》，（北京：文物，1992 年）。
24. 董珊：〈釋西周金文的「沈子」和《逸周書•皇門》的「沈人」〉，復旦網，2010 年 6 月 7 日。
25. 裘錫圭：〈甲骨文字考釋八篇〉，《古文字研究》第四輯，（北京：中華書局，1980 年 12 月）。

26. 廖名春：〈上海博物館藏詩論簡校釋劄記〉，簡帛研究網站，2002 年 7 月 3 日。
27. 趙平安：〈〈窮達以時〉第九號簡考論——兼及先秦兩漢文獻中比干故事的衍變〉，《古籍整理研究學刊》，2002 年第 2 期。
28. 趙平安：〈釋「óc」及相關諸字—論兩周時代的職官「醢」〉，《古文字研究》第 24 輯，（北京：中華書局，2002 年）。
29. 趙鵬：〈《乙編》3471 中兩條卜辭釋文〉，復旦網，2009 年 12 月 12 日。
30. 禤健聰：〈上博楚簡（五）零札（二）〉，武漢網，2006 年 2 月 26 日。
31. 魏宜輝：〈讀上博簡文字劄記〉，上海大學古代文明研究中心、清華大學思想文化研究所編：《上博館藏戰國楚竹書研究》，（上海：上海書店出版社，2002 年 3 月）。

（三）博碩士論文

1. 郭碧娟：《郭店楚簡文字研究－以偏旁構形為主》，政治大學碩士論文，2003 年。
2. 單育辰：《楚地戰國簡帛與傳世文獻對讀之研究》，吉林大學博士論文，2010 年 4 月。
3. 劉嬌：《西漢以前古籍中相同或類似內容重複出現現象的研究》，復旦大學博士論文，2009 年 6 月。

日本漢字與臺灣漢字之形體差異
——以《康熙字典》中可見之日本漢字為例

陳威瑨

摘要

在臺灣的日文學習者總會面臨到漢字寫法上的隔閡，必須拋棄以臺灣繁體字為尊的概念而遵從日本的漢字寫法。蓋日本所使用之漢字，多有既不同於臺灣亦不同於中國大陸者，在今日獨自屹立於漢字文化圈之中而與華人地區的寫法有別。這些形體不同之字，在臺灣看來是俗字，就日本而言則是正體字。本文以日本《常用漢字表》為範圍，整理其與繁體字相對應卻形體有異，而又出現於《康熙字典》者，探究其形成之所由。

依此原則，本文共揀選六十一個日本漢字，依照與其對應的繁體字之間的關係分成三類，此三種關係也分別代表三種不同的來源：第一為可以在中國文獻找到依據的俗字；第二為中國或日本自行改變部件而成，與其對應之繁體字本非同字者；第三為時代較早，較符合本字者。由此可以看出日本在進行漢字改革的企圖下，以何種原則來決定新字。這樣的作法順應了時代需求，然而其中不乏激烈手法，罔顧漢字演變歷程的學理及結構而恣意簡化，亦不能不說是一種破壞，使得漢字與其源流產生疏離。然而在採用漢字這一點上，象徵著日本與中國文化之間的深厚關係；而漢字改革運動所造就的新文字系統，又標誌著日本的獨立性。

關鍵詞：日本漢字、康熙字典、漢字改革、《常用漢字表》、俗字

一　前言

漢字是中國文化的承載體，其形體結構反映了中國的思維模式以及藝術美感。以漢字書寫的典籍，在韓國、日本、越南等「漢字文化圈」[1]中傳播，讓典籍中的思想內容和藝術成就形成諸國文化的共同養份。與此同時，也讓該知識體系的承載體「漢字」得以進入其中。就此種意義而言，漢字不僅是作為表達語言內容之工具，也是具有獨立地位的文化符碼，與文字所承載的內容一起與漢字文化圈的成員進行互動，留下中國文化在此活躍的痕跡。可以說在東亞區域中，透過典籍傳播而進行的中國文化接受史，必然也伴隨著漢字文化接受史。

時至今日，文化圈內各地迭經動盪，雖同樣與中國古代漢字有淵源關係，但彼此所使用之文字已大不相同。官方語言中仍然包含漢字者，僅臺灣、中國大陸和日本而已[2]。儘管如此，三者的漢字也已分屬不同系統。臺灣使用自先秦至明清一脈相承、變動幅度較小的繁體漢字[3]，中國大陸使用大量減省筆畫以及激烈地進行同音替代的簡化字。至於日本，一部份的漢字與中國大陸簡化字或臺灣繁體字相同，另一部分則使用與海峽兩岸皆異的新字。這些新字有的係由中國歷史上產生的異體字而來，有的屬於日本人自行製造的漢字，稱之為「國字」。前者雖可在兩岸漢字系統中找到相對

1 「漢字文化圈」一詞，首位使用者為日本學者龜井孝（1912-1995）。詳見何群雄：《漢字在日本》（香港：商務印書館，2001 年 4 月），頁 174。

2 新加坡亦有使用華語的情形，然因官方文字為英文，故不列入。

3 近年來臺灣文化界有許多先進，主張應將臺灣繁體字稱為「正體字」，以明先秦以來一脈相傳之正統性。筆者肯定此稱呼所蘊涵的價值，然於此文中仍選擇以「繁體字」指涉之，原因有二：其一，「正體字」若代表的是形體出現時間在前，與先秦文字關係較緊密的話，則本文探討之日本漢字中的第三類，更符合此稱呼；其二，本文所涉及的視角並非關乎中國，而是包括了日本，且認可其漢字之獨立性，也等於認同東亞各國漢字「各正其正」的歷史結果。在此脈絡下，筆者希望避免因以「正體字」稱呼臺灣繁體字，而減殺日本漢字之獨立性，故仍使用「繁體字」一詞。臺灣繁體字比起中國大陸、日本之漢字，與先秦以來文字之一脈相承關係確實更強，無庸置疑，而此與本文立場並不衝突。

應的字，但筆畫不同，書寫與電腦輸入時無法徹底通用；後者則完全無法用中文發音，對兩岸來說等於是雖具漢字形體原理，卻完全陌生的字。

臺灣學習日文者，必定會遇到與繁體字寫法不同之字，如「醫」須寫成「医」、「廳」須寫成「庁」等等。這些字在繁體字系統來看是俗字，但對日本而言就是「正體字」，因此雖可對應到繁體字，卻又絕不能寫成與臺灣書寫標準相同的形體。這些字係日本所造抑或是從中國學習得來？若是後者，能否藉由觀察其書寫演變情形來推測最早可能的東傳時間？本文試圖以日本《常用漢字表》為範圍，揀選與繁體字可相對應但又具不同形體，並見於《康熙字典》的日本漢字，藉此探索日本漢字之變化規則，追溯該字在中國產生及傳入日本之源流。本文所據之繁體字形體，概以教育部所編之《常用國字標準字體表》[4]為準。

二　《常用漢字表》之歷史背景

《常用漢字表》為日本官方所規定的漢字書寫標準形體，於昭和五十六年（1981 年）頒布。然而關於此表的產生，其歷史背景與日本國內限制甚至廢除漢字使用的思潮有關。

漢字是作為知識表徵而傳入日本的[5]，隨著儒家思想的影響，其重要性不言自明，因此一直具有象徵知識階層、用於正式文書等等的性質。例如

[4] 教育部編：《常用國字標準字體表》（臺北市：正中書局，1994 年 7 月）。本表於民國七十一年（1982 年）9 月開始實施，共收 4808 字，研訂者為國立臺灣師範大學國文研究所「次常用國字標準字體研訂小組」。

[5] 成書於西元九世紀的日本史書《古事記》記載著：「（應神天皇）又科賜百濟國，若有賢人者貢上。故受命以貢上人，名和邇吉師，即《論語》十卷，《千字文》一卷，並十一卷，付是人即貢進。」見太安萬侶：《古事記》（東京：經濟雜誌社，1898 年 8 月），頁 117。《古事記》雖不完全是信史，但也在某種程度上透露出日本透過中國經典而系統性地接觸漢字的現象。據王家驊考證，此《論語》與《千字文》傳入日本之可能性，最早應發生於五世紀。見王家驊：《儒家思想與日本文化》（臺北市：淑馨出版社，1994 年 1 月），頁 3-4。

相傳成立於西元 604 年，由聖德太子（574-622）公布的《十七條憲法》，即為日本當時化用儒家典籍字句，以漢文書寫官方正式文書之範例，同時亦為現存最古之日本漢文文獻[6]。西元七至九世紀，日本的遣隋使、遣唐使大量前來中國，其與同行的留學生和僧人等等，皆為吸收包括漢字在內之中國文化的主力。自此以後將近千年的時間，日本一直藉由來自中國的各種書籍接觸漢字[7]，並運用漢字書寫。直到江戶時代（1603-1867）最末期和明治時代（1868-1912），西風東漸，日本受到歐美文化影響，亟欲迅速現代化，而出現對中國相關的事物採取蔑視態度的聲音。此時漢字被批評為落後、繁瑣，不若拼音文字簡便。1866 年，前島密（1835-1919）上書德川慶喜將軍，提出〈漢字御廢止之議〉，提倡廢除漢字，改用假名書寫口語。一般公認此為日本的漢字興廢爭議之始[8]。主張使用假名來代替漢字的言論亦有付諸實行之舉，例如化學家清水卯三郎（1829-1910）翻譯了一本化學的入門書籍，書名定為《ものわりはしご》（意譯為『化學階梯』），內容皆使用平假名以及日本固有詞彙。除了假名之外，另外一種主張是採用羅馬字，認為只要學會二十六個字母即可書寫，如南部義籌（1840-1917）的〈修國

[6] 關於《十七條憲法》究竟是否真為聖德太子所作，學界眾說紛紜。本文在此不擬處理此一問題，而可以確定的是：該文獻至少代表了七世紀以降，日本運用得自中國文獻之知識的情形。

[7] 以相當於中國明代中葉至清代，庶民階層掌握的知識量開始大幅成長的江戶時代為例，日本學者加藤徹在《漢文の素養—誰が日本文化をつくったのか？》（東京：光文社，2006 年 11 月）中描述了江戶時代吸收漢籍的情形：「江戶時代的日本處於鎖國狀態，然而日本知識份子十分熱心地收集海外資訊。江戶時代的知識份子能夠閱讀純正的漢文，因此從中國和朝鮮輸入漢籍，貪婪地吸收知識。就連在中國禁止刊行的書籍，在日本書店也可以為一般人所購買。……江戶時代的日本在長崎進口了各式各樣的漢籍，在日本出版。有關儒學的艱澀經書、通俗文學、情色文學、樂譜、笑話集等，經由訓讀而被廣泛閱讀。這一類的俗書有不少是在中國已亡佚，僅存於日本的。現在已成為近世中國文化研究的貴重資料。」見該書頁 199-201。原文為日文，中文為筆者所譯。這表示輸入日本的漢籍包含了三教九流，雅俗兼具，字形也就未必百分之百統一，大量書寫或刊刻過程中因書寫風格不同或訛誤而產生的俗字皆一併為日本接受。

[8] 見《漢字在日本》，頁 3-4。另，日本文化廳官方網站（http://www.bunka.go.jp/kokugo/）所製作的《国語施策年表》也將〈漢字御廢止之議〉當作日本國語政策影響之始。以下關於漢字興廢爭議與相關政策之敘述，係據《漢字在日本》與《国語施策年表》兩者整理而成。然此兩者所載間有出入，凡此情形，以《国語施策年表》為依歸。

語論〉(修国語論)[9]、哲學家西周(1829-1897)的〈用洋字書寫國語論〉(洋字ヲ以テ国語ヲ書スルノ論)、社會學家外山正一(1848-1901)的〈廢漢字興英語為當務之急〉(漢字を廃し英語を盛に興すは今日の急務なり)等文章即主張此點。還有一派主張減少漢字使用數目,如福澤諭吉(1835-1901)和矢野文雄(1850-1931)等人,認為文字應當改革,但也不宜完全廢除漢字,只要先限制漢字使用的數目,僅使用必要的漢字即可。固然此時也有漢學家井上圓了(1858-1919)等人反對廢除漢字之論,但可以說日本的文字改革方向已大致底定了,基於漢字代表落後、有礙現代化的中國文化,且又筆畫繁瑣、與日語口語不同等等性質,儘管相關討論的聲浪中不乏過度偏激者,仍然引發了沛然莫之能禦的改革力量。

明治三十五年(1902 年),文部省(相當於臺灣的教育部)設置了「國語調查委員會」,負責進行文字改革工作的研議,確立採用音韻文字,要求「言文一致」(即以今日口語文體來書寫)的方向。大正二年(1913 年),國語調查委員會被撤除,至大正五年(1916 年),相關工作又由文部省普通學務局第三課的「國語調查室」負責,掌管人為以前擔任過國語調查委員會委員的保科孝一(1872-1955)。國語調查室進行了文字簡化相關研究,於大正八年(1919 年)提出「漢字整理案」,從小學教科書中選出兩千六百多個漢字。根據何群雄《漢字在日本》一書的整理,此案特點為:一,以簡便、重視慣用的原則來統一字形;二,以《康熙字典》為依據,選擇比較簡單的字形,並考慮字形勻稱,且統一部首;三,對於社會上通行已久的俗字也允許使用[10]。「漢字整理案」是針對國語教育而提出的,至於一般國民日常生活使用漢字的改革工作,則交由成立於大正十年(1921 年)的「臨時國語調查會」進行,之後於大正十二年(1923 年)公佈了《常用漢字表》[11],

---

[9] 關於〈修國語論〉的提出時間,《漢字在日本》一書指出是在 1869 年,見該書頁 11。然《国語施策年表》將此事件標為 1870 年,或許《漢字在日本》關於此點之記載有誤。

[10] 《漢字在日本》,頁 50。

[11] 此表並不等於本文據以討論的,昭和五十六年頒布的《常用漢字表》,僅能視作其前身。1935 年國民政府曾公佈第一批簡體字表,旋於隔年決議暫緩推行簡體字,至今於臺灣

此後又經過數次修正，至昭和六年（1931 年）將表內字數訂為 1856 字[12]。然而九月爆發滿洲事變（即九一八事件），報紙上需要出現大量中國人名地名，不可能再限制漢字數目。昭和九年（1934 年），文部省又成立了「國語審議會」，負責審議各種與日文、漢字、文體相關的事項，該部會至今仍在運作中。

二次世界大戰後，日本面臨改革的迫切需要。昭和二十一年（1946 年），公佈了《當用漢字表》（当用漢字表）訓令，後於昭和二十四年（1949 年）公佈字體表，共 1850 字。《當用漢字表》的用途在於宣告一般社會日常生活中漢字使用的範圍，表外的字則用假名書寫。這種限定漢字使用範圍的作法，是日本文字改革一路發展下來的結果，有其內在理路，但亦有激烈的反對聲浪。根據《漢字在日本》的整理，反對意見主要在於限制漢字使用的範圍，就等於限制了詞彙表達方式，此外也需死記哪些漢字屬於表內漢字，更增添負擔[13]。自此，確立了現今日本漢字形體的面貌。往後漢字改革的研議漸漸地擺脫限制性的色彩，又經過反覆的討論，最後於昭和五十六年制定了《常用漢字表》，共有 1945 字，其前言部分說：「本表係標示法律、公文、報紙、雜誌、電視等一般社會生活中書寫現代國語時的漢字使用之大致標準」[14]。在《常用漢字表》頒布後，《當用漢字表》便予以廢除。兩者之間可以看出由「限定範圍」到「僅公佈大致標準」的情形，表示日本此時對文字改革的態度已不若明治時期那種視漢字為寇讎的偏激心態，較為彈性。在示範字體上，採用明朝體活字，對於印刷體與手寫體之

始終以繁體字為標準。而中華人民共和國政權下的中國大陸出版簡化字表的首次時間為 1964 年。就此意義而言，可以說日本是首先公佈並施行簡化、修正漢字的國家，其決策並非參考其他已有漢字簡化政策成果之國家而成。

12 《漢字在日本》頁 58 指出，昭和六年五月八日的修正方案為 1858 字。而《国語施策年表》說明是年六月三日之修正方案為 1856 字，時間在後，當較準確。

13 《漢字在日本》，頁 107。

14 《常用漢字表》及其前言與附錄可見於日本文化廳官方網站（http://www.bunka.go.jp/kokugo/）。

間的差異亦有標明，並明確指出使用文字時不需拘泥於與印刷體的相符與否 [15]。至於那些不被採取的，與繁體字形體相同之寫法，也就是現在所謂的「旧字」（舊字），除了目前可見之二次大戰前的文書，以及《東方學》等使用舊字之刊物書類，如今在其他場域中皆已不再是標準寫法了。

總而言之，《常用漢字表》的產生，是日本長久以來文字改革之結果。文字改革可謂日本由中國文化接受者走向近代化洗禮下的獨立者之過程，對待漢字的態度也因此從尊崇轉為限制使用，其中包含了對於簡便的需求以及進步的渴望，最終乃形成獨特的，與臺灣和中國大陸皆異的漢字系統。

三　《康熙字典》中所見之《常用漢字表》內字

上文提及，《常用漢字表》的前身——「漢字整理案」，在字體選擇上的一個重要依據是《康熙字典》。《康熙字典》首次為日本人所刊刻，是在江戶時代的安永九年（1780），時稱「安永本」。《康熙字典》從江戶到昭和時代一直都保持著影響力，「漢字整理案」以此為依據，乃理所當然。從「漢字整理案」到《常用漢字表》，其間雖經歷數次變革，收入漢字數目迭有增減，然基本方向並未改變。因此要研究《常用漢字表》內漢字與臺灣繁體字之差異來源時，《康熙字典》是不可不備的觀察途徑。根據筆者統計，《常用漢字表》1945 個漢字中，與現在相對應之繁體字形體相異者共有 347 個，而此 347 個漢字中收錄於《康熙字典》者又有 61 個。現將此 61 個漢字分類羅列於下，就書寫過程產生變異的角度以溯其源，並根據收錄該字的字書來思考其可能被廣泛書寫的時代，以推測傳至日本之最早可能時間。排列順序則依其所對應之繁體字的部首筆劃 [16]。

15　《常用漢字表》中的「明朝體活字的設計」（明朝体活字のデザインについて）中提到不需追究印刷體和書寫體的差異。

16　以下所言之「日文」，均指按照《常用漢字表》規範之現代日文；所言之「日本漢字」均指《常用漢字表》規範下，與相對應之臺灣繁體字形體有所不同之漢字。

《常用漢字表》內與繁體字形體有異者為數甚多，不暇一一探討。以出現於《康熙字典》者為探討對象，不免有暫時劃定研究範圍之意。而另一個意義在於，該字在《康熙字典》中出現，表示其流傳普及程度相當廣泛並淵源已久，其影響力很可能大於未被收錄的之其他字。而這些字在千年以來的漢籍域外傳播過程中為日本所接受，埋下認識、使用此形體之契機，其後又出現在《康熙字典》的這個事實，則成為其被《常用漢字表》採用來作為新標準的強力根據。另外，尚有一些日本漢字並非源於中國的異體字、俗字，而是日本方面的恣意使用，其本身自為本字，亦因出現於《康熙字典》中而列入本文探討範圍，以明此為日本漢字改革結果之一端。本文探討之日本漢字，表列如下：

分類	編號	日本漢字	對應之繁體字
部件書寫訛誤所成之俗字	一	乱	亂
	二	仏	佛
	三	氷	冰
	四	却	卻
	五	嘱	囑
	六	届	屆
	七	属	屬
	八	恒	恆
	九	恋	戀
	十	挿	插
	十一	収	收
	十二	効	效
	十三	叙	敘
	十四	断	斷
	十五	潜	潛
	十六	炉	爐
	十七	献	獻

	十八	画	畫
	十九	尽	盡
	二十	衆	眾
	二十一	万	萬
	二十二	窓	窗
	二十三	糸	絲
	二十四	総	總
	二十五	声	聲
	二十六	粛	肅
	二十七	与	與
	二十八	号	號
	二十九	虫	蟲
	三十	蛮	蠻
	三十一	覧	覽
	三十二	猫	貓
	三十三	辞	辭
	三十四	逓	遞
	三十五	遅	遲
	三十六	関	關
	三十七	双	雙
	三十八	麦	麥
	三十九	竜	龍
本來相異而後人混用之字	一	仮	假
	二	庁	廳
	三	弁	辨、瓣、辯
	四	浜	濱
	五	灯	燈
	六	缶	罐
	七	医	醫
	八	胆	膽
	九	芸	藝

	十	蚕	蠶
	十一	触	觸
	十二	厘	釐
	十三	鉄	鐵
	十四	体	體
	十五	党	黨
實為本字或正俗無別之異體字	一	温	溫
	二	直	直
	三	礼	禮
	四	処	處
	五	豊	豐
	六	賛	贊
	七	隣	鄰

（一）部件書寫訛誤所成之俗字

凡《康熙字典》中可見之日本漢字，係書寫過程中部件發生訛誤所產生之新字，其後在中國之字書中相對於正字而被判定為俗字之說明者，歸於此類。此類字所相對應之正字，承襲至今而成為繁體字書寫規範下之標準寫法，乃與選擇此類貼近俗字之日本漢字寫法分道揚鑣。

1. 乱

此字於《康熙字典》中歸為子集上，乙部六畫。《康熙字典》引《正字通》謂此為「亂」之俗字[17]，在日文中亦同「亂」。「亂」字本義為治理，左半部為其初形，象兩手整理亂絲之形。《顏氏家訓・書證》批評當時書寫情形時說「亂旁為舌」[18]，可知六朝時「乱」字已十分盛行。其後《干祿字

17 清・張玉書等編：《康熙字典》，據王雲五主編：《國學基本叢書四百種》第 119、120 冊，《康熙字典》上下冊（臺北市：臺灣商務印書館，1968 年 6 月），上冊頁 83。

18 北齊・顏之推：《顏氏家訓》，據王利器：《顏氏家訓集解》（臺北市：明文書局，1982 年 2 月），頁 463。

書》收錄此字，標明其為「亂」之俗字[19]，日本可能即在中國隋唐之時得見此字。現存最古之日本字書為僧人昌住（生卒年不詳）所編纂之《新撰字鏡》，約成書於 898 至 901 年。其中「亂」「乱」二字兼收，謂為同字[20]，可茲證明。「亂」之左半部件變為「舌」，或受草書影響。杜師忠誥曾經指出：

> 漢字的書寫活動，由於毛筆這種書寫工具的特殊性，一點一畫的形成，都跟書寫時手指的末梢神經具有錯綜複雜的微妙關係。……迴環轉折，指端在控縱提按之間，心念稍有轉動，所謂「意到筆隨」，字畫之間的體勢風神，便跟著迥然異趣。[21]

書寫活動時摻雜了大量有意無意的個人風格，這使得書法碑帖字樣成了漢字形體變化歷程的一個觀察途徑。《淳化閣帖》中所收東晉王獻之（344-386）所書之「亂」字左半部，在草書筆勢下，已不見上下之手形和中間所整理之物，又在書寫結束時，用畫一圓圈的方式連接到右半部，乍看之下亦似「口」。「亂」字俗寫為「乱」，或即由此[22]。

---

[19] 唐・顏元孫：《干祿字書》，據王雲五主編：《叢書集成簡編》，《干祿字書及其他一種》（臺北市：臺灣商務印書館，1965 年 12 月），頁 25。

[20] 昌住：《新撰字鏡》，據京都大學文學部國語學國文學研究室編：《天治本新撰字鏡增訂版　附享和本・群書類從本》（京都：臨川書店，1987 年 8 月），頁 861。本文所據之《新撰字鏡》採群書類從本。

[21] 杜師忠誥：《說文篆文訛形釋例》（臺北市：文史哲出版社，2009 年 2 月），頁 32。

[22] 本文所提及之書法碑帖字樣來源，均據聯貫字形匯典編纂委員會編：《字形匯典》（臺北：聯貫出版社，1983 年 3 月至 2002 年 3 月之間出版）轉引《隸辨》、《楷法溯源》、《偏類碑別字》、《字源》等。《字形匯典》全套共四十九冊，其廣收六十六種古代與近人編纂之各形體字書或書法碑帖，並完全按照所收書籍之原版面印刷，忠實呈現原字形，甚為賅備完善。本節據《字形匯典》而提及之相關字形，轉引自《字形匯典》第一冊，頁 486-487。

2.　仏

此字於《康熙字典》中歸為子集中，人部二畫。《康熙字典》引《正字通》謂此為「佛」之古文[23]，在日文中亦以此為「佛」字。此字之由來不明，但曾經前來唐朝學習佛法之日本名僧空海（774-835），在其書法作品〈風信帖〉中寫有「仏」字，而彼時乃平安時代（794-1192），可知此為日本知曉此字時間之下限。雖然《新撰字鏡》中僅收錄「佛」字而不見「仏」字[24]，但由於其成書年代在空海之後，故不能排除當時日本已認識或使用此字之可能。至於中國本土方面，根據《金石文字辨異》所收字例，唐高祖李淵（566-635）在〈為子祈疾疏〉中有「蒙仏恩力」之句[25]，可見最遲在隋代，此字已有在正式文書中被當作「佛」字之例。在產生時代方面，根據敦煌漢文寫卷中出現「仏」字這一點看來，可能在六朝[26]。但是以目前文獻材料而言，並無「仏」是「佛」之古文的證據，此或為《正字通》之誤[27]。

3.　氷

此字於《康熙字典》中歸為巳集上，水部一畫。《康熙字典》謂此為「冰」之俗字[28]，在日文中亦等同於「冰」。「冰」之初形為「仌」，與加上「水」的「冰」字俱為《說文解字》收入，而以「仌」為部首[29]。至於後起之「氷」字，在北魏〈廣川王祖母造像記〉中曾經出現，亦見於唐代孫過庭（648-703）《書譜》以及顏真卿（709-785）〈多寶塔碑〉，應是省略其初形而成。《干祿字書》中收錄此字，作為與正字「冰」相對的通行字[30]。此時正值日本遣

23　《康熙字典》上冊，頁 92。

24　《新撰字鏡》，頁 857。

25　清・邢澍：《金石文字辨異》，據臺北市：古亭書屋出版，古亭書屋編輯部編：《金石文字辨異十二卷・增補碑別字附拾遺》（1970 年 11 月），頁 833。

26　見蔡忠霖：《敦煌漢文寫卷俗字及其現象研究》（中國文化大學中國文學研究所博士論文，2000 年），頁 317。

27　本節據《字形匯典》而提及之相關字形，轉引自《字形匯典》第二冊，頁 251。

28　《康熙字典》上冊，頁 663。

29　清・段玉裁注：《說文解字注》，據臺北市：萬卷樓圖書股份有限公司出版：《圈點段注說文解字》（2005 年 9 月），頁 576。以下簡稱《說文解字注》。

30　《干祿字書》，頁 15。

唐使大量前來之時，可能最早是在這段時間內習得「氷」字[31]。

4. 却

此字於《康熙字典》中歸為子集下，卩部五畫。《康熙字典》引《唐韻》謂此字為「卻」之俗字[32]，在日文中亦等同於「卻」。「卻」字左半部本从「谷」，在《漢簡文字類編》中有作「却」字之例（居圖三六四 283.56）[33]。《五經文字》中則記載「卻，作却，俗亦相承用之」[34]，可知在唐代以前，「却」字已廣為流傳，日本亦可能於此時習得。空海所撰，本於顧野王（519-581）《玉篇》之字書《篆隸萬象名義》[35]中即將「卻」寫作「却」，可為佐證。至於从「谷」何以變為从「去」，或與書寫風格有關。誠如杜師忠誥與蔡忠霖兩位學者所指出的：

> 東周以後，由於王官失守，教育普及民間，文字的書寫者與使用者，由原本以專業人員為主變成以非專業人員為主，文化素養大幅降低，而文字形體的譌誤現象，乃如河堤潰決般地急劇增加，至戰國時代而達空前的混亂狀態。[36]
>
> 一般社會大眾書寫文字，如書抄、文案、券契、藥方、書信等，由於摻雜著個人書寫習慣，及多用於私人用途，因此俗字的使用較無禁忌。[37]

在文字大量為人所書寫時，筆畫改變的機率也大幅增加。此外，不獨非正式書寫，就算是正式經典傳抄活動亦不能免。《顏氏家訓・書證》所謂「先

---

31 本節據《字形匯典》而提及之相關字形，轉引自《字形匯典》第四冊，頁 16。

32 《康熙字典》上冊，頁 168。

33 王夢鷗編：《漢簡文字類編》（臺北市：藝文印書館，1974 年 10 月），頁 16。

34 唐・張參：《五經文字》，據臺北市：臺灣商務印書館出版，王雲五主編：《叢書集成簡編》，《干祿字書及其他一種》（1965 年 12 月），卷中，頁 45。

35 本文所據之《篆隸萬象名義》，均轉引自《字形匯典》。

36 《說文篆文訛形釋例》，頁 32。

37 《敦煌漢文寫卷俗字及其現象研究》，頁 206。

儒尚得改文從意，何況書寫流傳耶」[38]，即為此現象寫照。在簡便快速的要求下，不免有草率書寫的情形發生。「谷」之部件下方原本是方正的「口」，快速書寫時即有呈三角形之可能。上半部的撇畫，在草率書寫時將其拉直，如此即形成「去」，而成俗字之「却」。漢簡文字為已隸變完成之字，在隸變的過程中帶有草率書寫的趨勢，自然會有此結果。另，《說文解字》收有一「訟」字之古文，從言從谷，然而「谷」下方之「口」卻作一三角形[39]。這可能表示將「口」快速書寫而成三角形狀的現象，自戰國古文字已發其端緒，而為「却」字形體形成之濫觴[40]。

5. 嘱

此字於《康熙字典》中歸為丑集上，口部十二畫。《康熙字典》引《字彙》謂此為「囑」之俗字[41]，在日文中亦等同於「囑」。〈孔宙碑〉中之「囑」字，右半部从「屬」，此字時代較早，當為本字。然而書法碑帖中又可見到「嘱」字，如北魏〈廣川王祖母造像記〉，隋代〈章仇禹生造像〉等皆如此。可以說此俗字從六朝以降一直持續地存在，又常出現在書法中，筆畫也較簡單，故為日本所學習並以此代「囑」，接觸時間最早可能在隋唐。另外，此字之簡化情形，發生在「屬」字部件上，故又與「屬」字之變化有關，詳見下文[42]。

6. 届

此字从尸从由，在《康熙字典》中另有一字从尸从田，歸為寅集上，尸部五畫，並引《正字通》說明此為「屆」字之譌形[43]。在日文中亦以此為「屆」字。根據《漢石經集存》[44]，其中的「屆」字即作「届」，可知「届」

---

38 《顏氏家訓》，頁 457。
39 《說文解字注》，頁 100。
40 本節據《字形匯典》而提及之相關字形，轉引自《字形匯典》第五冊，頁 375。
41 《康熙字典》上冊，頁 219。
42 本節據《字形匯典》而提及之相關字形，轉引自《字形匯典》第七冊，頁 370。
43 《康熙字典》上冊，頁 326。
44 本文所據之《漢石經集存》，均轉引自《字形匯典》。

字產生時間最晚在漢代。北魏鄭道昭〈鄭文公下碑〉、唐代薛曜〈夏日遊石淙碑〉中有「届」字出現，《篆隸萬象名義》之「屆」亦作「届」，可確認日本最早於此時已習得此字。蓋「屆」字中本從「凷」，為其聲符。其中之「士」中間一豎經出頭譌寫後，乃成一「由」字[45]。

7. 属

此字於《康熙字典》中歸為寅集上，尸部九畫。《康熙字典》引《正字通》說明此字為「屬」之俗字[46]，在日文中亦為「屬」。「屬」字變為「属」之濫觴，或在漢代。《漢印文字徵》[47]中所收「張掖屬國左盧小長」印，其中「屬」字即作「属」。又《漢簡文字類編》中亦可見到此俗字（居圖二八10.32）[48]，當為「屬」字筆畫草率書寫而成。原「屬」字中四筆橫畫，被寫為一撇；下方的「虫」則是其中的「口」被減省，如此則成「禹」字。此外，〈劉寬碑〉中也作「属」，可知此字在隸書筆法中已然產生，此後在北魏〈孫秋生造像記〉、〈鄭文公下碑〉、唐顏真卿〈建中告身帖〉中皆可見到，《干祿字書》亦收錄此字，謂其為通行字[49]，可見此字由來已久，影響頗大，故導致為日本所學習，以此為「屬」字之情形，而接觸時間最早可能在隋唐[50]。

8. 恒

此字於《康熙字典》中歸為卯集上，心部六畫。《康熙字典》引《字彙》說此為「恆」之俗字[51]，在日文中亦等同於「恆」。《說文解字》謂「从心从舟在二之間」[52]，表示「二」字之間非一方整的「日」字。另外，《上海

---

[45] 本節據《字形匯典》而提及之相關字形，轉引自《字形匯典》第十一冊，頁 75-76。
[46] 《康熙字典》上冊，頁 328。
[47] 本文所據之《漢印文字徵》，均轉引自《字形匯典》。
[48] 《漢簡文字類編》，頁 33。
[49] 《干祿字書》，頁 28。
[50] 本節據《字形匯典》而提及之相關字形，轉引自《字形匯典》第十一冊，頁 149-152。
[51] 《康熙字典》上冊，頁 419。
[52] 《說文解字注》，頁 687。

博物館藏戰國楚竹書》第三集 [53]中，收錄了上博簡中的《周易》以及〈恆先〉。兩篇中凡「恆」字，內部皆作彎曲之弓形，而非「日」，更可證明「恆」字時代較早。而「恒」字中間為「日」，始自漢隸，如〈郙閣頌〉、〈樊敏碑〉等皆如此。其後在六朝隋唐人書法碑帖中，此字又被廣為書寫，如北魏鄭道昭〈鄭文公下碑〉、隋代智永〈真草千字文〉、褚遂良（596-658）〈雁塔聖教序〉等皆如此。另外，《顏氏家訓・書證》描述「亙」字俗寫情形時說「今之隸書，轉舟為日」[54]，亦可由此得見此部件被使用的廣泛程度，依此類推，「恆」變為「恒」亦屬自然。其後在清代的《金石文字辨異》，甚至直接將「恒」當作本字 [55]，可知此字影響之大。因此日本採用此字，或許即因有眾多使用之例，且由來已久之故。另，《篆隸萬象名義》中亦見此字，可為日本甚早習得此字之佐證 [56]。

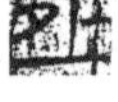

9. 恋

此字於《康熙字典》中歸為卯集上，心部六畫。《康熙字典》引《字彙》謂此為「戀」之俗字 [57]，在日文中亦等同於「戀」字。「戀」字上半部為其聲符，在漢隸中亦無改變。從「戀」變為「恋」，造成改變的影響關鍵當在草書。《淳化閣帖》和《快雪堂帖》中王獻之所書之「戀」字，都有經草書書寫之後，「言」字消失，「糸」字簡化的現象，乍看之下即與「恋」相似。《宋元以來俗字譜》[58]中，可見到「恋」字之用例。這表示日本最遲有可能在中國宋元以降，透過各種流傳至日本的漢籍而接觸到此字。相同部件產生簡化現象而為日本漢字所採用者，尚有「變」字，詳見下文 [59]。

---

[53] 馬承源編：《上海博物館藏戰國楚竹書》第三集（上海市：上海古籍出版社，2003 年 12 月）。

[54] 《顏氏家訓》，頁 467。

[55] 《金石文字辨異》，頁 320。

[56] 本節據《字形匯典》而提及之相關字形，轉引自《字形匯典》第十四冊，頁 533-539。

[57] 《康熙字典》上冊，頁 418。

[58] 本文所據之《宋元以來俗字譜》，均轉引自《字形匯典》。

[59] 本節據《字形匯典》而提及之相關字形，轉引自《字形匯典》第十四冊，頁 548。

10. 挿

此字於《康熙字典》中歸為卯集中，手部七畫。《康熙字典》謂此為「插」之俗字[60]，在日文中亦等同於「插」。箇中分別在於「挿」字右半部下方為「田」而非「臼」，且筆畫往下出頭。《漢簡文字類編》中可見此字（居圖五二零 9.1A）[61]。其後亦有以此「挿」為正字者，如《干祿字書》[62]。《五經文字》則以「插」為正字[63]，顏真卿〈多寶塔碑〉中亦寫「插」字。《宋元以來俗字譜》中也可見此字，或許自漢代開始，因書寫之誤，產生「挿」字並一路流傳，而為日本所習得。傳入日本之時間，最早可能自隋唐時[64]。

11. 収

此字於《康熙字典》中歸為子集下，又部二畫。《康熙字典》引《廣韻》謂此為「收」之俗字[65]，在日文中亦同為「收」字。「收」字本从「攴」，而變為「又」，此形體變化原理同下文所探討的「叙」字。詳下文。

12. 効

此字於《康熙字典》中歸為子集下，力部六畫。《康熙字典》引《玉篇》謂此為「效」之俗字，又引《正韻》說「古惟从文，無从力者。後人傳寫承訛既久，相承用之」[66]。然此字在日文中被當作「效」字使用。此字與「収」字俱為「攴」之部件改變，只是變為「力」而已。《玉篇》中指「効」為俗字，可見此字在南朝梁以前已經產生。三國時代鍾繇（151-230）〈薦季直表〉中寫作「効」，是為一例。其後東魏〈敬使軍碑〉、唐歐陽詢（557-641）〈皇甫府君碑〉、褚遂良〈哀冊〉、孫過庭〈草書千字文〉中均見「効」字。《干祿字書》謂「効」指功效，「效」指仿效[67]，然在此之前的《玉篇》既已言

60 《康熙字典》上冊，頁 473。
61 《漢簡文字類編》，頁 45。
62 《干祿字書》，頁 31。
63 《五經文字》，頁 6。
64 本節據《字形匯典》而提及之相關字形，轉引自《字形匯典》第十五冊，頁 591。
65 《康熙字典》上冊，頁 174。
66 《康熙字典》上冊，頁 154。
67 《干祿字書》，頁 26。

「効」為俗字，則本非為功效義而產生。總而言之，「効」字當係三國時代以來「效」之俗字，因使用頻繁，而可能最早在隋唐即為日本所學習[68]。

13. 叙

此字於《康熙字典》中歸為子集下，又部七畫。《康熙字典》引《正字通》謂此為「敘」之俗字，又說本應从「攴」，从「又」者為訛誤[69]。在日文中則以此代替「敘」字。此字產生時代甚早。漢代〈史晨奏銘〉、〈北海相景君銘〉中即出現「叙」字，其後王羲之（303-361）〈蘭亭集序〉亦如此。《五經文字》中說「作叙訛」[70]，《干祿字書》亦以「敘」為正字，「叙」為通行字[71]。「叙」之由來甚久，自漢代至六朝以降廣泛為人所書寫。上文所提及之「収」字，形體原理與此同，敦煌漢文寫卷中，有「攵」寫作「又」之現象，「収」「叙」皆為其例[72]，兩者產生時代亦當相近。最早可能在隋唐時傳入日本[73]。

14. 断

此字於《康熙字典》中歸為卯集下，斤部七畫。《康熙字典》引《玉篇》謂此為「斷」之俗字[74]，在日文中亦等同於「斷」。「斷」字簡化為「断」，目前可在東晉文獻找到其例。《淳化閣帖》中王羲之之「斷」字，大量減省筆畫，已無「斷」字左邊部件原貌。《玉篇》中收錄此字，唐代《五經文字》和《干祿字書》皆以此為俗字[75]，表示此字可能早自六朝，最晚在唐代已流傳甚廣。《篆隸萬象名義》中之「斷」字，雖不从「米」，但筆畫減省許多，亦可謂日本接受「断」字之濫觴。總而言之，日本接觸到「断」字，

---

68 本節據《字形匯典》而提及之相關字形，轉引自《字形匯典》第十六冊，頁 290-292。
69 《康熙字典》上冊，頁 175。
70 《五經文字》，頁 68。
71 《干祿字書》，頁 17。
72 見《敦煌漢文寫卷俗字及其現象研究》，頁 223。
73 本節據《字形匯典》而提及之相關字形，轉引自《字形匯典》第十六冊，頁 331-332。
74 《康熙字典》上冊，頁 525。
75 《干祿字書》頁 18、《五經文字》頁 48。

最早可能在六朝至隋唐之際[76]。

15. 潜

此字於《康熙字典》中歸為巳集上，水部十二畫。《康熙字典》引《字彙》指出此為「潛」之俗字[77]，在日文中亦等同於「潛」字。「潛」字右上从雙「旡」，漢代時在隸變過程中，「旡」譌為「天」，「日」上又增一橫畫。〈夏承碑〉中之「潛」字即為此字形。此後直至唐代，仍以右上从雙「天」之「潛」為俗字。《五經文字》和《干祿字書》皆如此[78]，而《篆隸萬象名義》亦然，可見至少在唐代以前，右上从雙「夫」而成的「潜」字尚未出現。《三希堂法帖》所收黃庭堅（1045-1105）和朱熹（1130-1200）所書之「潛」字，則已作「潜」之形。可以據此推測，由「天」到「夫」的變化，當在唐以後至宋代之間，日本習得此字之時間可能在此以降。由於筆畫較簡單，又與《篆隸萬象名義》字形較接近，而使日本採用此字[79]。

16. 炉

此字於《康熙字典》中歸為巳集中，火部四畫。《康熙字典》引《四聲篇海》說明此為「爐」之俗字[80]，在日文中亦等同於「爐」字。以筆者管見所及，唐代及其以前的範圍中，目前尚未見以「炉」代「爐」之例。《新撰字鏡》亦僅收「爐」與「鑪」而不見「炉」[81]。由《四聲篇海》收錄此字來看，可能到宋代才出現此替換聲符而形成之俗字。日本接觸此字的時間，或許在宋代以降。

17. 献

此字於《康熙字典》中歸為巳集下，犬部九畫。《康熙字典》引《四聲篇海》、《字彙》等書指出此字為「獻」之俗字[82]，在日文中亦為「獻」字。

---

[76] 本節據《字形匯典》而提及之相關字形，轉引自《字形匯典》第十六冊，頁 625-627。
[77] 《康熙字典》上冊，頁 715。
[78] 《干祿字書》，頁 15、《五經文字》，頁 58。
[79] 本節據《字形匯典》而提及之相關字形，轉引自《字形匯典》第二十一冊，頁 527-529。
[80] 《康熙字典》上冊，頁 735。
[81] 《新撰字鏡》，頁 857。
[82] 《康熙字典》上冊，頁 789。

漢代〈小子殘碑〉、鍾繇的〈宣示表〉、〈淳化閣帖〉所收王獻之之字、歐陽詢〈九成宮醴泉銘〉等碑帖之「獻」字，左上未从「虍」，皆已作「」，《篆隸萬象名義》亦以此為「獻」字，《干祿字書》則以此為通行字[83]。此時雖未見左半部件从「南」之俗字，然字形確實已產生變化，或許是從漢代開始逐漸風行。《康熙字典》謂《四聲篇海》收錄此字，可知其出現時間可能在宋代。此「献」字或許即為「」形再減省而成，惟變化過程尚難明朗。總而言之，由唐代書法和《篆隸萬象名義》可知，日本原本所接觸到的「獻」字是作「」形，其後可能在宋代以降學習到「献」，最終在進行漢字簡化時，改用此筆畫簡單的宋代俗字「献」[84]。

18. 画[85]

此字於《康熙字典》中歸為午集上，田部二畫。《康熙字典》引《字彙》說此字同「畫」[86]，在日文中亦如此。然此字中間从「田」而為「画」，日文寫法則為「画」。「畫」字上半部从「聿」，象手執筆狀，本為初形之一部分。然《印文學》[87]另收有內部从「画」字的漢代印文字，此或為省略「聿」而又保留「田之界限」的古義所產生的字。《宋元以來俗字譜》中收有「画」字，內部从「由」，當為「田」之譌誤。就字書上可見之例來看，「画」字產生年代較「画」字早。然除了漢印字例外，管見所及，至唐代以前尚未見「画」字使用之例。因此「画」字可能最早也在宋元以降才被使用，日本習得此字時間或許亦不早於此。由此亦可見日本使用「画」字，僅係著眼於省略「聿」之部件的簡單字形，未考慮其初形本義，故未使用「画」

[83] 《干祿字書》，頁 24-25。

[84] 本節據《字形匯典》而提及之相關字形，轉引自《字形匯典》第二十三冊，314-315。

[85] 「画」字電腦字形在中文的新細明體、標楷體與日文的明朝活字體（MS Mincho）上有所不同，即內部从「田」和从「由」之差別。為忠實呈現日本漢字字形，此節標題字型不依慣例之標楷體，而使用明朝活字體輸入。

[86] 《康熙字典》上冊，頁 840。

[87] 本文所據之《印文學》，均轉引自《字形匯典》。

字[88]。

19. 尽

此字於《康熙字典》中歸為寅集上，尸部三畫。《康熙字典》引《正字通》指出此為「盡」之俗字[89]，在日文中亦等於「盡」字。孫海波在《甲骨文編》指出此字象人手持牛尾滌器之形，表示內部已空[90]。則「盡」字之形上有「手」之部件，為其本形，又何以有後世「尽」字產生？關鍵或許在六朝至唐代的草書。《澄清堂帖》所收王羲之之字，「盡」字上方原屬「手」的部分有簡化的情形，橫畫已被省略，下方的「皿」也被簡化。唐代孫過庭的〈草書千字文〉中，字形結構更大幅簡略，乍看之下已具備「尽」之雛形。《宋元以來俗字譜》中收錄此字，反映出「尽」作為「盡」之俗字在宋元以降被大幅運用之情形。日本使用此字以代替「盡」字，時間點或即在此。在今日來看兩字確實形體差異甚大，然箇中根據是可以在前人書法中尋獲的[91]。

20. 衆

此字於《康熙字典》中歸為申集下，血部六畫。《康熙字典》引《字彙》說此為「眾」之俗字，引《正字通》指出為「眾」之譌形[92]。在日文中此字等同於「眾」字。《常用國字標準字體表》則註明「俗作衆，今從正」[93]。正字「眾」與俗字「衆」之分別，在於俗字上方从「血」，正字上方从「目」；另外正字左下从「人」，俗字左下則兩筆皆為右上至左下之筆勢。《說文解字》中收錄的小篆字形上方從目[94]，《漢簡文字類編》中可看到「目」上增加一點，形成「衆」字的字例（居圖六一 169.1A）[95]，可知此字形成時間

[88] 本節據《字形匯典》而提及之相關字形，轉引自《字形匯典》第二十四冊，頁 313-330。
[89] 《康熙字典》上冊，頁 325。
[90] 孫海波撰，商承祚校訂：《甲骨文編》（臺北市：藝文出版社，1958 年），頁 235。
[91] 本節據《字形匯典》而提及之相關字形，轉引自《字形匯典》第二十五冊，頁 264-265。
[92] 《康熙字典》下冊，頁 1235。
[93] 《常用國字標準字體表》，頁 139。
[94] 《說文解字注》，頁 391。
[95] 《漢簡文字類編》，頁 73。

不晚於漢代，特徵為上方增加一點，而左下角的「人」，兩筆皆為右上至左下之筆勢。此字形一路流傳至唐代，在褚遂良〈雁塔聖教序〉、顏真卿〈爭坐位稿〉中皆可看到，而《五經文字》亦以此為正字[96]，可見其在唐代及其以前之盛行程度。至於日本方面，《篆隸萬象名義》亦採用此形，這是唐代及其以前，「衆」字通行甚至成為正字的結果。《字彙》和《正字通》以「衆」為訛形俗字，可說是忠於《說文解字》篆文形體的作法。但在此之前，「衆」字有相當的一段時間為正字，或是說不能稱之為俗字，而可能在唐代即為日本人所吸收[97]。

21. **万**

此字於《康熙字典》中歸為子集上，一部二畫。《康熙字典》引《廣韻》、《集韻》、《古今韻會舉要》說明此字同「萬」[98]，在日文中亦以此為「萬」字。「萬」本為象形字，原義為蠍。「万」字在《古璽文編》[99]中有收錄，可知此字產生於先秦。透過《古璽文編》的「萬」與「万」字，可以看出其中的演變痕跡，係省略部件而成。當「萬」中間的「田」被省略，其下本象蠍尾的「内」趨於簡略，上方象蠍鉗的「艸」亦被拉直時，變成「万」之字形。另外，在《漢簡文字類編》中也可看到「萬」字具有上述之演變情形。在居圖一三七 37.35 字例中，「田」和「内」皆有被草率書寫而產生形體變化的情況。而在居圖七六 505.20 和居圖二七一 267.10 中，「田」徹底消失，整體字形也已似「万」[100]。此字為「萬」筆畫減省的結果，由於產生時代甚早，難以推知日本習得此字之最早可能時間。但日本在進行漢字改革時，基於此字筆畫簡單而採用，是可以確定的[101]。

---

96 《五經文字》，頁 70。
97 本節據《字形匯典》而提及之相關字形，轉引自《字形匯典》第二十五冊，頁 504-505。
98 《康熙字典》上冊，頁 74。
99 本文所據之《古璽文編》，均轉引自《字形匯典》。
100 《漢簡文字類編》，頁 91。
101 本節據《字形匯典》而提及之相關字形，轉引自《字形匯典》第二十六冊，頁 573-574。

22. 窓

此字於《康熙字典》中歸為午集下，穴部六畫。《康熙字典》引《廣韻》謂此為「窗」之俗字[102]，在日文中亦等同於「窗」字。「窗」在甲骨文中本作「囪」形[103]，《印文學》中收有「窗」形，可見大約是在漢代時，其上增「穴」之部件。之後「囪」變為「悤」，此字被收於《玉篇》之中[104]，而《五經文字》又收此字，謂其為「經典相承隸省」[105]，可見自漢代到唐代，从穴从悤之「窗」字甚為盛行。「窗」字下方本無「心」，因此從「窗」到「窓」，必須經過从穴从悤之階段才行[106]。《玉篇》中已謂「窓」為俗字，隋代〈董美人墓誌〉、張公礼〈龍藏寺碑〉中俱出現「窓」，可見由「匆」變「ム」之過程，或在六朝以前。此或與書法書寫過程有關，然具體字例尚不明朗。《篆隸萬象名義》之「窗」亦作「窓」字，可見此時日本已習得「窓」字[107]。

23. 糸

此字於《康熙字典》中歸為未集中，糸部零畫，在日文中等同於「絲」。《康熙字典》引《集韻》謂「絲或省作糸」[108]。《金石文字辨異》記載「北齊朱曇思等〈造塔記〉『畫樹懸絲』。案絲作糸，古文」[109]。然「糸」被當作「絲」的俗字使用，從見諸《集韻》來看，或在宋代以降，在此之前未有足夠的以「糸」代「絲」的文獻之徵。可能日本以「糸」代「絲」亦不算早。如今採用「糸」字，或許僅據《康熙字典》而使用筆畫簡單之字的可能性較高。

---

102 《康熙字典》上冊，頁 960。

103 見金祥恆：《續甲骨文編》（臺北市：藝文印書館，1993 年 9 月），頁 2316。

104 《玉篇》，頁 181。

105 《五經文字》，頁 15。

106 《說文解字》中收有篆文「窻」字。段玉裁注曰：「按此篆淺人所增，古本所無，當刪。……古祗有囪字，窗已為或體，何取乎？更取悤聲作窻字哉？自東江韵分，淺人多所偽撰。……則篆體之不當有心明矣。」見《說文解字注》，頁 348。

107 本節據《字形匯典》而提及之相關字形，轉引自《字形匯典》第二十七冊，頁 222-223。

108 《康熙字典》下冊，頁 1017。

109 《金石文字辨異》，頁 45。

24. 総

此字於《康熙字典》中歸為未集中，糸部八畫。《康熙字典》引《字彙補》指出此字同「總」[110]，在日文中亦用來表示「總」字。由「總」變為「総」，關鍵仍在左上的「囪」變為「公」。「総」字見於漢代〈華山亭碑〉和〈樊敏碑〉，此形體變化或許與隸變有關。方形的「囪」經快速書寫後，逐漸變為「公」，此乃文字書寫時，筆意由莊嚴變為率意的結果。《篆隸萬象名義》所收之「總」字為「総」形，可知此時日本已習得此字[111]。

25. 声

此字於《康熙字典》中歸為丑集中，士部五畫。《康熙字典》引《正字通》謂此為「聲」之俗字[112]，在日文中亦等同於「聲」字。「声」此一俗字見於《宋元以來俗字譜》，而元末楊維楨（1296-1370）的書法中亦留有「聲」字。《玉篇》曰「聲俗作声」[113]，除此之外，管見所及，目前並未見到宋代以前的其它字例。考量到今日所見之《玉篇》係經過宋代陳彭年等人增修而成的情況，保守估計，也可說此俗字可能產生自五代以降，係單純減省部件而成。日本或於宋代以後習得此字，而採用之以代替「聲」[114]。

26. 粛

此字於《康熙字典》中歸為未集上，米部五畫。《康熙字典》引《字彙補》指出此為「肅」之俗字[115]，在日文中亦為「肅」字。由「肅」到「粛」，其變化在於內部變為「米」。目前尚未見「肅」在先秦从「米」字之例，至隸書方有「粛」之字形。據《金文編》所收王孫鐘之「肅」字，可見此確為本字[116]。漢代〈張納功德敘〉中之「肅」字則作「粛」，為此字首見之處。

---

110 《康熙字典》下冊，頁 1033。
111 本節據《字形匯典》而提及之相關字形，轉引自《字形匯典》第二十九冊，頁 79-82。
112 《康熙字典》上冊，頁 260。
113 《玉篇》，頁 19。
114 本節據《字形匯典》而提及之相關字形，轉引自《字形匯典》第三十冊，頁 189-193。
115 《康熙字典》下冊，頁 1007。
116 容庚：《金文編》，據臺北市：大通書局出版：《金文編正續編》（1971 年 12 月），頁 189。

此乃隸變過程中因草率書寫，使得彎曲的筆勢變為一點，便造成內部从「米」的現象。此「粛」字至唐代仍流行，《干祿字書》即以此為「肅」之俗字[117]。可以推斷日本最早可能於此時接觸此字，其後在文字改革時，因較「肅」字筆畫簡單，且又有《康熙字典》之依據，故採用之[118]。

27. 与

此字於《康熙字典》中歸為子集上，一部三畫。《康熙字典》引《廣韻》、《集韻》、《正韻》說明此字同「與」[119]，在日文中亦以此為「與」字。根據杜師忠誥在《說文篆文訛形釋例》書中的考證，「與」字最初乃假借「牙」字，後增加「舁」之部件。自春秋晚期開始，所从之「牙」開始譌變，至漢代的隸書碑文中可見「牙」譌變成「与」而成之「與」字。〈耿勳碑〉和〈樊敏碑〉則以「与」代「與」，為最早的「与」字使用例。而不管是「與」字所从之「与」還是當作「與」之俗字的「与」，皆從「牙」訛變而來，今本《說文解字》篆文於此不合先秦古文[120]。《玉篇》承襲《說文解字》，謂「與」為黨與，「与」為賜、許、予之義[121]。《篆隸萬象名義》亦依據《玉篇》之說，收入「与」字。至唐代《干祿字書》，則謂「與」為正字，「与」為俗字[122]，此時兩者意義無別了。總而言之，可以確定的是此時日本已認識到和「與」相關的「与」字。後來在漢字改革運動時，以其筆畫簡單而又有歷史根據，便統一使用「与」來取代「與」[123]。

28. 号

此字於《康熙字典》中歸為丑集上，口部二畫，亦註明此同「號」字[124]，在日文中也被當作「號」字使用。《康熙字典》在「號」字下方引《集韻》

---

117 《干祿字書》，頁 28。
118 本節據《字形匯典》而提及之相關字形，轉引自《字形匯典》第三十冊，頁 253。
119 《康熙字典》上冊，頁 75。
120 該考證詳見《說文篆文訛形釋例》，頁 92-95。
121 《玉篇》，頁 114、244。
122 《干祿字書》，頁 17。
123 本節據《字形匯典》而提及之相關字形，轉引自《字形匯典》第三十一冊，頁 120。
124 《康熙字典》上冊，頁 182。

曰「本作号」。管見所及，尚未見先秦時代「号」字之例，《印文學》中收有「号」之印文字以及武梁祠畫像題字中的「号」，可知此字應較有可能產生於漢代。「号」為減省部件而成的俗字。後日本選擇此筆畫簡單之字來代替「號」，至於最早可能於何時習得此字則難以推知[125]。

29. 虫

此字於《康熙字典》中歸為申集中，虫部零畫[126]，在日文中被當作「蟲」字。《干祿字書》說「虫」為俗字，「蟲」為正字[127]，可見當時已盛行以「虫」代「蟲」。日本以此為「蟲」字，或受隋唐以來「虫」這一俗字盛行的影響。

30. 蛮

此字於《康熙字典》中歸為申集中，虫部六畫。《康熙字典》引《直音》指出此為「蠻」之省文[128]，在日文中亦以此為「蠻」字。《宋元以來俗字譜》收錄了「蛮」作為「蠻」之俗字的使用情形，在此以前則尚未見明顯字例，或許日本習得此字時間不早於中國宋代。「蠻」字上半部部件與「戀」字相同，兩字之俗字亦如此。也就是說，從「蠻」到「蛮」的變化過程，有相當的可能性與從「戀」到「恋」的變化過程一致。此字為日本採用而為「蠻」之正字，除了筆畫簡單外，亦有統一部件的意義在[129]。

31. 覧

此字於《康熙字典》中歸為酉集上，見部九畫。《康熙字典》引《字彙》謂此為「覽」之俗字[130]，在日文中亦等同於「覽」。「覽」字上半部从「監」，秦代〈會稽碑文〉中有明顯的「皿」之部件，在「覧」字中則已消失。這種變化在漢代隸書中可以見到，〈晉鄭烈碑〉之「覽」字即作「覧」，此乃隸變後部件減省的結果。唐代時《五經文字》和《干祿字書》俱收「覧」

125 本節據《字形匯典》而提及之相關字形，轉引自《字形匯典》第三十三冊，頁 89。
126 《康熙字典》下冊，頁 1200。
127 《干祿字書》，頁 5。
128 《康熙字典》下冊，頁 1208。
129 本節據《字形匯典》而提及之相關字形，轉引自《字形匯典》第三十三冊，頁 507。
130 《康熙字典》下冊，頁 1266。

字，而以「覽」為正字[131]。《篆隸萬象名義》的篆文部分仍保留「皿」，但隸書部分已採用「覧」字，可見其時空海並未真正認識到「覽」字的篆隸形體應有之對應關係。「覧」此一俗字既在唐代已極為盛行，而又為《篆隸萬象名義》所收，或許為日本接觸後取得了一定的使用基礎，日後當然也就成為日本進行漢字改革時的根據[132]。

32. 猫

此字於《康熙字典》中歸為巳集下，犬部九畫。《康熙字典》引《廣韻》指出此為「貓」之俗字[133]，在日文中亦等同於「貓」字。《玉篇》「貓」「猫」二字兼收，而在「貓」下註明「俗作猫」[134]，可見此時「猫」這一俗字已流傳甚廣。《五經文字》以「貓」為正字[135]，《篆隸萬象名義》亦兩者兼收，只是並未明顯地區分正字俗字。但可以確

知日本已於平安時代認識此字。「犭」「豸」字形相近，書寫時有訛誤之可能，或即為此俗字之由來。後《常用漢字表》以「猫」為正字，或因其形體較簡單，又有一定之使用基礎之故[136]。

33. 辞

此字於《康熙字典》中歸為酉集下，辛部六畫。《康熙字典》引《正字通》指出此為「辭」之俗字[137]，在日文中亦等同於「辭」。《說文解字》中收「辭」「辤」二字，前者為「說」之意，後者為「不受」之意。另外在「辤」字下方另收一籀文「辝」字[138]。《五經文字》對此三字解釋為經典相承通用「辭」字[139]，可知其以「辭」為正字，而三字在意義上已通用。至於「辞」

131 《干祿字書》，頁 20、《五經文字》，頁 67。
132 本節據《字形匯典》而提及之相關字形，轉引自《字形匯典》第三十四冊，頁 305-309。
133 《康熙字典》上冊，頁 789。
134 《玉篇》，頁 336、343。
135 《五經文字》，頁 38。
136 本節據《字形匯典》而提及之相關字形，轉引自《字形匯典》第三十五冊，頁 613。
137 《康熙字典》下冊，頁 1396。
138 《說文解字注》，頁 749。
139 《五經文字》，頁 52。

字，在敦煌漢文寫卷中亦常作為「辭」之俗字出現，這與「亂旁為舌」的形體變化原理是相同的，變化確立時代當在六朝[140]。《篆隸萬象名義》收有此字，可見「辞」字在唐代已為日本所觸及[141]。

34. 逓

此字於《康熙字典》中歸為酉集下，辵部七畫。《康熙字典》引《正字通》說明此為「遞」之俗字[142]，在日文中亦等於「遞」字。「遞」與「獻」字相同，皆有「虍」之部件。上文曾經提及，「獻」字在漢代以降有「[illegible]」之俗字，係「虍」之部件訛變而成。依此變化原理，「遞」字亦變為「逓」。北魏〈李璧墓誌〉、隋代〈蘇孝慈墓誌〉、顏真卿〈多寶塔碑〉等均有此「逓」字出現。《篆隸萬象名義》之「遞」字亦作此。由此可知日本在此時已接觸「逓」字，其後乃以此為正字[143]。

35. 遅

此字於《康熙字典》中歸為酉集下，辵部九畫，謂其同「遲」[144]。在日文中亦等同於「遲」字。「遲」字右半邊从「犀」，《金石大字典》[145]所收〈遲伯鼎〉中有此字形。《說文解字》另收有籀文「遟」，而管見所及，尚未見先秦時代，「遲」字有右半邊从尸从羊之例，由此可知或許「遲」之產生時代較「遅」為早。「遅」字見於漢代〈韓勑碑〉和〈禮器碑〉，應當為隸變時部件訛變的結果。唐代褚遂良〈雁塔聖教序〉、虞世南（558-638）〈孔子廟堂碑〉中均見「遅」字，可見此字於唐代之流行，而日本亦可能得以於此時在書法碑帖及書籍中習得此字[146]。

---

140 相關整理見《敦煌漢文寫卷俗字及其現象研究》，頁 276。
141 本節據《字形匯典》而提及之相關字形，轉引自《字形匯典》第三十七冊，頁 27。
142 《康熙字典》下冊，頁 1404。
143 本節據《字形匯典》而提及之相關字形，轉引自《字形匯典》第三十七冊，頁 481。
144 《康熙字典》下冊，頁 1407。
145 本文所據之《金石大字典》，均轉引自《字形匯典》。
146 本節據《字形匯典》而提及之相關字形，轉引自《字形匯典》第三十七冊，頁 525-528。

36. 関

此字於《康熙字典》中歸為戌集上，門部六畫。《康熙字典》引《正字通》註明此字為「關」之俗字[147]，在日文中亦表示「關」字。隋代〈龍藏寺碑〉出現了从門从弁的形體，亦為「關」字，揭示了「関」字產生的由來。當「門」內部的兩「糸」字左右兩筆連在一起，而「糸」字又因書寫快速而減省筆畫時，便會成為从「弁」之字，《干祿字書》即以此為「關」之俗字[148]，《篆隸萬象名義》之「關」亦作此。當筆畫更省時，便成為「関」字，《五經文字》收有「関」字中間「天」的兩撇較為分開之形[149]，應為「関」之前身。像這樣子的訛變過程，在草書中可以找到驗證。以唐代來說，懷素的〈秋興八首〉、顏真卿〈祭姪稿〉之「關」字，皆有兩「糸」字因快速書寫而趨於類似兩點，下方有一橫筆貫通兩「糸」字的情形。此為「関」字之濫觴。而「関」字可能在唐代以降傳至日本，後日本即以此筆畫簡單的俗字來取代「關」字[150]。

37. 双

此字於《康熙字典》中歸為子集下，又部二畫。《康熙字典》引《古今韻會舉要》曰「雙俗作双，非」，是以此為「雙」之俗字[151]。在日文中亦以此代替「雙」字。《玉篇》曰「聲俗作声」[152]，可知此字最晚當產生於五代至宋之時。此乃直接減省「雙」字部件而成，非自然訛變。日本可能在中國宋代以後接觸此字，其後乃以此為正字。

38. 麦

此字於《康熙字典》中歸為亥集下，麥部零畫。《康熙字典》引《正字通》謂此為「麥」之俗字[153]，在日文中亦等同於「麥」。「麥」字上方的兩

[147] 《康熙字典》下冊，頁 1491。
[148] 《干祿字書》，頁 10。
[149] 《五經文字》，頁 51。
[150] 本節據《字形匯典》而提及之相關字形，轉引自《字形匯典》第四十冊，頁 564-565。
[151] 《康熙字典》上冊，頁 174。
[152] 《玉篇》，頁 19。
[153] 《康熙字典》下冊，頁 1689。

個「人」形，乃象麥穗之形。蔡忠霖在討論敦煌漢文寫卷中「麥」字作「麦」的情形時，認為係受草書連筆筆法影響而成[154]，不過事實上不需遲至六朝，在漢代隸書中即可找到此字例。《漢簡文字類編》中收有此「麦」字（居圖八七 503.2）[155]，〈史晨後碑〉之「麥」字亦作「麦」。蓋隸變時，文字因快速書寫，彎曲之線條拉直，而使原本應从「人」的部分變作直線，因而從「麥」變為「麦」。，此字從漢代以降一路流傳，虞世南〈孔子廟堂碑〉之「麥」字即作「麦」，而《篆隸萬象名義》亦如此，可見日本此時即已習得此字。後因形體較簡單，乃以其為正字[156]。

39. 竜

此字於《康熙字典》中歸為午集下，立部五畫。《康熙字典》引《集韻》謂此為「龍」之古字[157]，在日文中亦等同於「龍」字。隋代〈董美人墓誌銘〉中亦有「竜」字，為一書寫時代例證。「竜」字形體與「龍」字左邊相近，《汗簡箋正》謂此乃唐人省變漢代延熹七年〈辛李造橋碑〉之「龍」字偏旁而來[158]。雖然此字產生時間已可上溯至隋代以上，然此說仍可參考。《宋元以來俗字譜》收錄此作為「龍」之俗字，再加上《集韻》的說法，可知此字在宋代以降被廣泛使用，據此，日本習得此字之時間，在宋代以降的可能性較高[159]。

（二）本來相異而後人混用之字

凡《康熙字典》中可見之日本漢字，與其對應之臺灣繁體字，就學理上原本乃意義不同的相異字，其後為後世之中國人或日本人所混用者，歸

154 《敦煌漢文寫卷俗字及其現象研究》，頁 275。
155 《漢簡文字類編》，頁 121。
156 本節據《字形匯典》而提及之相關字形，轉引自《字形匯典》第四十六冊，頁 446-448。
157 《康熙字典》上冊，頁 966。
158 北周．郭忠恕撰，清．鄭珍、鄭知同箋正：《汗簡箋正》（臺北市：藝文印書館，1991 年 1 月），頁 436。
159 本節據《字形匯典》而提及之相關字形，轉引自《字形匯典》第四十七冊，頁 452。

於此類。

1. 仮

此字於《康熙字典》中歸為子集中，人部四畫。《康熙字典》引《集韻》註明此字同「反」[160]，在日文中被當作「假」字。管見所及，在中國其他字書中尚未見「假」字被寫作「仮」之例。草書字例中，則有看起來與「仮」相似之例。隋代的智永、唐代的孫過庭、歐陽詢、懷素等人在以草書寫「假」字時，均有上方「口」形省略，下方兩橫以一圓圈表示，再順勢寫完右下之「又」的筆勢。乍看之下即似「反」字。可以據此合理推斷，這種字例在唐代以降傳入日本後，使日本以「仮」字代表「假」字，而事實上「仮」字在中國應當同「反」，與「假」無關[161]。

2. 庁

此字於《康熙字典》中歸為寅集下，广部二畫。《康熙字典》引《集韻》指出此字為〔石庁〕字之省形[162]，然日文中以此為「廳」字。由《集韻》可知「廳」「庁」二字本非同字，以「庁」代「廳」之例，尚未於唐以前之書法碑帖中發現。在《宋元以來俗字譜》中則可見此用例。因此可知此字作為「廳」之俗字，或許在宋元以後，在此之前日本即已學到此字之機會較低，很可能是藉由元代以後的書本接觸此字。此外，以「庁」代「廳」，非書寫訛誤之自然演變，而是激烈的聲符替換，兩者本不相關[163]。

3. 弁

此字於《康熙字典》中歸為寅集下，廾部二畫[164]。在日文中等同於「辨」、「瓣」、「辯」諸字。「弁」字原義為冠冕，歷來不管是字義還是字形，皆無與「辨」、「瓣」、「辯」相通之處。換言之，日文中的「弁」字用法，雖然與「辨」、「瓣」、「辯」有關，但無法在中國文獻中找到根據，應為日本自

160 《康熙字典》上冊，頁 94。

161 本節據《字形匯典》而提及之相關字形，轉引自《字形匯典》第三冊，頁 662。

162 《康熙字典》上冊，頁 373。

163 本節據《字形匯典》而提及之相關字形，轉引自《字形匯典》第十二冊，頁 383。

164 《康熙字典》上冊，頁 385。

行在文字改革政策中創發，僅取筆畫簡單的同音字來代替其他字。

4. 浜

此字於《康熙字典》中歸為巳集上，水部七畫，在日文中等同於「濱」字。根據《康熙字典》歸納，《集韻》謂「溝納舟者曰浜」，《廣韻》解釋為「安船溝」。至於「濱」字，《集韻》解釋為「水崖也」，與「浜」字意義不同，可見兩字本非同字[165]。惟《正字通》指出「浜」亦為「濱」之俗字[166]，可見最晚在明代時「浜」作為「濱」之俗字已十分普遍，可能在此以前已為日本所習得。此字與「庁」相同，皆後人激烈地進行聲符替代使然，而無文獻之依據。日本使用此字代替「濱」字，或仍著重於筆畫減省之考量。

5. 灯

此字於《康熙字典》中歸為巳集中，火部二畫。《康熙字典》根據《玉篇》、《類篇》解此字義為火，又說：「按《玉篇》、《集韻》、《類篇》燈灯分載，音切各異。強合為一，非[167]。」表明「燈」「灯」二字音義皆異，本非同一字，然日文中以此為「燈」字。《宋元以來俗字譜》載有以「灯」作「燈」之情形，在此以前未見。兩者既本非同字，則此簡化只是宋代以後單純的聲符替換。因筆畫甚為簡單，故為日本所採用[168]。

6. 缶

此字於《康熙字典》中歸為未集中，缶部零畫[169]，在日文中被當作「罐」字。「缶」與「罐」本非同字，造字原理相異，前者象形，後者形聲，在歷代字書中尚未見通同例。此字可能係日本在進行漢字改革時，恣意取消右

165 據《康熙字典》上冊，頁 686。

166 明·張自烈：《正字通》，收入李學勤主編：《中華漢語工具書書庫》第四冊（合肥市：安徽教育出版社，2002 年 1 月，據清康熙清畏堂刊本影印），頁 18。另外，《正字通》對於「溝納舟者曰浜」的解釋，認為「溝為通水之道，未可容舟」，似乎不以此解為然。不知《康熙字典》何以未處理此說法？

167 《康熙字典》上冊，頁 733。

168 本節據《字形匯典》而提及之相關字形，轉引自《字形匯典》第二十二冊，頁 309。

169 《康熙字典》下冊，頁 1050。

半聲符部件，以此代替筆畫較多之「罐」字的結果。

7. 医

此字於《康熙字典》中歸為子集下，匚部六畫[170]。《說文解字》謂：「医，臧弓弩矢器也，从匚矢，矢亦聲。」段玉裁注曰：「翳行而医廢矣[171]。」此字為「翳」之本字，在日文中則被當作「醫」字使用。《宋元以來俗字譜》中收有作為「醫」之俗字的「医」字，在此之前則尚未發現。因此，「医」作為「醫」之俗字，或許發生在宋元以降。日本則以其筆畫簡單，而作為「醫」字使用，接觸時間可能不早於宋。而事實上「医」本應為「翳」，與「醫」字不同[172]。

8. 胆

此字於《康熙字典》中歸為未集下，肉部五畫。《康熙字典》引《正字通》說明此字不等於「膽」[173]，然日文中以此為「膽」字，《常用國字標準字體表》亦在「膽」下註明「或作胆」[174]。《康熙字典》又引《集韻》解釋此字為「肉膻也，與膻同。」此字本為肉膻之膻，表裸體義[175]，《宋元以來俗字譜》載有以「胆」代「膽」之例，在宋以前之例則尚未發現，或許是元明以來改變聲符的結果，而本非同字。日本接受此字的時間亦可能不早於宋[176]。

9. 芸

此字於《康熙字典》中歸為申集上，艸部四畫[177]，在日文中被當作「藝」字。「藝」「芸」二字音義皆異，歷來無通用之例。此應為日本在施行漢字

---

170 《康熙字典》上冊，頁 161。
171 《說文解字注》，頁 641。
172 本節據《字形匯典》而提及之相關字形，轉引自《字形匯典》第三十九冊，頁 138。
173 《康熙字典》下冊，頁 1087。
174 《常用國字標準字體表》，頁 169。
175 裸體義之「肉膻」，今多作「肉袒」。段玉裁在《說文解字》「膻」字下注曰：「按多作襢坐袒，非正字，膻其正字。《素問》『膻中』謂氣海。」見《說文解字注》，頁 173。
176 本節據《字形匯典》而提及之相關字形，轉引自《字形匯典》第三十冊，頁 625。
177 《康熙字典》下冊，頁 1137。

簡化時，任意減省中間部件而成，在中國文獻上並無根據。

10. 蚕

此字於《康熙字典》中歸為申集中，虫部四畫，在日文中等同於「蠶」字。然《康熙字典》指出在《唐韻》、《集韻》、《正韻》中，此字音「腆」；又《篇海》謂「俗用為蠶字，非」[178]。「蚕」字見於《爾雅・釋蟲》：「螼蚓，蜸蚕[179]。」此即蚯蚓之意，自與蠶有所不同。《新撰字鏡》亦收此字，依從《爾雅》而釋為「蜸蚕」，不以「蠶」字解[180]。然則「蚕」字何以與「蠶」有關？首先，「蠶」字有訛變為「蝅」的過程。上方之「旡」變為「天」，在《漢印文字徵》中收錄的「蠶丞台印」中有此字例。其後中間的「日」也被省略，終成《干祿字書》所收之「蝅」字[181]，是為「蠶」之俗字。其後上方兩個「天」又被省去一個，即成《篇海》撰成之金代以來的「蚕」字。其本與「蠶」字相異，然而在「蠶」字不斷省略部件的譌變過程中，又成為「蠶」的俗字，最終為日本所用。而日本習得此字之時間，或在宋代以降[182]。

11. 触

此字於《康熙字典》中歸為酉集上，角部六畫，在日文中被當作「觸」字。《康熙字典》引《古今注》曰：「音紅。白魚赤尾者曰触，一曰魧。或曰雌者曰白魚，雄者曰触魚[183]。」此字與「觸」字音義皆異，亦無證據支持此在中國被廣泛當作「觸」字使用，應係因日本自行減省部件而產生關連。

12. 厘

此字於《康熙字典》中歸為子集下，厂部七畫，在日文中等同於「釐」

---

178 《康熙字典》下冊，頁 1202。
179 晉・郭璞注，宋・邢昺疏：《爾雅注疏》，據清・阮元重刊宋本《十三經注疏附校勘記》第 8 冊（臺北市：藝文印書館，2001 年），頁 163。
180 《新撰字鏡》，頁 854。
181 《干祿字書》，頁 13。
182 本節據《字形匯典》而提及之相關字形，轉引自《字形匯典》第三十三冊，頁 498。
183 《康熙字典》下冊，頁 1274。

字。《康熙字典》引《篇海》曰「音纏，市鄽也」，又曰「俗作釐省，非」[184]。「釐」「厘」二字本異，何時有以「厘」作「釐」之現象，尚待進一步考證。然此非文字自然演變，係後人激烈地減省部件而成。日本則依此減省之作法而以此為正字。

13. 鉄

此字於《康熙字典》中歸為戌集上，金部五畫。《康熙字典》引《玉篇》指出此字為「紩」之古文，又引《正字通》曰：「俗用為鐵字，誤[185]。」，然日文中以此為「鐵」字，《常用國字標準字體表》亦在「鐵」字下註明「或作鉄」[186]。目前尚未發現「鐵」字在宋代以前被寫作「鉄」之例，「鉄」被用作為「鐵」之俗字，可能為元明以降之事。何以「鉄」會成為「鐵」之俗字，尚待進一步考證。根據《玉篇》和《正字通》，可知此字與「鐵」本無關連，然終究流傳至日本而為其所用，也因其使用廣泛而被收入《常用國字標準字體表》。

14. 体

此字於《康熙字典》中歸為子集中，人部五畫，日文中亦以此當作「體」字，《常用國字標準字體表》亦在「體」字下註明「或作体」[187]。根據《康熙字典》轉引，此字在《集韻》為部本切，讀音與「體」字不同，為劣、麤之意，與「笨」字同。此字不等於「體」，被當作「體」之俗字乃誤用[188]。而「體」字之俗字，《玉篇》指出為「躰」字[189]，「体」字則未見其中，於《干祿字書》中亦無。《宋元以來俗字譜》收有作為「體」之俗字的「体」字，可知此字與「體」的關係可能產生於宋代以後。然根據《集韻》，此與「體」本非同字。日本接觸此作為「體」之俗字的「体」，當在宋代以後。

[184] 《康熙字典》上冊，頁 170。
[185] 《康熙字典》下冊，頁 1453。
[186] 《常用國字標準字體表》，頁 218。
[187] 《常用國字標準字體表》，頁 234。
[188] 《康熙字典》上冊，頁 99。
[189] 《玉篇》，頁 72。

或許由於「體」字本有「躰」之俗字，而使得「体」字在後來由於「本」之偏旁而與「體」產生關係。然何以有从「本」之俗字，則尚待進一步考證[190]。

15. 党

此字於《康熙字典》中歸為子集下，儿部八畫，在日文中以此為「黨」字。「党」作為「黨」之俗字之例，見於《宋元以來俗字譜》。《康熙字典》引《韻府群玉》而專就姓氏義解釋「党」字，云其為「夏后氏之後」[191]，其義與「黨」字不同。「党」作為「黨」之俗字，此關係可能產生於宋元以後，而此二字本非同字。後日本以此筆畫簡單之俗字為正字，習得時間最早可能不早於宋元[192]。

（三）實為本字或正俗無別之異體字

凡《康熙字典》中可見之日文漢字，相較於其對應之臺灣繁體字，事實上乃出現時代較早之本字，或並非後起之書寫訛誤、後世混用所造就之俗字者，歸於此類。

1. 温

此字於《康熙字典》中歸為巳集上，水部九畫，在日文中相當於「溫」字。《康熙字典》中「溫」「温」二字兼收，於「溫」字按照一般體例引經據典說明用例，於「温」字僅註明出現於《說文解字》，謂其為「溫」之本字[193]。右上从「日」而非从「囚」的「温」字，出現時代似乎極早。《金文續編》、《漢印文字徵》皆收錄此字[194]，可見此字在先秦即已被使用。《玉篇》以「温」為正字[195]，《篆隸萬象名義》亦承此。可以說對日本而言，「温」

[190] 本節據《字形匯典》而提及之相關字形，轉引自《字形匯典》第四十四冊，頁 408。
[191] 《康熙字典》上冊，頁 129。
[192] 本節據《字形匯典》而提及之相關字形，轉引自《字形匯典》第四十七冊，頁 113。
[193] 《康熙字典》上冊，頁 698、705。
[194] 容庚：《金文續編》（京都：中文出版社，1990 年 2 月），頁 258。
[195] 南朝梁・顧野王撰，宋・陳彭年等編修：《大廣益會玉篇》。據臺北市：國立中央圖書

字早在平安時代即為已流傳甚廣的正字。《常用國字標準字體表》在「溫」字下又說「或作温」[196]，可見時至今日，在臺灣仍然兩字並行。取「溫」為正體，乃係《說文解字》中之「溫」字右上从「囚」之故。總而言之，「温」字產生時代並不晚於「溫」字，兩者本無正俗之別[197]。

2. 直[198]

此字於《康熙字典》中歸為午集中，目部三畫[199]。日文漢字與《康熙字典》同作「直」，臺灣地區則作「直」，《常用國字標準字體表》另註明「本作直」[200]。甲骨文字形中，「直」字僅作目上一直線形[201]。而先秦的簡牘文字，包括睡虎地秦簡、郭店《老子》等均作「直」[202]。可以說先秦時代「直」字之使用情形較「直」字為廣。漢代以降，使用「直」字之情形大增，然《說文解字》仍作「直」字[203]。《干祿字書》以「直」為正字，「直」為俗字[204]，應亦以《說文解字》為依據。《常用國字標準字體表》註明「本作直」，或許即由此故，然仍以「直」為正字，應是考量其通行程度。至於日本則保留作為「直」這一較早之形體，在《說文解字》、《干祿字書》、《康熙字典》等皆可找到根據。

3. 礼

此字於《康熙字典》中歸為午集下，示部一畫。《康熙字典》在「禮」字下亦收錄此字，標明為「禮」字之古文[205]。在日文中亦以此為「禮」字。

館出版，國字整理小組編：《玉篇》（1991年），頁271。以下簡稱《玉篇》。

196 《常用國字標準字體表》，頁115。

197 本節據《字形匯典》而提及之相關字形，轉引自《字形匯典》第二十一冊，頁336-341。

198 「直」字之電腦字型，在設定為標楷體及新細明體的情況下，均不與日本漢字相同。為忠實呈現日本漢字字形，本節標題採用明朝活字體輸入。

199 《康熙字典》上冊，頁886。

200 《常用國字標準字體表》，頁138。

201 《續甲骨文編》，頁1530。

202 轉引自《字形匯典》第二十五冊，頁343。

203 《說文解字注》，頁640。

204 《干祿字書》，頁31。

205 《康熙字典》上冊，頁931。

「礼」字為「禮」之古文的說法，見於《說文解字》[206]。《常用國字標準字體表》在「禮」字下註明「或從礼」[207]，表示雖然以「禮」為正，但亦認可「礼」字之通行性。許慎所謂的「古文」，指的是當時可見之秦以外六國所使用之文字或實際器物之銘文，而又與篆文形體相異者。由此可知「礼」字之產生時代，當不晚於先秦，且與「禮」字分別於不同地區發展。彼時無本字俗字之分別觀念，因此兩者並正，一路流傳。《玉篇》在「禮」字下並收「礼」字，註明其為古文[208]。《干祿字書》謂兩者並正而多行「禮」字[209]。《篆隸萬象名義》亦有「礼」字，依照《說文解字》和《玉篇》指出其為古文。可見日本早已接受此字。「礼」字既為「禮」之古文，由來久遠，而又筆畫簡單易於書寫，故在日本漢字改革運動中被認可為正字[210]。

4. 処

此字於《康熙字典》中歸為子集下，几部三畫。《康熙字典》引《玉篇》謂與「處」字相同[211]，在日文中亦如此。根據《續甲骨文編》所收字樣可以推知，「処」為「處」字之初形，表停止義[212]，其後加上「虍」而成「處」。「処」「處」二字均被收入《說文解字》，並說明兩者相同[213]。然「處」字比「処」更常被使用，《五經文字》即以「處」為正字[214]。《篆隸萬象名義》亦兩者皆收，唯在「処」字下註明「處字」，似乎表示雖已認識「処」字，但以「處」為正之意。可以說「処」字雖為較早之本形，然唐宋之後，漸漸被當成俗字。日本則以其筆畫簡單，在文字改革之後以此為正字[215]。

---

206 《說文解字注》，頁 2。
207 《常用國字標準字體表》，頁 146。
208 《玉篇》，頁 41。
209 《干祿字書》，頁 18。
210 本節據《字形匯典》而提及之相關字形，轉引自《字形匯典》第二十六冊，頁 530。
211 《康熙字典》上冊，頁 139。
212 見《續甲骨文編》，頁 2453。
213 《說文解字注》，頁 723。段玉裁於「處」字下注曰：「今或體獨行，轉謂『処』俗字。」
214 《五經文字》，頁 80。
215 本節據《字形匯典》而提及之相關字形，轉引自《字形匯典》第三十三冊，頁 62。

5. 豊

此字於《康熙字典》中歸為酉集中，豆部六畫[216]。在日文中被當作「豐」字使用。漢代〈史晨奏銘〉、〈夏承碑〉、〈司徒殘碑〉之「豐」字均作「豊」，六朝時，王羲之的字中留有「豊」之字形，北魏〈孫秋生造像記〉之「豐」亦作「豊」。唐代柳公權亦寫過此字，而空海雖然在《篆隸萬象名義》中寫下「豐」，但是在其〈灌頂記〉中則作「豊」，可見日本在平安時代，也就是中國唐代時確實已經認識此字。其後以其書寫較「豐」字簡單而取代之。王國維曾經指出，「豐」字象二玉在器之形，表行禮以玉，兩「丰」字乃「玨」字。其後又分化出「禮」「醴」二字[217]。可知「豐」「豊」二字在甲骨文中本無別，其後加上「示」之部件表示「禮」字。然而義雖無別，卻有兩種形體，因而分別流傳，至後世猶有混用者。故形成將「豐」寫作「豊」的情形[218]。

6. 賛

此字於《康熙字典》中歸為酉集中，貝部八畫，在日文中等同於「贊」字。《康熙字典》引《五經正義》，謂此字為「經典相承隸省」[219]。根據杜師忠誥在《說文篆文訛形釋例》書中的考證，上从二「先」之「贊」字，首見於東魏〈高盛碑〉，在此之前的「贊」字全作「賛」，可知「賛」字乃本形，《說文解字》中的「贊」字篆文乃後人傳抄所致之訛[220]。日本如今所使用的「賛」字，事實上乃是本形，習得時間最早或許即在隋唐之時。

7. 隣

此字於《康熙字典》中歸為戌集中，阜部十二畫。《康熙字典》引《廣韻》說明此為「鄰」之俗字[221]，在日文中亦等同於「鄰」字，《常用國字標

[216] 《康熙字典》下冊，頁 1330。

[217] 王國維：《觀堂集林》，卷六，〈釋禮〉。收入《王觀堂先生全集》第一冊（臺北市：文華出版公司出版，1968 年 3 月），頁 172-173。

[218] 本節據《字形匯典》而提及之相關字形，轉引自《字形匯典》第三十五冊，頁 471-472。

[219] 《康熙字典》下冊，頁 1349。

[220] 《說文篆文訛形釋例》，頁 45-47。

[221] 《康熙字典》下冊，頁 1520。

準字體表》在「鄰」字下註明「或作隣」[222]。「鄰」字从「阜」而成「隣」，可追溯到戰國時代的〈陊易壺〉[223]，然彼時字形正反無別。漢代隸書中「鄰」「隣」二字皆有，彼此並行。《干祿字書》則以「隣」為正字[224]，「鄰」為通行字。然「隣」字本非「鄰」字訛變而來，係同時存在之異體字。今《常用國字標準字體表》採用「鄰」為正字，係依據《說文解字》之形[225]。而日本選擇「隣」字，亦可說有歷史上之根據，惟難以推知最早可能於何時習得。

四　《常用漢字表》中反映的漢字改革作法探析

在歸納完《康熙字典》中可見之與繁體字不同的日本《常用漢字表》表內字之後，可以理解其來源如下：一、在中國文獻中可見之俗字。此類文字係快速書寫或為求筆畫簡單，改變部件而成，自東周所謂「王官失守」以下，便不可抵禦地大量產生。這些字在各種管道間流竄，書寫者雅俗兼有，不論是有意節省書寫時間或追求形體藝術，還是無意識地轉寫訛誤，均為此俗字現象之推手。杜師忠誥指出文字只要被書寫，便有訛誤的可能[226]，確為的論。上文已提及，日本的漢字改革運動中，包含了對文字書寫簡便的強烈要求，此與反對中國事物、追求現代化的思想息息相關。今日繁體字觀點下的正字或俗字，原本都並存於日本。戰前的文字印刷形體，也就是現在所謂的「舊字」，猶與繁體字形體大致相當；戰後《當用漢字表》頒布，以強烈的行政命令貫徹漢字改革，日本從此便走上與臺灣和中國大陸都不同的漢字系統之路。當漢字從作為知識象徵之傳統角色淪落至被視為

222 《常用國字標準字體表》，頁 211。

223 見高明：《古文字類編》（臺北市：大通書局，1986 年 3 月），頁 436。

224 《干祿字書》，頁 9。

225 《說文解字注》，頁 286。

226 《說文篆文訛形釋例》，頁 36。

形體複雜，使用不便的批判對象時，其內在結構理路也就未必受到重視，而是以簡便或慣用為改革依歸。與正字一同傳入的俗字也就在此時成了良好的取材對象，確立其正統地位。林芳如《正字通俗字資料及其學理研究》一書認為：

> 《正字通》收錄的俗字可謂歷代字書之冠，其中收錄的俗字有許多都成為後人沿用的正字，後來又被《康熙字典》收錄成為正字，到了20世紀，簡化字運動和中國大陸的文字規範化也都大量採用明代俗字，的確對近代文字改革具有深刻影響。[227]

透過上述探討，可知這些俗字中有許多雖被收入《正字通》中，卻早自戰國或漢魏六朝即已出現。彼時雖有書寫混亂情形，然正俗概念尚未全面確立，故訛變情形包羅萬象，不可抵禦。當然《康熙字典》也未必是將這些字視作正字而收入，但這些俗字確實影響了二十世紀以來的漢字改革運動。不獨中國大陸，比之更早實施的日本的漢字改革結果清楚地說明了這一點。

二、在歷史上本與其對應之舊字不同，而仍被當作同一字使用之字。此又分兩種情況，一種是在中國即已被當作同一字看待。透過上文的歸納考察，可知宋代以降有較多替換聲符而產生新的俗字之現象。這種替換聲符的作法，本身即有追求快速書寫的心理需求存在，而不管此字是否在歷史上其實是別的字；另一種是日本自行進行同音替代、部件減省而成。如上文所述，日本在進行漢字改革時，比起漢字內在結構理路，更重視快速書寫之需求。在這種情況下，恣意採用事實上根本不是同一字的「新字」，亦不足為奇。如今「辨」、「辯」、「瓣」在日本被寫作「弁」，「藝」被寫作「芸」，就是最好的例子。

---

[227] 林芳如：《正字通俗字資料及其學理研究》（臺北市立教育大學中國語文學系碩士論文，2008年），頁179。

三、比起現今臺灣所使用之漢字更為接近本字之字。日本在明治時代至戰後，雖然有激烈地改革漢字，視中國如敝屣的心態，然終究在千年前經歷過大量吸收漢字的時期。如今臺灣所使用之漢字，雖有極高之比例與中國古來文字一脈相承，然去古已遠，經過長期之演變，與本字相異者亦有之，如「贊」字即為一例。日本所使用之漢字反而較為接近本字者，亦非不可見。當然，日本在選擇漢字的過程中，始終有採用筆畫較簡之原則，而非以追求本字為終極依歸。但這不會改變此類日本所用之漢字，較臺灣繁體字接近其本字的事實。

總而言之，扣除日本自行減省整併或恣意替代而成的新字之外，大多數與繁體字不同者，均可在中國文獻中找到根據，無論此根據是否符合學理。

日本追求漢字簡化，有其歷史上之淵源。從江戶末期，列強叩關，日本面臨西學衝擊，乃至明治維新後進行西化，再至二次大戰後，必須從戰敗國之境地快速強盛起來，在這段時間內，「如何成為現代化的強國」是日本始終必須處理的問題。漢字簡化作為此問題的其中一種對策，姑且不論是否對日本的現代化有正面作用，確實符合了人心的需求。中國文字發展歷程中，簡化之例所在多有。日本在明治時代後有此呼聲，可說是人同此心，心同此理。然而只求簡便的態度，亦造就了粗暴的手段。部件的簡省和改變，往往包含了非理性因素，不見得符合文字本身結構之來源。當文字簡化和替代的情形過於嚴重，事實上就是在切斷文字與過去歷史的聯繫，使分析文字部件來源的困難程度增加，讓文字更趨向於偶然形成的符號圖案，也有礙與傳統文獻的接軌。

然而長久以來，使用漢字之各國已然「各正其正」，習慣了自身的筆畫和文字使用脈絡。日本的漢字改革，自初始便朝筆畫減省的目標前進，不可能再增繁。再加上日本漢字的意義未必即是該字在中文中的意義[228]，使

[228] 以本文所探討之字為例，其中「断」字在日文中有「拒絕」義（ことわる），中文「斷」

得東亞漢字統一的可能性不只渺茫，也無甚必要。如今新的漢字系統承載著現代的日本文化，而《常用漢字表》也仍在修訂當中而會變動。未來會有哪些漢字被加入或移出《常用漢字表》、形體上是否會有變動，目前仍然未知[229]。然而可以肯定的是，在採用漢字這一點上，象徵著日本與中國文化之間的深厚關係；而漢字改革運動所造就的新文字系統，又標誌著日本的獨立性，形成了現今之日本漢字形體，與繁體字間有同異之現象。

五　結論

在臺灣的日文學習者總會面臨到漢字寫法上的隔閡，必須拋棄以繁體字為尊的概念而遵從日本自身的漢字寫法。蓋日本所使用之漢字，多有既不同於臺灣亦不同於中國大陸者，在今日獨自屹立於漢字文化圈之中而與華人地區的寫法有別。本文以日本《常用漢字表》為範圍，整理其與繁體字相對應而形體不同之字，而又出現於《康熙字典》者，探究其形成之所由。

依此原則，本文共揀選六十一個日本漢字，依照與其對應的繁體字之間的關係分成三類，此三種關係也分別代表三種不同的來源：第一為可以在中國文獻找到依據的俗字；第二為中國或日本自行改變部件而成，與其對應之繁體字本非同字者；第三為時代較早，較符合本字者。由此可以看出日本在進行漢字改革的企圖下，以何種原則來決定新字。這樣的作法順應了時代需求，然而其中不乏激烈手法，罔顧漢字演變歷程的學理及結構而恣意簡化，亦不能不說是一種破壞，使得漢字與其源流產生疏離。儘管如此，這樣的改變已然是一種歷史事實，我們不妨將之視為東亞視域下，

字則無此義。

229 經過增字後的第二號《常用漢字表》已開始實施，惟本文在此之前已定稿。然衡諸該表修訂後之結果，不致與本文論點產生衝突，而本文所選之例字亦未被刪去。該表內容見：http://www.bunka.go.jp/kokugo_nihongo/joho/kijun/naikaku/pdf/joyokanjihyo_20101130.pdf

漢字文化圈中文字演變的其中一種表現，與中國的漢字形體演變歷史互參。

《常用漢字表》至今仍由國語審議會每年研討修訂中，未來也有可能再度變化，但無論如何仍是官方代表性的宣示。又，《康熙字典》自江戶時代便在日本佔有重要地位，成為字體依據之一，在漢字改革運動中乃是相當重要的角色，故本文以此兩者為範圍來揀選討論對象。由於《常用漢字表》本身定位使然，其所收之漢字僅為目前日本使用漢字的一小部分。未來若將觀察範圍放大到《康熙字典》以外之字，乃至《常用漢字表》外之字，當可獲得更多例證，也更能明白日本漢字之由來，並可以此角度反視中國文字本身，探索形體演變的歷史[230]。

[230] 審查人之一指出，日本保留傳統漢字的某些時代面向，亦為可探討的課題。由於本文著重於現代日本漢字與傳統漢字之異，故無暇將「保留」的一面納入架構中。但筆者認同此為可再作處理的後續延伸，當俟諸來日進行。在此對審查人的提點致上謝忱。

徵引書目

一　文獻史料（依時代先後排列）

（一）中國古籍

《爾雅》，據晉・郭璞注，宋・邢昺疏：《爾雅注疏》，清・阮元重刊宋本《十三經注疏附校勘記》第 8 冊，臺北：藝文印書館，2001 年。

北齊・顏之推：《顏氏家訓》，據王利器：《顏氏家訓集解》，臺北：明文書局，1982 年。

唐・張參：《五經文字》，據王雲五主編：《叢書集成簡編》，《干祿字書及其他一種》，臺北：臺灣商務印書館，1965 年。

唐・顏元孫：《干祿字書》，據王雲五主編：《叢書集成簡編》，《干祿字書及其他一種》，臺北：臺灣商務印書館，1965 年。

宋・陳彭年等編修：《大廣益會玉篇》，據臺北：國立中央圖書館出版，國字整理小組編：《玉篇》，1991 年。

明・張自烈：《正字通》，收入李學勤主編：《中華漢語工具書書庫》第三至五冊，據清康熙清畏堂刊本影印，合肥：安徽教育出版社，2002 年。

清・張玉書等編：《康熙字典》，據王雲五主編：《國學基本叢書四百種》第 119、120 冊，《康熙字典》上下冊，臺北：臺灣商務印書館，1968 年。

清・鄭珍、鄭知同箋正：《汗簡箋正》，臺北：藝文印書館，1991 年。

清・段玉裁注：《說文解字注》，據《圈點段注說文解字》，臺北：萬卷樓圖書股份有限公司，2005 年。

清・邢澍：《金石文字辨異》，據古亭書屋編輯部編：《金石文字辨異十二卷・增補碑別字附拾遺》，臺北：古亭書屋，1970 年。

（二）日本古籍

太安萬侶：《古事記》，東京：經濟雜誌社，1898 年。

昌住：《新撰字鏡》，據京都大學文學部國語學國文學研究室編：《天治本新撰字鏡增訂版　附享和本．群書類從本》，京都：臨川書店，1987 年。

二　近人著作（依作者姓名筆畫排列）

（一）中文著作

王家驊：《儒家思想與日本文化》，臺北：淑馨出版社，1994 年。

王國維：《觀堂集林》，收入《王觀堂先生全集》第一冊，臺北：文華出版公司，1968 年。

王夢鷗編：《漢簡文字類編》，臺北：藝文印書館，1974 年。

杜師忠誥：《說文篆文訛形釋例》，臺北：文史哲出版社，2009 年。

何群雄：《漢字在日本》，香港：商務印書館，2001 年。

林芳如：《正字通俗字資料及其學理研究》，臺北市立教育大學中國語文學系碩士論文，2008 年。

金祥恆：《續甲骨文編》，臺北：藝文印書館，1993 年。

高明：《古文字類編》，臺北：大通書局，1986 年。

容庚：《金文編》，據《金文編正續編》，臺北：大通書局，1971 年。

容庚：《金文續編》，京都：中文出版社，1990 年。

馬承源編：《上海博物館藏戰國楚竹書》第三集，上海：上海古籍出版社，2003。

孫海波撰，商承祚校訂：《甲骨文編》，臺北：藝文出版社，1958 年。

教育部編：《常用國字標準字體表》，臺北：正中書局，1994 年。

蔡忠霖：《敦煌漢文寫卷俗字及其現象研究》中國文化大學中國文學研究所博士論文，2000 年。

聯貫字形匯典編纂委員會編：《字形匯典》，臺北：聯貫出版社，1983 年至 2002 年。

（二）日文著作

加藤徹：《漢文の素養—誰が日本文化をつくったのか？》，東京：光文社，2006 年。

三　網路資料

日本文化廳官方網站，http://www.bunka.go.jp/kokugo/

日本文化廳《改定常用漢字表》，http://www.bunka.go.jp/oshirase_koubo_saiyou/2009/pdf/kaitei_kanjihyoshian.pdf

日本文化廳《常用漢字表》第二號，http://www.bunka.go.jp/kokugo_nihongo/joho/kijun/naikaku/pdf/joyokanjihyo_20101130.pdf

※本文曾宣讀於國立臺灣師範大學國際漢學研究所（現已併入東亞學系）主辦「第三屆國際漢學研究生論文研討會」（民國 100 年 5 月 28 日），臺北：國立臺灣師範大學圖書館校區綜合大樓 508 會議室。經修改後而成此文。另，本文寫作之際，獲杜忠誥、陳廖安兩位師長指教與鼓勵，收入此書之際，又承蒙兩位匿名審查人提供寶貴意見，在此一併謹申謝忱。

國家圖書館出版品預行編目(CIP)資料

出土文獻文字與語法研讀論文集‧第一輯 / 陳廖安, 楊如雪, 黃麗娟主編. -- 初版. -- 臺北市 : 萬卷樓, 2013.06
面 ; 公分. --(出土文獻注釋譯注叢刊)
ISBN 978-957-739-808-6 (平裝)
1.簡牘文字 2.研究考訂 3.文集
796.807 102010497

出土文獻文字與語法研讀論文集‧第一輯

2013年9月 初版 平裝

ISBN 978-957-739-808-6

定價：新台幣 460 元

主　編　陳廖安
　　　　楊如雪
　　　　黃麗娟
責任編輯　許雯怡
　　　　劉純好
　　　　陳智琛
　　　　趙雄健
發 行 人　陳滿銘
總 編 輯　陳滿銘
副總編輯　張晏瑞
編　輯　吳家嘉
編　輯　游依玲
封面設計　斐類設計工作室

出 版 者　萬卷樓圖書股份有限公司
編輯部地址　106臺北市羅斯福路二段41號9樓之4
電話　02-23216565
傳真　02-23218698
電郵　editor@wanjuan.com.tw
發行所地址　106臺北市羅斯福路二段41號6樓之3
電話　02-23216565
傳真　02-23944113
印 刷 者　百通科技股份有限公司

新聞局出版事業登記證局版臺業字第5655號

網路書店　www.wanjuan.com.tw
劃撥帳號　15624015